D1844021

iPhone 5s und 5c

Giesbert Damaschke

# iPhone 5s und 5c

SmartBooks
Mac und wir.

# iPhone 5s und 5c

**Bibliografische Information der Deutschen Nationalbibliothek**
Die Deutsche Nationalbibliothek verzeichnet diese Publikation in der Deutschen Nationalbibliografie; detaillierte bibliografische Daten sind im Internet über http://dnb.d-nb.de abrufbar.



ISBN: 978-3-944165-05-9
1. Auflage 2014

| | |
|---|---|
| Projektleitung und Lektorat: | Gabriel Neumann |
| Korrektorat: | Dr. Anja Stiller-Reimpell |
| Layout und Satz: | Peter Murr |
| Covergestaltung: | Johanna Voss, Florstadt |
| Foto Cover und Seite 3: | Sternenhimmel: iStockphoto 17124788/clearviewstock<br>iPhone 5s: iStockphoto 27650702/eddisonphotos<br>iPhone 5c: iStockphoto 27836374/Mlenny |
| Grafik (Handsymbol): | JiSIGN - Fotolia.com - Seite 18, 22, 23, 34, 51, 53, 61, 125 |
| Druck und Bindung: | M. P. Media-Print Informationstechnologie GmbH,<br>33100 Paderborn |

Trotz sorgfältigem Lektorat schleichen sich manchmal Fehler ein. Autoren und Verlag sind Ihnen dankbar für Anregungen und Hinweise!

| | |
|---|---|
| SmartBooks | Ein Imprint der dpunkt.verlag GmbH<br>Wieblinger Weg 17 - 69123 Heidelberg - Germany |
| http://www.smartbooks.de | E-Mail: info@smartbooks.de |



Besuchen Sie uns im Internet!

**www.smartbooks.de**

**www.smartbooks.ch**

# Übersicht

# Inhaltsverzeichnis

## Kapitel 3 Text eingeben und diktieren 69

## Kapitel 4 Kontakte, Telefon, Nachrichten, FaceTime 85

## Kapitel 5 Kalender 107

## Kapitel 16 Tipps, Tricks, Tools 281

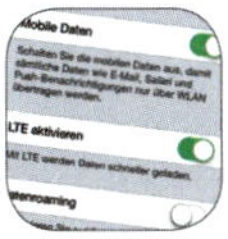



## Index 295

# Liebe Leserinnen und Leser,

rund sechs Jahre ist nun her, dass Apple mit der Vorstellung des iPhones den Mobilmarkt praktisch im Alleingang umgekrempelt hat. Überblickt man den Weg, den Apple seit der Vorstellung des ersten iPhones Anfang 2007 zurückgelegt hat, kommt man ins Staunen. Aus einem anfangs belächelten und in seinen Funktionen eher beschränkten Gerät wurde das weltweit erfolgreichste Smartphone.

Dabei ist Apples Strategie ebenso einfach wie einleuchtend: Man wirft nicht in atemberaubend kurzen Abständen Unmengen neuer Modelle auf den Markt, die sich in eher nebensächlichen technischen Details unterscheiden, sondern präsentiert in gemessenen Entwicklungsschritten ausgereifte Geräte, die weniger mit technischen Spitzenwerten protzen, als vielmehr durch ihr kluges Gesamtkonzept überzeugen. Mit dem ersten iPhone legte Apple ein solides Fundament, auf das man seither konsequent und kontinuierlich aufbaut.

Denn das iPhone ist nicht einfach nur ein Smartphone wie andere auch, es ist eine neue, eigenständige Plattform für mobile Anwendungen aller Art. Es ist ein kompletter, leistungsfähiger Unix-Computer mit einem auf OS X basierenden Betriebssystem (iOS), der einen permanenten Internetzugang bietet und dabei problemlos in die Handfläche passt.

Apples langfristige Planung zeigt sich etwa daran, dass Sie das neue Betriebssystem iOS 7 nicht nur auf den neuen Modellen iPhone 5c und iPhone 5s einsetzen, sondern auch mit den Vorgängermodellen der letzten drei Jahre erfolgreich nutzen können. Anders gesagt: Ein iPhone ist ein Produkt, an dem Sie sehr lange Ihre Freude haben werden.

Dabei ist das iPhone nicht einfach nur ein nützlicher, digitaler Begleiter, es ist auch ungemein angenehm, und es macht einfach Spaß, mit diesem Gerät zu arbeiten. Das ist übrigens keine Kleinigkeit oder nettes Nebenbei, sondern gehört ganz wesentlich zum Konzept des iPhones.

Denn ein Gerät, das als ständiger mobiler Begleiter benutzt werden soll, darf sich nicht sperrig, unhandlich oder lästig anfühlen. Lästige Dinge werden gerne liegengelassen oder daheim vergessen. Ein mobiles Gerät ist aber nur dann nützlich, wenn es wie selbstverständlich mitgenommen wird – also wenn es nützlich und angenehm zugleich ist. So, wie das iPhone.

Ihr

Giesbert Damaschke, München

www.damaschke.de

Kapitel

# Grundlagen

1

Beginnen wir ganz am Anfang: Wie schaltet man das iPhone ein und aus, wie legt man die SIM-Karte ein und wie starten und beenden Sie Programme? Diese und alle anderen Fragen rund um die erste Inbetriebnahme werden in diesem Kapitel gestellt. Und natürlich auch beantwortet.

## Die verschiedenen iPhone-Modelle

Apple bietet zwei Versionen des iPhone 5 an: das iPhone 5s und das iPhone 5c. Die Modelle unterscheiden sich in einigen technischen Details – das iPhone 5s bietet einen Fingerabdrucksensor, mehr Kamera-Funktionen und ist schneller als das iPhone 5c –, sind ansonsten aber sehr ähnlich. Wenn in diesem Buch also vom »iPhone« die Rede ist, sind immer sowohl das iPhone 5s als auch das iPhone 5c gemeint. Auf Besonderheiten des iPhone 5s wird gesondert hingewiesen.

Auch wenn das iPhone auf den ersten Blick ein Handy oder genauer ein Smartphone ist, so täuscht dieser Eindruck: Das iPhone ist nicht einfach ein Telefon mit einigen netten Zusatzfunktionen – es ist ein ausgewachsener, leistungsfähiger Computer, der auch als Telefon benutzt werden kann. Und wie jeder Computer hat auch das iPhone ein Betriebssystem, das in diesem Fall iOS heißt. Die aktuelle Version trägt die Versionsnummer 7 und kann auch auf Modellen installiert werden, die von Apple nicht mehr angeboten werden, nämlich auf dem ursprünglichen iPhone 5 und dem etwas in die Jahre gekommenen iPhone 4.

Das iPhone 5 ist der Vorläufer vom iPhone 5c und iPhone 5s, es ist technisch mit dem iPhone 5c verwandt und kann praktisch alles, was das iPhone 5c auch kann. Das iPhone 4 gerät mit iOS 7 allerdings an seine Leistungsgrenzen und lässt vieles etwas gemächlicher angehen als das iPhone 4s oder eines aus der 5er-Serie.

## iPhone stellt sich vor

Zu Beginn machen wir uns rasch mit den verschiedenen Bedienelementen des iPhones vertraut, die bei allen iPhone-Modellen gleich sind.

1 **Standby-Taste (Ein-/Ausschalter):** Mit einem kurzen Druck auf diese Taste wechseln Sie zwischen Standby und Betrieb. Halten Sie den Schalter ca. fünf Sekunden gedrückt, können Sie das iPhone komplett aus- und wieder einschalten. Im Standby-Betrieb schaltet das iPhone den berührungsempfindlichen Bildschirm ab, und Sie können es unbesorgt in die Tasche stecken, ohne befürchten zu müssen, versehentlich eine Aktion auszulösen. Ansonsten ist das iPhone im Standby aktiv, Sie können damit also weiterhin Anrufe empfangen, Musik hören und Ähnliches mehr.

2 **Stummschalter und Lautstärkeregler:** Mit dem oberen Schiebeschalter schalten Sie das iPhone schlagartig stumm und können sicher sein, dass es nicht zur Unzeit mit lautem Klingeln auf sich aufmerksam macht. Über die Plus- und Minustaste regeln Sie die Lautstärke. Außerdem können Sie mit der Plus-Taste auch die Kamera auslösen (dazu mehr in Kapitel 8).

3 **Kopfhörer-Anschluss, Mikrofon an der Unterseite:** Unten links finden Sie den Anschluss für einen Kopfhörer bzw. das beiliegende Headset. Daneben sehen Sie das Mikrofon für Sprach- und Toneingaben aller Art (Telefonate, Sprachsteuerung, Sprachmemos, Ton bei Videoaufzeichnungen).

4 **Lightning-Anschluss:** Über diesen Anschluss an der Unterseite nimmt das iPhone Kontakt zu Ihrem Rechner auf und wird an das Netzteil angeschlossen. Das Anschlusskabel ist verpolungssicher, Sie können es also gar nicht falsch einstecken.

5 **Lautsprecher:** Wenn Sie Ihr iPhone nicht ans Ohr halten und auch keinen Kopfhörer angeschlossen haben, wird der integrierte Lautsprecher aktiv.

**6** **Home-Taste/Fingerabdrucksensor:** Mit einem Druck auf diesen Knopf gelangen Sie immer zum Home-Bildschirm zurück. Beim iPhone 5s verbirgt sich in dieser Taste zudem der Fingerabdrucksensor, über den Sie Ihr iPhone entriegeln oder Einkäufe bei Apple autorisieren können. Mit diesem Thema werden wir uns weiter unten beschäftigen.

**7** **Kamera auf der Vorderseite:** Die vordere Kamera bietet eine Auflösung von 1,2 Megapixel (960 × 1280 Bildpunkte) und wird vor allem für Videotelefonie mit Face-Time benutzt, weshalb Apple sie auch „FaceTime-Kamera" nennt (mit FaceTime werden wir uns in Kapitel 8 beschäftigen). Sie können damit aber auch Fotos und HD-Videos (720p, 30 Bilder pro Sekunde) aufnehmen.

**8** **Telefonhörer:** Ein Hörer gehört natürlich zwingend zu einem Telefon. Gleichzeitig verbirgt sich hier ein weiteres Mikrofon, das bei Videotelefonaten mit FaceTime zum Einsatz kommt.

**9** **Bildschirm:** Der Bildschirm ist das zentrale Bedienelement des iPhones. Praktisch sämtliche Aktionen führen Sie durch, indem Sie Symbole, Schalter und Tasten auf dem Bildschirm antippen oder über das Display wischen. Das Display hat eine Auflösung von 640 × 1136 Bildpunkten, kann also Videos im Format 16:9 darstellen. Die Pixeldichte liegt bei 326 Punkten pro Zoll. Effekt: Sie sehen auf dem Display keine einzelnen Punkte mehr.

**10** **SIM-Kartenschacht:** An der rechten Seite befindet sich der Schacht für die SIM-Karte des iPhones. Das iPhone benutzt eine Nano-SIM, die deutlich kleiner als eine herkömmliche und auch kleiner als eine Mikro-SIM ist.

**11** **Kamera mit LED-Blitz:** Auf der Rückseite finden Sie zudem eine Kamera mit LED-Blitz (von Apple »iSight-Kamera« genannt). Die Kamera macht Fotos mit 8 Megapixel (2448 × 3264 Bildpunkte), zeichnet HD-Videos mit 1080p auf und besitzt einen Bildstabilisator. Den Fähigkeiten der Kamera widmen wir uns in Kapitel 8. Der kleine Punkt zwischen Kamera und Blitz ist ein weiteres Mikrofon, das bei Telefonaten Umgebungsgeräusche ausfiltert.

**12** **Trennstück zwischen Antennen:** Der Metallrahmen des iPhones ist seine Antenne. Die verschiedenen Antennenmodule sind durch schwarze Streifen getrennt. Wenn Sie diese Trennung mit einer feuchten Hand überbrücken, kann es zu einer Verschlechterung der Empfangsleistung kommen.

Im Innern des iPhones befinden sich vier Sensoren:

- **Gyroskop und Beschleunigungssensor:** Damit kann das iPhone seine Lage und Bewegung im Raum ermitteln. So kann es etwa erkennen, ob Sie es im Hoch- oder Querformat halten, ob Sie es von oben nach unten bewegen oder schütteln.
- **Annäherungssensor:** Das iPhone erkennt, ob Sie es zum Telefonieren ans Ohr bewegen. Dabei wird der Bildschirm ausgeschaltet. Das spart Strom und verhindert, dass Sie durch eine Berührung des Bildschirms versehentlich eine Aktion auslösen oder das Telefonat beenden. Nehmen Sie das iPhone vom Ohr, wird der Bildschirm wieder eingeschaltet.
- **Umgebungslichtsensor:** Dieser Sensor sorgt dafür, dass die Helligkeit des Bildschirms immer optimal den aktuellen Lichtverhältnissen angepasst wird.

## Kopfhörer, Lightning-Kabel und Netzteil

Zum Lieferumfang des iPhones gehört ein Headset, also eine Kombination von Kopfhörer und Mikrofon. Dabei ist das Mikro nicht einfach nur ein Mikro, sondern eine Kombination aus Mikrofon und Schalter (im rechten Kabel). Über diesen Schalter regeln Sie nicht nur die Lautstärke, sondern Sie können etwa auch die Wiedergabe von Musik oder Videos auf dem iPhone steuern (mehr dazu in Kapitel 9).

Das weiße Verbindungskabel dient zum einen dazu, Ihr iPhone zum Aufladen mit dem Netzteil zu verbinden, zum anderen wird es damit via USB an den Computer angeschlossen. Das flache Ende stecken Sie in den Lightning-Anschluss an Ihrem iPhone (also die untere Buchse), den USB-Stecker in den USB-Port des Computers. Dabei wird das iPhone auch gleichzeitig aufgeladen.

Schneller wird das iPhone allerdings geladen, wenn Sie es über das Netzteil aufladen. Stecken Sie dazu das Netzteil in die Steckdose und schließen Sie das iPhone über das Verbindungskabel an.

Anders als manche anderen USB-Geräte wie Memorysticks oder Festplatten können Sie das iPhone im Prinzip jederzeit von Ihrem Computer trennen, ohne es zuerst vom System abmelden zu müssen.

Doch Vorsicht! Wann immer Daten zwischen iPhone und Computer ausgetauscht werden – etwa dann, wenn Sie Musik, Apps oder Fotos von Ihrem Computer auf das iPhone kopieren – sollten Sie das iPhone auf keinen Fall abziehen.

## So legen Sie die SIM-Karte ein

Wie jedes Handy braucht auch das iPhone eine SIM-Karte. Ohne SIM-Karte können Sie nicht nur nicht telefonieren, Sie können das iPhone noch nicht einmal aktivieren. Die SIM-Karte bekommen Sie von Ihrem Mobilfunkanbieter. Bleibt nur das kleine Problem, wie Sie diese SIM-Karte in das iPhone bekommen.

Dazu liefert Apple ein kleines Werkzeug mit (zur Not tut's auch eine Büroklammer). Sie finden dieses Werkzeug im Mäppchen mit der Kurzübersicht zum iPhone.

**AUFGEPASST**

Das iPhone benötigt eine Nano-SIM, die deutlich kleiner ist als eine normale SIM-Karte. Falls Sie ein entsperrtes iPhone gekauft haben, können Sie also nicht die SIM-Karte aus Ihrem alten Handy benutzen, auch die Micro-SIM aus einem iPhone 4/4S ist zu groß.

Drücken Sie die Spitze des Werkzeugs so weit in die Öffnung des SIM-Kartenfachs hinein, bis das Fach herauskommt und Sie es komplett herausziehen können. Legen Sie die SIM-Karte ein (da eine Ecke der Karte abgeschnitten ist, können Sie die Karte nicht falsch herum einlegen) und schieben Sie das Fach wieder in Ihr iPhone.

## Einschalten, ausschalten, Standby

Um das iPhone einzuschalten, halten Sie die Standby-Taste einige Sekunden gedrückt. Das iPhone zeigt nun das Apple-Logo und lädt sein Betriebssystem iOS, was sich ein paar Sekunden hinziehen kann. Anschließend sehen Sie eine mehrsprachige Begrüßung und einen Schiebeschalter, über den das iPhone entsperrt wird. Solange dieser Schalter auf der linken Seite ist, ist das iPhone gesperrt. Diese Sperre verhindert, dass sich das iPhone etwa in der Jackentasche versehentlich einschaltet.

Doch bevor wir das iPhone entsperren und in Betrieb nehmen, schalten wir es zur Übung gleich wieder aus. Dabei gibt es zwei Möglichkeiten: Standby (also der Ruhezustand) oder komplett ausschalten.

- **Standby-Betrieb:** Um Ihr iPhone in den Standby-Betrieb zu versetzen, drücken Sie kurz auf den Schalter rechts oben. Der Bildschirm erlischt. Um aus dem Standby-Betrieb wieder in den aktiven Modus zu wechseln, drücken Sie entweder ein Mal oben rechts kurz auf den Standby-Schalter oder auf die Home-Taste unten in der Mitte.
- **Komplett ausschalten:** Um Ihr iPhone vollständig auszuschalten, halten Sie den Standby-Schalter oben rechts ein paar Sekunden lang gedrückt, bis ein roter Schiebeschalter erscheint. Schieben Sie den Schalter mit dem Finger nach rechts. Das iPhone fährt nun herunter und schaltet sich anschließend komplett aus.

Im Standby-Betrieb ist das iPhone nicht ausgeschaltet, sondern lediglich in einer stromsparenden Wartestellung. Sie können nach wie vor angerufen werden, das iPhone empfängt nach wie vor E-Mails, kann Musik wiedergeben oder auch als Wecker eingesetzt werden.

Im alltäglichen Einsatz genügt es in der Regel, das iPhone in den Standby-Betrieb zu versetzen. Erst wenn Sie Ihr iPhone einmal für längere Zeit nicht benötigen oder wenn Sie sicher sein wollen, dass es nicht zur Unzeit klingelt, sollten Sie es komplett ausschalten.

## Das iPhone entsperren und aktivieren

Schalten Sie das iPhone nun wieder ein. Auf der Begrüßungsseite schieben Sie mit dem Finger den Bildschirm von links nach rechts und entsperren so das Gerät. Beim ersten Mal muss das iPhone aktiviert und noch ein wenig konfiguriert und aktiviert werden.

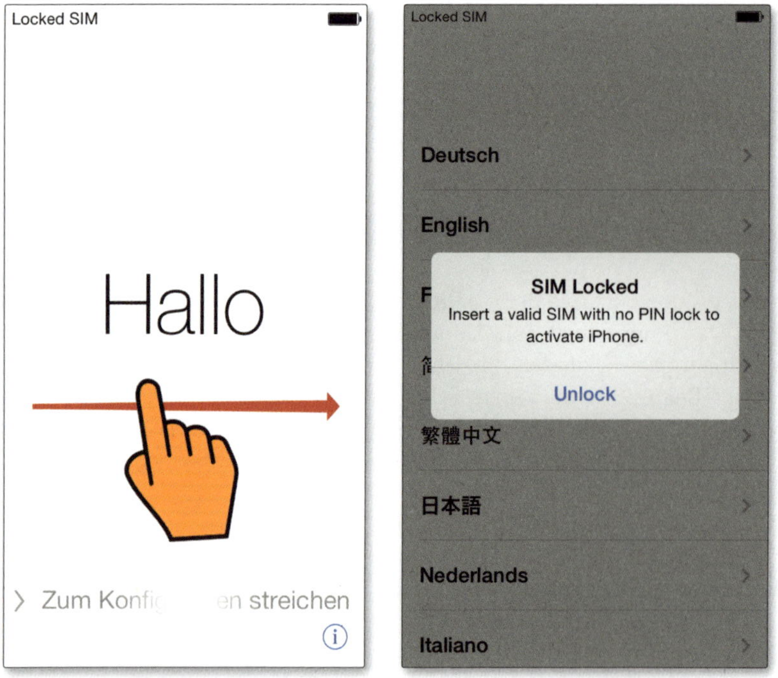


*Beim ersten Start entsperren Sie Ihr iPhone, indem Sie die Begrüßungsseite zur Seite schieben und Ihre SIM-Karte entsperren.*

- **SIM-Karte:** Zuerst erscheint der Hinweis, dass die SIM-Karte gesperrt ist, und Sie werden aufgefordert, Ihren PIN-Code einzugeben. Dazu wird eine Zifferntastatur eingeblendet, über die Sie den vierstelligen Code eintippen.
- **Sprache:** Nun legen Sie die Sprache fest, in der Ihr iPhone eingesetzt werden soll, tippen Sie also auf **Deutsch**.
- **Land & Region:** Im nächsten Schritt legen Sie Land & Region fest. Tippen Sie hier auf **Deutschland**.
- **WLAN:** Falls Sie sich in Reichweite eines WLANs befinden, zeigt Ihnen das iPhone alle verfügbaren Funknetze an. Wählen Sie das gewünschte WLAN aus und geben Sie Ihr Kennwort ein. Falls kein WLAN erreichbar ist, können Sie mit einem Tipp auf **Mobiles Netzwerk verwenden** die Funkverbindung Ihres Providers benutzen.

## GRUNDLAGEN

Für die Eingabe des WLAN-Kennworts wird die Tastatur eingeblendet. Über die Tasten **.?123** und **#+=** wechseln Sie die Belegung der Tastatur, um auch Sonderzeichen und Ziffern eingeben zu können. Mit den Besonderheiten der Tastatur beschäftigen wir uns ausführlich in Kapitel 3.

- **Aktivierung:** Nun nimmt das iPhone kurz Kontakt zu Apple auf und wird aktiviert.
- **Ortungsdienste:** Im nächsten Schritt fragt das iPhone, ob Sie die **Ortungsdienste aktivieren** möchten. Damit ist das iPhone in der Lage, seine Position zu bestimmen und diese Daten anderen Applikationen auf dem iPhone zur Verfügung zu stellen. Wenn Sie nicht sicher sind, ob Sie das möchten oder wozu Sie das benötigen, können Sie diesen Punkt getrost überspringen, diese Dienste lassen sich auch nachträglich nach Belieben ein- und ausschalten. Mit den Ortungsdiensten beschäftigen wir uns in Kapitel 2.
- **Konfigurieren:** Nun werden Sie gefragt, ob Sie Ihr iPhone als neues Gerät konfigurieren oder ob Sie es aus einem Backup wiederherstellen möchten. Falls Sie bereits ein früheres iPhone besitzen und Ihr neues iPhone die Daten von diesem Gerät übernehmen soll, wählen Sie die entsprechende Backup-Option. Andernfalls tippen Sie auf **Als neues iPhone konfigurieren**. (Mit dem Thema Backup beschäftigen wir uns in Kapitel 14.)

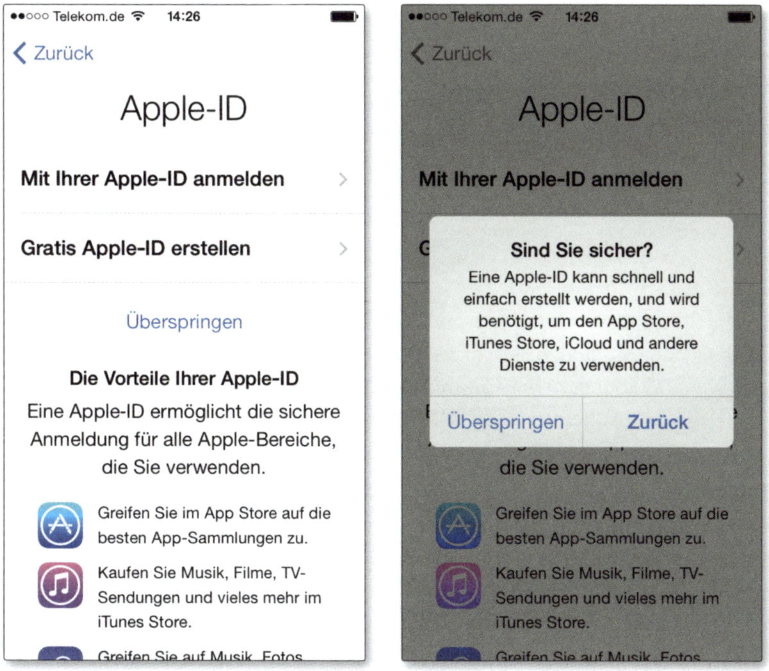


*Die Aufforderung zur Eingabe Ihrer Apple-ID können Sie zu Beginn problemlos überspringen. Eine Apple-ID lässt sich später jederzeit anlegen und einrichten.*

- **Apple-ID:** Nun werden Sie aufgefordert, Ihre Apple-ID anzugeben bzw. eine neue ID anzulegen. Falls Sie keine ID haben, jetzt aber auch noch keine anlegen möchten, tippen Sie auf **Überspringen**. Ohne Apple-ID stehen zwar eine Reihe von Funktionen nicht zur Verfügung, doch die ID lässt sich später jederzeit anlegen (dazu mehr in Kapitel 2).
- **iCloud:** Sobald Sie eine Apple-ID besitzen, können Sie auch den kostenlosen Dienst iCloud benutzen, zu dem Sie sich im nächsten Schritt anmelden können. Sie müssen sich nicht unbedingt jetzt entscheiden, ob Sie iCloud nutzen möchten oder nicht – dazu haben Sie auch später jederzeit Gelegenheit. Mit iCloud beschäftigen wir uns in Kapitel 2 ausführlicher.

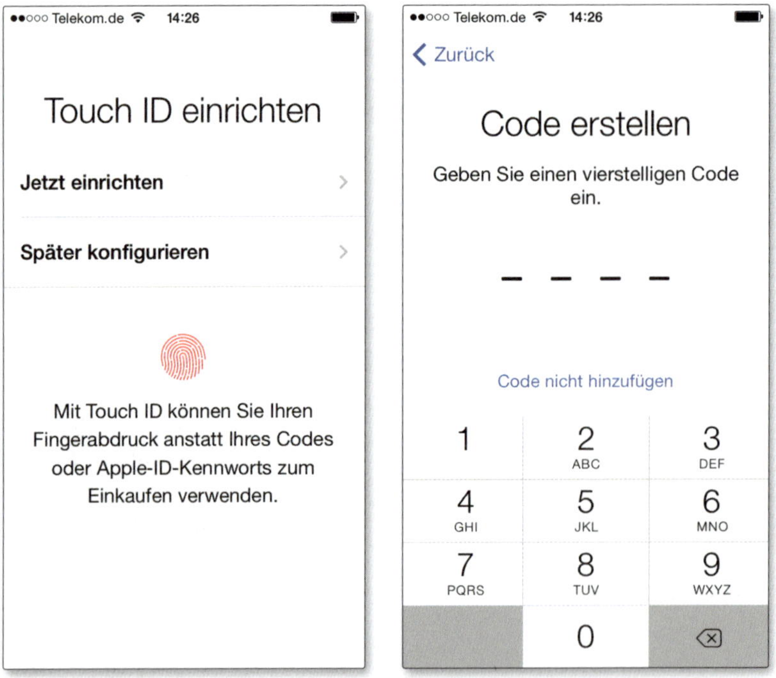


*Beim iPhone 5s können Sie während der Einrichtung die Sicherung des iPhones via Touch ID konfigurieren – Sie müssen das aber nicht tun. Die Festlegung eines Codes ist dagegen auf allen iPhones obligatorisch.*

- **Touch ID:** Falls Sie ein iPhone 5s besitzen, können Sie nun Touch ID einrichten. Damit ist es möglich, Ihre iPhone über den Fingerabdrucksensor zu entsperren. Sie können diesen Schritt vorerst getrost überspringen, er lässt sich später problemlos nachholen. Mehr zur Touch ID und ihrer Funktionsweise erfahren Sie weiter unten in diesem Kapitel, nachdem wir uns ein wenig mit der grundlegenden Bedienung des iPhones vertraut gemacht haben.
- **Codesperre:** Damit nicht jeder allzu neugierige Zeitgenosse oder gar Dieb mit Ihrem iPhone Unfug anstellen kann, wird es standardmäßig durch einen vier-

ziffrigen Code geschützt. Diesen Code legen Sie in diesem Schritt fest. Der Code lässt sich jederzeit ändern und auch gegen einen komplexeren Code eintauschen. Mehr zur Codesperre erfahren Sie in Kapitel 14.

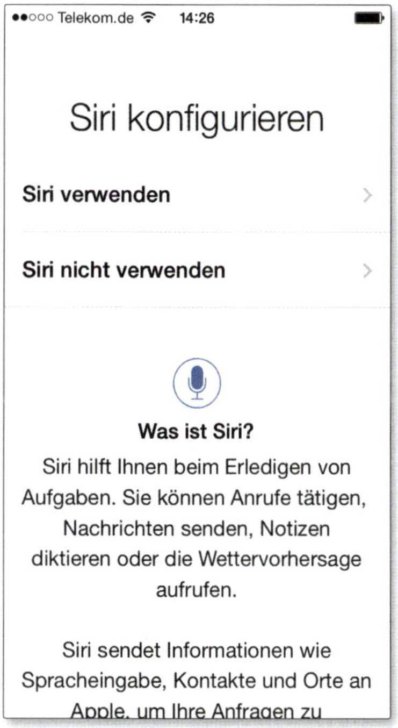

*Die Sprachsteuerung via Siri erleichtert den Umgang mit dem iPhone, muss aber auch nicht sofort aktiviert werden. Nach Abschluss der Konfiguration können Sie das iPhone einsetzen.*

- **Siri:** Legen Sie im folgenden Schritt fest, ob Sie die Sprachsteuerung mit Siri verwenden oder nicht verwenden möchten. Auch hier müssen Sie sich nicht sofort entscheiden, sondern Sie können Siri später noch jederzeit aktivieren. Den Möglichkeiten von Siri widmen wir uns in Kapitel 2.
- **Diagnose:** Zuletzt werden Sie gefragt, ob das iPhone bei auftretenden Fehlern Daten zur Diagnose an Apple senden darf. Diese Daten werden natürlich anonymisiert verschickt und dienen ausschließlich der technischen Analyse und damit der Verbesserung von iOS. Falls Sie das nicht möchten, tippen Sie auf **Nicht senden**.

So, das war's. Nun werden Sie mit **Willkommen beim iPhone** begrüßt. Nach einem Tipp auf **Los geht's** sehen Sie den Home-Bildschirm des iPhones.

# Sperr- und Home-Bildschirm

Wenn Sie das iPhone einschalten, sehen Sie den »Sperrbildschirm«, der das iPhone verriegelt, um eine versehentliche Bedienung zu verhindern. Sie entriegeln das iPhone, indem Sie den Bildschirm in Pfeilrichtung mit dem Finger von links nach rechts schieben. Bevor der Zugriff auf den Home-Bildschirm freigegeben wird, müssen Sie sich mit dem Code ausweisen, den Sie bei der Konfiguration festgelegt haben (beim iPhone 5s können Sie die Entriegelung auch über den Fingerabdruck erledigen, dazu weiter unten mehr).

Anschließend sehen Sie den Home-Bildschirm mit 22 Symbolen. Die unteren vier Symbole stehen dabei auf einer abgesetzten Fläche, dem Dock. Bei diesen Symbolen handelt es um die standardmäßig installierten Programme des iPhones, die »Apps«. App ist die Abkürzung für »Application«, was »Programm« heißt. Die Installation und Verwaltung zusätzlicher Apps wird in Kapitel 12 behandelt.

*Der Sperrbildschirm muss zuerst entriegelt werden, bevor Sie Zugriff auf den Home-Bildschirm bekommen. So werden versehentliche Eingaben verhindert.*

Am unteren Rand, oberhalb des Docks, sehen Sie zwei kleine Punkte. Der linke Punkt ist weiß, der Punkt rechts grau. So wird Ihnen gezeigt, dass es noch weitere Bildschirmseiten gibt und Sie sich aktuell auf der ersten Seite befinden.

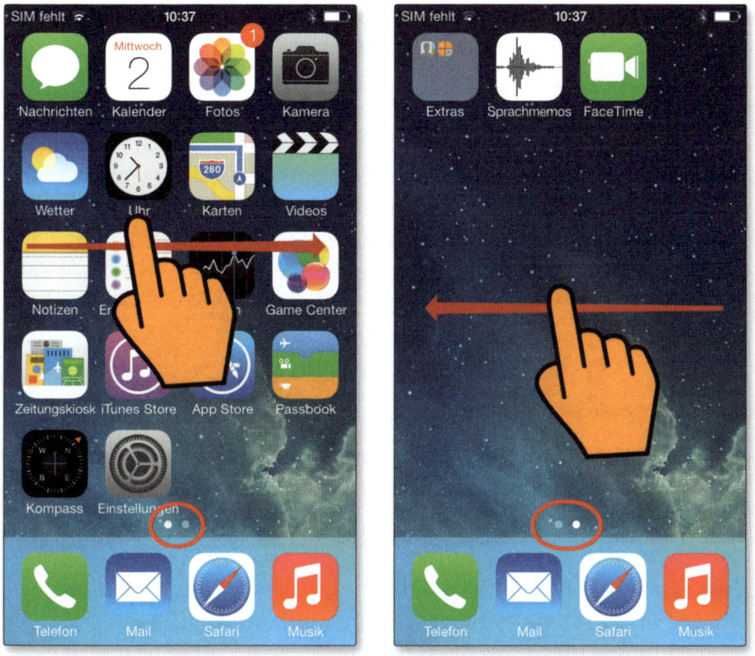


*Wieviele Seiten der Home-Bildschirm umfasst, erkennen Sie an den kleinen Punkten am Fuß des Bildschirms. Zu Beginn besitzt der Bildschirm zwei, es können aber bis zu 15 Seiten werden. Zwischen den Seiten wechseln Sie mit einem Fingerwisch nach links bzw. rechts. Ein Druck auf die Home-Taste bringt Sie immer zur erste Seite zurück.*

Um zwischen den verschiedenen Bildschirmseiten zu wechseln, schieben Sie die aktuelle Anzeige mit dem Finger einfach von rechts nach links. Auf der zweiten Bildschirmseite sehen Sie (neben den beiden Symbolen für **Sprachmemos** und **FaceTime**) ein Symbol **Extras**, das zwei kleinere Symbole enthält. Dabei handelt es sich um einen Ordner mit vier weiteren Programmen, die zur Standardinstallation von iOS (dem Betriebssystem des iPhones) gehören. Insgesamt kommt das iPhone also mit 26 Programmen ins Haus.

## Statusleiste und Dock

Am oberen Rand des Bildschirms sehen Sie die Statusleiste mit aktuellen Informationen zum Zustand Ihres iPhones. Manche Programme – insbesondere Spiele – blenden diese Leiste aus, um jedes Pixel auf dem Bildschirm nutzen zu können, ansonsten ist sie immer zu sehen.

Hier erfahren Sie, wie gut die Empfangsqualität des Funksignals Ihres Providers ist, in welchem Mobilfunknetz Sie sich befinden und welche Datenverbindung aufgebaut ist. In der Mitte wird die aktuelle Uhrzeit angezeigt, rechts der Ladezustand der Batterie.

Neben diesen Standardsymbolen, die immer zu sehen sind, wird die Leiste auch für andere Informationen genutzt, etwa wenn die Musik-App läuft, eine App auf die Ortsinformationen zugreift oder Bluetooth aktiviert wurde.

Der untere Teil des Bildschirms wird vom Dock eingenommen. Das ist eine Ablage für Programme, die Sie wahrscheinlich jederzeit im schnellen Zugriff haben möchten. Wenn Sie durch die verschiedenen Bildschirmseiten blättern, ändert sich zwar der Inhalt des Bildschirms, nicht aber der des Docks. Die hier abgelegten Symbole sind also von jeder Bildschirmseite aus zu erreichen.

*Die Statusleiste am oberen Rand bietet Ihnen Informationen zum aktuellen Zustand des iPhones, das Dock am unteren Rand ist auf allen Bildschirmseiten identisch.*

## Die Apps auf dem iPhone

Die folgenden Apps sind auf dem iPhone von Haus aus installiert:

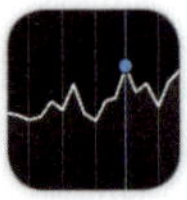

**Aktien:** Das Aktien-Programm auf dem iPhone bietet Ihnen den einfachen Zugriff auf eine Fülle relevanter Daten, mit denen Sie die Kursentwicklung Ihrer Kapitalanlagen jederzeit im Blick haben. Dieses Programm wird in Kapitel 11 vorgestellt.

**App Store:** Der App Store ist der Schlüssel zum Erfolg des iPhones und Ihre Fundgrube für Programme aller Art. Im riesigen Angebot finden Sie schlechterdings alles – vom albernen Ulk - bis zum wissenschaftlichen Spezialprogramm. Mit dem App Store, der Installation und der Verwaltung von Programmen auf dem iPhone beschäftigen wir uns in Kapitel 12.

**Einstellungen:** Was unter Windows die Systemsteuerung und beim Mac die Systemeinstellungen sind, das sind auf dem iPhone die Einstellungen. Hier legen Sie systemweite Parameter fest, bestimmen, wie ein Programm sich verhalten soll, regeln Töne, Helligkeit und vieles mehr. Die Einstellungen werden uns in diesem Buch immer wieder unterkommen.

**Erinnerungen:** Eine kleine App zur Verwaltung Ihrer Aufgaben darf auf dem iPhone natürlich nicht fehlen. Mit den Erinnerungen lassen sich Aufgaben in verschiedenen Kategorien verwalten und nach Datum sortieren. Der Witz: Das Programm kann Sie in Abhängigkeit vom Ort, an dem Sie sich befinden, an bestimmte Aufgaben erinnern. Mehr zu diesem kleinen, aber nützlichen Programm erfahren Sie in Kapitel 11.

**FaceTime:** Mit FaceTime können Sie mit anderen iPhone- und Mac-Anwendern kostenlose Audio- und Videotelefonate via Internet führen. Für die Benutzung dieses Angebots ist eine ebenfalls kostenlose Apple ID notwendig. Der Dienst funktioniert auf jeden Fall im WLAN, beim Mobilfunk hängt es vom jeweiligen Anbieter ab, die »Voice over IP« freischalten müssen. Fast immer fallen hier weitere Kosten an. FaceTime wird in Kapitel 4 behandelt.

**Fotos:** Dank seines brillanten Displays ist das iPhone das ideale digitale Fotoalbum für unterwegs. Sie können Diashows abspielen, Fotos betrachten, Ihre Fotos in Alben oder nach Orten sortieren und mehr. Fotos widmen wir uns in Kapitel 8.

**Game Center:** Das Game Center ist Apples Spielenetzwerk. Hier können Sie mit anderen Besitzern eines iOS-Gerätes (iPhone, iPod touch oder iPad) weltweit gemeinsam spielen und sich etwa in rasanten Autorennen messen, Ihre Highscores dokumentieren und sich in weltweiten Bestenlisten eintragen. Voraussetzung ist natürlich, dass ein Spiel das Game Center unterstützt (was sehr viele Spiele tun). Wie Sie das Game Center einrichten und nutzen lesen Sie in Kapitel 11.

**iTunes Store:** Der iTunes Store ist das wohl größte digitale Kaufhaus für digitale Medien. Hier finden Sie Musik, Filme, TV-Serien und Podcasts. Neben dem App Store ist dies das zweite wichtige Programm, mit dem Sie digitale Medien auf Ihr iPhone bekommen. Der iTunes Store wird uns in Kapitel 12 beschäftigen.

**Kalender:** Der Kalender erleichtert Ihnen Ihre kurz- und langfristige Planung und hilft Ihnen dabei, keinen Termin mehr zu versäumen. Das Symbol zeigt immer das aktuelle Tagesdatum. Mit dem Programm verwalten Sie verschiedene Kalender und synchronisieren Ihre Termine mit dem Kalender auf Ihrem Computer. Kalender wird in Kapitel 5 vorgestellt.

**Kamera:** Das iPhone besitzt eine 8-Megapixel-Kamera, die nicht nur großartige Fotos macht, sondern auch HD-Videos mit 1080p aufzeichnen kann. LED-Blitz, Digitalzoom, HDR-Funktion, automatische Bilderkennung, Bildstabilisator und ein Touch-Fokus (Fokussierung auf Fingertipp) runden das Leistungsspektrum ab. Die Kamera und ihre Möglichkeiten werden in Kapitel 8 behandelt.

**Karten:** Mit diesem Programm haben Sie praktisch die gesamte Welt unter Ihrem Finger. Karten stellt nicht nur die üblichen Stadt- und Straßenkarten dar, sondern zeigt Ihnen auch die ganze Welt aus Satellitenperspektive und bietet eine einfache Navi-Funktion. Die faszinierenden Möglichkeiten von Karten lernen Sie in Kapitel 10 kennen.

**Kompass:** Mit Ihrem iPhone verlaufen Sie sich auch in fremden Städten oder wilden Weltteilen nicht mehr so leicht, schließlich haben Sie jederzeit einen Kompass dabei, der Ihnen bei der Orientierung und Ausrichtung Ihres Weges hilft. Kompass wird in Kapitel 11 behandelt.

**Kontakte:** Die Kontakte sind Ihr Adressbuch auf dem iPhone. Hier können Sie alle Informationen zu Ihren Freunden und Bekannten verwalten. Die Adressen lassen sich in Gruppen zusammenfassen, blitzschnell durchsuchen und mit den Adressen auf Ihrem Computer abgleichen. Kontakte sind das Thema in Kapitel 4.

**Mail:** Der Name ist Programm. Mit Mail schreiben, empfangen und bearbeiten Sie Ihre elektronische Post. Das Programm unterstützt mehrere Accounts, kommt mit den diversen Dateianhängen zurecht und erweist sich bei schlichtem Äußeren als flexibel und leistungsstark. Diesem Programm ist das Kapitel 7 gewidmet.

**Musik:** Ihr iPhone ist so ganz nebenbei auch ein leistungsfähiger Medienplayer. Damit hören Sie unterwegs Musik oder Podcasts. Ihre Medien lassen sich auf dem iPhone in Wiedergabelisten sortieren, und dank Suchfunktion finden Sie blitzschnell Ihren Lieblingssong. Der Musik-App widmet sich Kapitel 9.

**Nachrichten:** Unter Nachrichten fasst Apple die beiden Kurznachrichtendienste SMS und MMS zusammen. Das kleine, aber hilfreiche Programm stellt die Nachrichten in Gesprächsform dar und bietet einen Zeichenzähler, damit Sie nicht versehentlich die 160-Zeichen-Grenze einer SMS sprengen. Zudem können Sie damit Apples kostenloses Nachrichtensystem iMessage nutzen. Die Nachrichten-App wird in Kapitel 4 vorgestellt.

**Notizen:** Eine rasche Notiz, ein Einkaufszettel, ein Roman-Entwurf – es gibt kaum etwas, was Sie auf dem iPhone nicht notieren könnten. Das Programm Notizen verwaltet Ihre Einfälle zuverlässig und sicher. Die Notizen lassen sich mit dem Computer syncen. Den Notizen widmen wir uns in Kapitel 11.

**Passbook:** Mit dieser App verwalten Sie digitale Tickets, Eintrittskarten, Coupons oder Kundenkarten. Damit das funktioniert, muss ein Anbieter das System natürlich unterstützen, was hierzulande zum Beispiel die Lufthansa tut.

**Safari:** Safari ist der Webbrowser auf dem iPhone. Er beherrscht die aktuellen Webstandards und bietet ein praktisches Reader-Feature, unterstützt allerdings weder Flash noch Java. In Kapitel 6 werden wir uns Safari ausführlicher widmen.

**Rechner:** Der Taschenrechner des iPhones sieht auf den ersten Blick aus wie ein normales Hilfswerkzeug für die kleine Berechnung zwischendurch. Doch er kann mehr, als man ihm ansieht: Drehen Sie das iPhone zur Seite, wird er zum wissenschaftlichen Taschenrechner, der auch vor komplizierteren Aufgaben nicht zurückschreckt. Der Rechner wird uns in Kapitel 11 beschäftigen.

**Sprachmemos:** Das iPhone ist vieles: Telefon, Mailmaschine, Surfstation – und dank der Sprachmemos auch ein Diktafon, mit dem Sie rasch eine Notiz als Audiodatei aufzeichnen können. Die Sprachmemos werden uns in Kapitel 11 beschäftigen.

**Telefon:** Diese App darf auf einem Smartphone natürlich nicht fehlen. Neben den üblichen Telefonfunktionen, vom einfachen Anruf bis zur Konferenzschaltung, erhalten Sie von hier aus auch Zugriff auf FaceTime, Apples kostenlosen Service für Internettelefonie. Das Telefon und seine Möglichkeiten steht in Kapitel 4 im Mittelpunkt.

**Uhr:** Mit Ihrem iPhone wissen Sie immer, was die Stunde geschlagen hat – und zwar weltweit. Die Uhr ist auch eine Stoppuhr, ein Timer und natürlich auch ein Wecker. Wie Sie mit der Uhr umgehen und ihre Möglichkeiten optimal nutzen können, erfahren Sie in Kapitel 11.

**Videos:** Das gestochen scharfe Display des iPhones verlangt förmlich nach Filmen. Kein Problem, kopieren Sie Ihre Filme oder TV-Serien von Ihrem Computer aufs iPhone oder kaufen Sie sie im iTunes Store direkt auf Ihrem iPhone. Für die Wiedergabe der Filme ist das Programm Videos zuständig, das wir uns in Kapitel 9 genauer ansehen werden.

**Wetter:** Wie wird das Wetter? Regnet es am Urlaubsort? Müssen Sie für Ihre Dienstreise einen Schirm einstecken oder brauchen Sie eher eine Badehose? Ein Blick auf die Wetter-App und Sie wissen mehr. Diese App gibt Ihnen Auskunft über die Wetterverhältnisse rund um den Globus. Die Wetter-App wird in Kapitel 11 vorgestellt.

**Zeitungskiosk:** Sie möchten auch unterwegs nicht auf Ihre regelmäßige Zeitungs- und Zeitschriftenlektüre verzichten? Kein Problem: Abonnieren Sie Ihre Lieblingsblätter im Zeitungskiosk und lesen Sie die aktuellen Ausgaben auf Ihrem iPhone. Mehr dazu in Kapitel 12.

## Apps starten, verlassen, wechseln und beenden

Eine App starten Sie mit einem Fingertipp auf das Symbol der App. Tippen Sie einfach mal auf ein beliebiges Symbol, etwa **Kalender**. Um das Programm zu verlassen, drücken Sie ein Mal auf die Home-Taste – Sie sehen wieder den Home-Bildschirm. Probieren Sie das Starten und Verlassen von Programmen ruhig mit ein paar weiteren Apps aus und ignorieren Sie dabei alle eventuell auftauchenden Abfragen. Verlassen Sie die Programme jeweils mit einem Druck auf die Home-Taste.

Alle Programme, die Sie bei diesem kleinen Testlauf gestartet und wieder verlassen haben, werden vom iPhone im Hintergrund verwaltet, um Ihnen einen schnellen Wechsel zwischen zwei Apps zu erlauben.

Drücken Sie zweimal nacheinander die Home-Taste, werden alle Programme, die Sie bislang aufgerufen haben, mit ihrem Icon und verkleinertem Bildschirminhalt angezeigt. Durch diese Reihe blättern Sie mit einer horizontalen Wischbewegung, um zu einem Programm zu wechseln, tippen Sie es an.

### GRUNDLAGEN

Anders als bei der Taskbar von OS X oder Windows ist die Liste der bislang aufgerufenen Programme keine Aufstellung aller derzeit aktiven Programme. Standardmäßig wird ein Programm beim Verlassen über die Home-Taste angehalten und sein aktueller Zustand eingefroren. Wechseln Sie wieder zu dem Programm zurück, macht es exakt an der Stelle weiter, an der Sie es verlassen haben. Erst wenn der Arbeitsspeicher auf dem iPhone knapp wird und iOS nicht mehr in der Lage ist, die Daten sämtlicher geöffneter Apps im Speicher zu halten, schließt das System die Apps, die Sie seit längerer Zeit nicht mehr aufgerufen haben. Allerdings werden sie weiterhin in der Aufstellung der zuletzt aufgerufenen Programme angeführt.

Normalerweise können Sie die Verwaltung der aktiven Apps getrost Ihrem iPhone überlassen und müssen sich, anders als Sie es vielleicht von Ihrem Computer kennen, nicht darum kümmern, speicherfressende Applikationen explizit zu beenden.

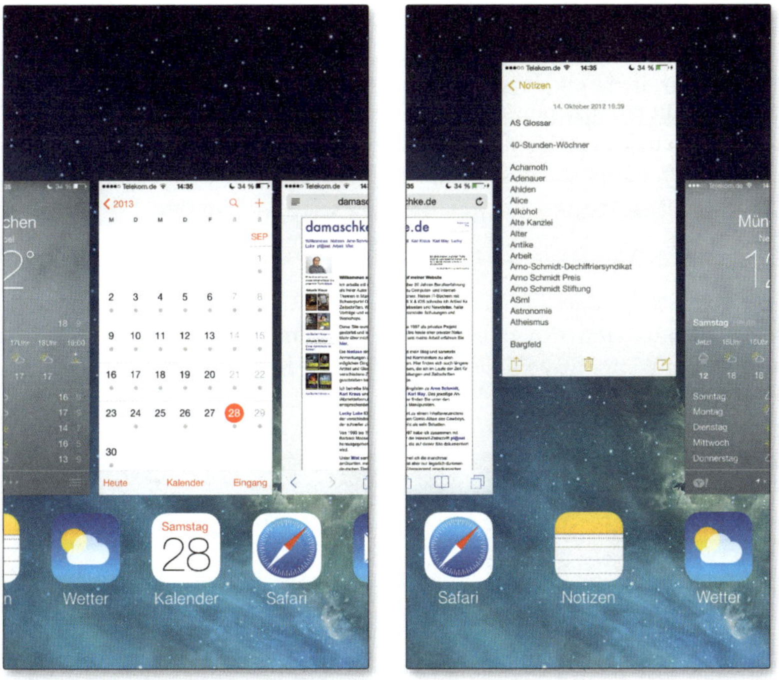


*Nach einem Doppeltipp auf die Home-Taste haben Sie Zugriff auf alle Apps, die Sie in letzter Zeit aufgerufen haben. Mit einem Tipp auf das App-Symbol oder den verkleinerten Bildschirm wechseln Sie zum entsprechenden Programm. Um ein Programm zu beenden, ziehen Sie seinen Bildschirm nach oben aus der Reihe heraus.*

Doch manchmal muss ein Programm manuell beendet und neu gestartet werden, zum Beispiel um eine neue Konfiguration zu laden.

In diesem (seltenen) Fall drücken Sie zweimal auf die Home-Taste und ziehen den verkleinerten Bildschirm der gewünschten App mit dem Finger nach oben. Das Programm wird geschlossen und aus der Liste entfernt.

## Sprachsteuerung mit Siri

Ein Programm der besonderen Art ist Siri, die Sprachsteuerung des iPhones. Damit können Sie Ihrem iPhone natürlichsprachliche Befehle geben bzw. Fragen stellen – »Rufe Gaby an«, »Öffne den Kalender«, »Wie hat der BVB gespielt?«, »Wie wird morgen das Wetter in München?« und Ähnliches – auf die das iPhone (fast immer) korrekt reagiert. Siri kann auch als Diktaphon benutzt werden, das Ihre gesprochene Sprache automatisch in Text umwandelt.

Mit Siri beschäftigen wir uns in Kapitel 2, wenn Sie es jetzt aber schon einmal ausprobieren möchten, halten Sie die Home-Taste etwas länger gedrückt.

**HILFE**

Falls Sie Siri nicht schon bei der Einrichtung Ihres iPhone eingeschaltet haben, können Sie dies nun nachholen. Tippen Sie dazu auf dem Home-Bildschirm auf **Einstellungen**, wählen Sie dort den Punkt **Allgemein** und hier schließlich **Siri**. Tippen Sie auf den Schalter neben dem Eintrag **Siri** und bestätigen Sie Ihre Wahl mit einem Tipp auf **Siri aktivieren**.

Beim ersten Aufruf zeigt Ihnen Siri eine Liste mit Beispielen der Interaktion mit Siri an: Darunter sind »Rufe Tobias an«, »Zeig mir den Weg nach Hause« oder »Wie wird das Wetter heute?«. Falls diese Liste nicht angezeigt wird, sagen Sie einfach »Hilfe«.

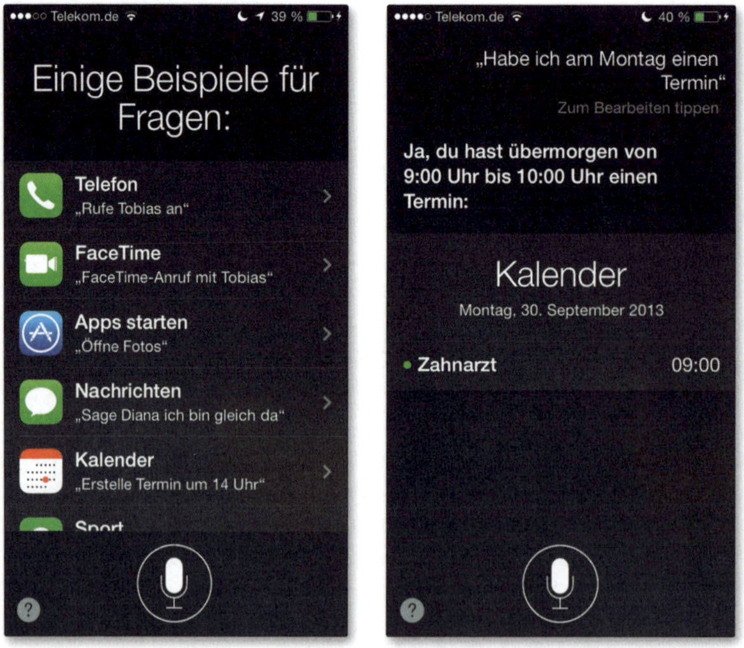


*Mit Siri können Sie Ihr iPhone über Sprachbefehle steuern.*

Um Siri eine Anweisung zu geben oder eine Frage zu stellen, tippen Sie auf das Mikrofonsymbol und legen los. Um die Eingabe zu beenden, tippen Sie das Symbol erneut an. Ihre Spracheingabe wird nun analysiert, und Siri reagiert.

Für den Anfang können Sie damit jede Menge Spaß haben, indem Sie Siri einfach mal ein paar mehr oder weniger sinnvolle Fragen stellen und sich von den Antworten überraschen lassen, etwa: »Wie heißt du?«, »Wie siehst du aus?«, »Was ist der Sinn des Lebens?«. Dabei variiert Siri mitunter die Antworten, stellen Sie eine Frage also ruhig mehrfach.

# Fingerübungen

Ein Gerät, bei dem das einzige Eingabeinstrument der eigene Finger ist, muss mit einigen Besonderheiten aufwarten, damit man es überhaupt bedienen kann. Einige typische Gesten haben Sie bereits kennengelernt, aber schauen wir uns die Fingersteuerung des iPhones einmal etwas genauer an.

- **Tippen statt klicken:** Der gewohnte Mausklick wird durch einen Fingertipp ersetzt. Wann immer Sie ein Element auf dem Bildschirm auswählen oder einen Schalter betätigen möchten, tippen Sie darauf oder schieben ihn zur Seite. Mit einem Tipp starten Sie auch Programme. Den vom Computer vertrauten Doppelklick gibt es beim iPhone auch, allerdings hat er eine andere Funktion. Während Sie damit auf dem Computer ein Programm starten, löst ein Doppeltipp auf den Bildschirm fast immer eine Zoomfunktion aus.
- **Berühren und Halten:** Neben dem Tipp auf den Bildschirm gibt es noch ein Berühren und Halten. Dabei berühren Sie ein Symbol oder eine Stelle auf dem Bildschirm und lassen den Finger solange auf dem Display, bis ein Kontextmenü erscheint oder eine andere Aktion ausgelöst wird. Diese Geste entspricht also im Großen und Ganzen einem Rechtsklick mit der Maus.
- **Wischen statt scrollen:** Das Scrollen oder Blättern in Dokumenten oder Webseiten, die größer als der Bildschirm sind, entspricht beim iPhone dem Wischen. Dabei streichen Sie mit einem Finger über den Bildschirm und verschieben so den Inhalt nach links oder rechts, aber auch nach oben und unten.
- **Wischen statt blättern:** In manchen Apps können Sie sich durch eine horizontale Wischgeste bewegen und so eine Seite oder einen Menüpunkt vor- bzw. zurückblättern. Damit diese Geste korrekt erkannt wird, setzen Sie den Finger etwas außerhalb des linken bzw. rechten Bildschirmrands an und ziehen ihn horizontal über das Display.
- **Zwicken zum zoomen:** Neu und ohne Parallele bei einem herkömmlichen Computer ist die Zoomfunktion mit den Fingern, die Sie etwa bei dem Webbrowser Safari, in den Programmen Karten oder bei Fotos einsetzen können. Auch einige Spiele machen davon Gebrauch. Dabei setzen Sie zwei Finger auf den Bildschirm – typischerweise den Daumen und den Zeigefinger – und vergrößern den Bildschirminhalt, indem Sie die Finger auseinanderziehen. Entsprechend verkleinern Sie den angezeigten Inhalt, wenn Sie Ihre Finger wieder zusammenziehen (Apple nennt diesen Vorgang »pinch to zoom« oder einfach nur »pinch«, was soviel wie »drücken, kneifen, zwicken heißt).
- **Untermenüs und Pfeile:** Das Bedienelement, auf das Sie beim iPhone häufig stoßen, ist ein kleiner Pfeil nach rechts. Wann immer Sie so einen Pfeil sehen, können Sie mit einem Fingertipp darauf ein Untermenü aufrufen. Dabei rutscht der aktuelle Bildschirminhalt nach links heraus und von rechts das Untermenü herein. Gleichzeitig erscheint oben links ein Pfeil nach links, mit dem Sie wieder zum übergeordneten Punkt zurückkehren. Alternativ können Sie in diesem Fall auch von links nach rechts über das Display wischen, um einen Menüpunkt zurückzugehen.

- **Schalter:** Viele Optionen werden über Schalter ein- bzw. ausgeschaltet. Diese Schalter funktionieren so, wie man es bei einem berührungsempfindlichen Display erwarten kann: Sie tippen sie an.
- **Regler:** Einstellungen wie Helligkeit oder Lautstärke werden über Schieberegler festgelegt, die Sie ebenfalls mit dem Finger steuern. Hier ziehen Sie den Reglerknopf an die gewünschte Position.

## Bildschirmhintergrund ändern

Standardmäßig benutzt das iPhone für den Sperr- und Home-Bildschirm das gleiche Bild. Das können Sie ändern und auch unterschiedliche Hintergrundbilder für den Sperrbildschirm und den Home-Bildschirm festlegen.

Tippen Sie dazu auf dem Home-Bildschirm auf das Symbol **Einstellungen** und hier auf **Hintergründe & Helligkeit**. Sie sehen nun die aktuell gewählten Hintergrundbilder für Sperr- und Home-Bildschirm. Tippen Sie die Darstellung an, um diese zu ändern. Sie sehen nun eine Liste mit den Fotoalben auf Ihrem iPhone. Anfangs steht Ihnen hier nur das Album **Apple Hintergrund** zur Verfügung, in dem sich die Bilder befinden, die Apple dem iPhone mit auf den Weg gibt. Sobald Sie eigene Fotos auf Ihrem iPhone haben, können Sie auch diese Bilder für den Hintergrund benutzen. Neben den normalen, statischen Einzelbildern können Sie auch einen dynamischen Hintergrund wählen, der sanft animiert ist.

*Für den Hintergrund von Sperr- und Home-Bildschirm stellt das iPhone eine Reihe hochwertiger Fotos bereit. Natürlich können Sie auch eigene Bilder benutzen.*

Tippen Sie auf das Foto, das Sie als neuen Hintergrund benutzen möchten. Das Foto wird nun bildschirmfüllend angezeigt. Tippen Sie auf **Festlegen**. Sie werden nun gefragt, ob das Bild für den **Sperrbildschirm**, den **Home-Bildschirm** oder für **Beide** benutzt werden soll. Mit einem Tipp auf **Abbruch** brechen Sie den Vorgang ab und es bleibt alles so, wie es aktuell ist.

## Symbole anordnen

Die Anordnung der Symbole auf dem Home-Bildschirm ist nicht in Stein gemeißelt, sondern lässt sich jederzeit von Ihnen anpassen. Sie können die Symbole neu anordnen, zu Ordnern zusammenfassen oder auf neuen Bildschirmseiten ablegen.

Als Beispiel für einen Ordner finden Sie von Haus aus auf der zweiten Bildschirmseite den Ordner **Extras**. Sie öffnen den Ordner, indem Sie ihn antippen. Um einen Ordner zu schließen, tippen Sie auf eine leere Stelle des Bildschirms, außerhalb des Ordners.

Um die Anordnung der Symbole zu ändern oder um einen Ordner anzulegen, berühren und halten Sie ein beliebiges Symbol, bis die Symbole auf dem Bildschirm zu wackeln beginnen.

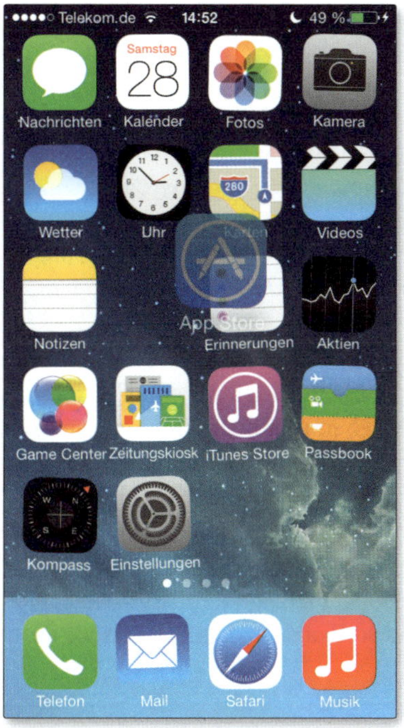

*Sobald die Symbole auf dem Bildschirm einen kleinen Tanz aufführen, lassen sie sich auf dem Bildschirm verschieben und auch in Ordnern zusammenfassen.*

In diesem Wackelmodus lassen sich die Symbole mit dem Finger beliebig verschieben.

- **Bildschirmseite wechseln/anlegen:** Ziehen Sie ein Symbol mit dem Finger über den rechten Rand hinaus, wechseln Sie zur nächsten Bildschirmseite, auf der Sie das Symbol ablegen können. Befinden Sie sich auf der letzten Seite, wird eine neue Bildschirmseite eingefügt.

*Ziehen Sie im Wackelmodus ein Symbol über den Rand hinaus, können Sie das Symbol auf der nächsten Bildschirmseite ablegen. Falls Sie sich auf der letzten Seite befinden, wird eine neue Seite angelegt. Maximal sind 15 Bildschirmseiten möglich.*

- **Ordner anlegen:** Um ein Symbol in einem Ordner abzulegen bzw. einen neuen Ordner zu erzeugen, ziehen Sie das Symbol entweder auf einen vorhandenen Ordner und lassen es dort los, oder Sie ziehen es auf ein anderes Symbol und legen so einen neuen Ordner an. Tippen Sie auf den vorgeschlagenen Ordnernamen, um ihn zu ändern.
- **Ordner auflösen:** Um einen Ordner aufzulösen, öffnen Sie ihn mit einem Fingertipp und ziehen alle Symbole heraus.
- **Symbol im Dock:** Um ein Symbol im Dock abzulegen, müssen Sie zuerst ein Symbol aus dem Dock herausziehen und so Platz schaffen. Ziehen Sie anschließend das gewünschte Symbol hinein.

*Ziehen Sie zwei Symbole übereinander, erzeugen Sie einen Ordner.*

Ein Druck auf die Home-Taste beendet den Wackelmodus und übernimmt Ihre Änderungen.

Je mehr Programme Sie auf Ihrem iPhone installiert haben, desto mühseliger wird die manuelle Anordnung der Symbole. Doch keine Sorge, hier bietet Ihnen iTunes eine komfortable Möglichkeit, die Bildschirmseiten Ihres iPhones zu verwalten. Mehr dazu in Kapitel 12.

Zwischen den verschiedenen Seiten des Home-Bildschirms bewegen Sie sich mit Wischbewegungen auf dem Display. Die kleinen Punkte unten zeigen Ihnen, wie viele Seiten es gibt und auf welcher Seite Sie sich aktuell befinden.

## TIPP

Wenn Sie nun ein wenig herumexperimentiert haben und den Home-Bildschirm wieder in den Anfangszustand versetzen möchten, tippen Sie zuerst auf dem Home-Bildschirm auf **Einstellungen** und dort auf **Allgemein**. Ziehen Sie den Bildschirm nach oben, um den letzten Eintrag **Zurücksetzen** anzuzeigen. Tippen Sie ihn an und wählen Sie hier Home-Bildschirm. Bestätigen Sie die Aktion mit einem Tipp auf Bildschirm zurücksetzen.

## Touch ID (nur iPhone 5s)

Bei der Konfiguration des iPhones müssen Sie einen vierstelligen Code festlegen, der eingegeben werden muss, wenn das iPhone entsperrt wird. Beim iPhone 5s können Sie sich die Eingabe des Codes auch ersparen, indem Sie einfach Ihren Finger auf die Home-Taste legen.

### GRUNDLAGEN

Die Codesperre (die auf allen iPhones aktiv ist) mag lästig scheinen, ist aber eine wichtige Sicherungsfunktion Ihres iPhones. In Kombination mit Touch ID bietet das iPhone 5s einen optimalen Kompromiss aus Sicherheit und Bequemlichkeit. Wie Sie die Codesperre Ihren Wünschen anpassen und Touch ID konfigurieren, erfahren Sie in Kapitel 14.

Damit das iPhone 5s Ihren Fingerabdruck erkennen kann, muss es ihn natürlich zuerst einmal lernen. Falls Sie das noch nicht während der Konfiguration gemacht haben, sollten Sie es nun nachholen. Rufen Sie dazu **Einstellungen** auf, tippen Sie hier auf **Allgemein** und dann auf **Code & Fingerabdruck**. Geben Sie Ihren Code ein, um Zugriff auf diese Einstellungen zu bekommen, und tippen Sie auf **Fingerabdrücke**. Wählen Sie **Fingerabdruck hinzufügen** und folgen Sie nun den Anweisungen auf dem Bildschirm.

### GRUNDLAGEN

Vielleicht ist Ihnen die Vorstellung, dass das iPhone Ihren Fingerabdruck speichert, nicht ganz geheuer. Doch da kann ich Sie beruhigen: Das iPhone speichert Ihren Fingerabdruck überhaupt nicht. Stattdessen bildet der Sensor aus dem Fingerabdruck und einem gerätespezifischen Wert eine Prüfsumme, die keinerlei Rückschlüsse auf den realen Abdruck zulässt. Diese Prüfsumme wird im iPhone in einem speziellen Bereich gespeichert, auf den ausschließlich der Sensor Zugriff hat, und verlässt nie das iPhone. Bei jedem Auflegen Ihres Fingers bildet der Sensor die Prüfsumme erneut und vergleicht sie mit dem gespeicherten Wert. Stimmen die aktuelle und die gespeicherte Prüfsumme überein, signalisiert der Sensor dem System ein »OK«. Selbst wenn es einem Hacker, Datendieb oder Agenten gelingen sollte, die Sicherheitssperren des iPhones zu umgehen und den gespeicherten Wert auszulesen, kann er damit nichts anfangen. Wenn Sie dennoch skeptisch sind, ignorieren Sie Touch ID einfach. Schließlich müssen Sie das Verfahren nicht einsetzen, sondern können immer und jederzeit mit der Code-Sperre arbeiten.

Beim Einscannen Ihres Fingerabdrucks werden Sie aufgefordert, den Finger immer mal wieder vom Home-Button zu heben und ihn in verschiedenen Winkeln aufzusetzen. So kann das iPhone Ihren Abdruck aus verschiedenen Winkeln scannen und Sie müssen sich später nicht damit plagen, dass Sie Ihren Finger exakt so aufle-gen, wie sie es beim Einscannen getan haben.

Der ganze Vorgang dauert rund eine Minute, anschließend können Sie Ihren Fingerabdruck benutzen, um das iPhone 5s zu entsperren.

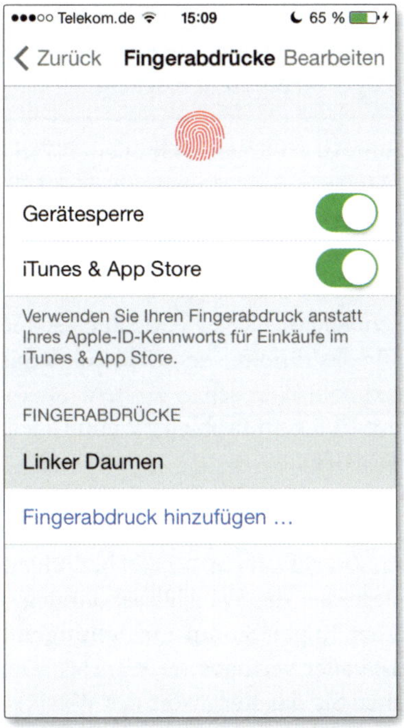

*Das Einscannen eines Fingerabdrucks dauert etwa eine Minute. Anschließend können Sie den Finger zum Entsperren des iPhones benutzen.*

Das iPhone kann bis zu fünf verschiedene Abdrücke speichern, Sie können also etwa Daumen und Zeigefinger beider Hände speichern, damit Sie Ihr iPhone 5s jederzeit entsperren können, ganz gleich, mit welcher Hand Sie es gerade halten.

Am besten probieren Sie das Verfahren einfach mal aus. Drücken Sie ein Mal oben auf die Standby-Taste, um das iPhone in den Standby-Modus zu versetzen. Drücken Sie nun die Home-Taste, sehen Sie den vertrauten Sperrbildschirm. Sie können nun entweder den Bildschirm nach links schieben und Ihren Code einge-ben – oder Sie halten Ihren Finger kurz auf den Home-Button.

## Die Funkverbindungen des iPhones

Das iPhone beherrscht verschiedene Funkstandards. Dabei wählt es normalerweise automatisch das schnellste der verfügbaren Netze:

- **2G/Edge:** Falls einmal kein UMTS, LTE oder WLAN zur Verfügung steht, verbindet sich das iPhone über Edge, mit dem eine Geschwindigkeit von maximal rund 380 Kbit/s möglich ist. Bei einer Edge-Verbindung erscheint in der Statusleiste ein »E«.
- **3G/UMTS:** Die Standardinternetverbindung des iPhones läuft über UMTS, das in den USA als »3G« bezeichnet wird. Hiermit sind aktuell auf dem iPhone maximal 14,4 Mbit/s möglich. Eine UMTS-Verbindung wird mit einem »3G« in der Statusleiste angezeigt.
- **LTE:** Der Nachfolger von UMTS erlaubt theoretisch Geschwindigkeiten von bis zu 300 Mbit/s, ist also rund 20 Mal schneller als UMTS und auch schneller als eine normale WLAN-Verbindung. Für das iPhone verspricht Apple bis zu 100 Mbit/s. In der Praxis wird dieser maximale Wert selten erreicht, aber eine mehrfache UMTS-Geschwindigkeit ist mit LTE kein Problem. Wenn LTE aktiv ist, erscheint in der Statusleiste das Kürzel »LTE«.
- **WLAN:** Natürlich unterstützt das iPhone auch WLAN, also »„Wireless LAN«. Dabei funkt das iPhone nach dem Standard 802.11a/b/g/n und sollte sich mit jedem WLAN verbinden können. Für den Zugriff auf ein WLAN benötigen Sie in der Regel ein Passwort, das Sie vom Betreiber des WLANs bekommen. Um das iPhone mit einem WLAN zu verbinden, tippen Sie auf **Einstellungen** und dort auf **WLAN**. Hier sehen Sie eine Liste aller verfügbaren WLANs. Tippen Sie das gewünschte Netzwerk an und geben Sie das Kennwort des WLANs ein (das Kennwort erhalten Sie vom Betreiber des WLANs). Dabei merkt sich das iPhone ein WLAN, mit dem Sie sich einmal verbunden haben, und stellt beim nächsten Mal die Verbindung automatisch her.
- **Bluetooth:** Für den drahtlosen Anschluss von Kopfhörer oder Tastatur bietet das iPhone Bluetooth 4.0 LE.
- **Hotspot:** Wenn das iPhone in ein Funknetz eingebucht ist (Edge, 3G oder LTE), kann es diese Verbindung zum Internet auch als WLAN-Hotspot für andere Geräte zur Verfügung stellen. Ob diese Funktion freigeschaltet ist, hängt allerdings von Ihrem Tarif bei Ihrem Mobilfunkanbieter ab.

### POWER USER

Mitunter kann es sinnvoll oder notwendig sein, die Funkverbindungen des iPhones auszuschalten. Etwa, um Strom zu sparen, oder wenn Sie in einer Umgebung sind, in der Funkverbindungen nicht erlaubt sind. Die Funkverbindungen lassen sich entweder einzeln oder auch komplett in den **Einstellungen** oder im **Kontrollzentrum** (mit dem wir uns in Kapitel 2 beschäftigen) deaktivieren. Wählen Sie dazu die entsprechenden Optionen oder schalten Sie den **Flugmodus** ein, der alle Funkverbindungen mit einem Schlag beendet.

## Zur Schreibweise in diesem Buch

Wie Sie wohl schon bemerkt haben, erreichen Sie verschiedene Einstellungen auf dem iPhone, indem Sie sich von einem Menüpunkt zum nächsten durchtippen.

Um diese Tippfolgen zu notieren, benutze ich in diesem Buch häufig eine abgekürzte Schreibweise, bei der die einzelnen anzutippenden Punkte durch ein »>« getrennt werden.

Statt etwa »Tippen Sie auf **Einstellungen**, wählen Sie dort **Allgemein**, tippen Sie nun auf **Tastatur** und dort auf **Tastaturen** …« werde ich die deutlich kürzere Form »Rufen Sie **Einstellungen** > **Allgemein** > **Tastatur** > **Tastaturen** auf« benutzen. Diese Notation wird auch für die (wenigen) Fälle benutzt, in denen es um Klickfolgen am Computer geht.

Kapitel

2

# Systemweite Dienste und Einstellungen

Auf dem iPhone gibt es eine Reihe von grundlegenden Diensten und Funktionen, die von mehreren Applikationen genutzt werden können oder anderweitig von zentraler Bedeutung sind. Diese Funktionen werden in diesem Kapitel vorgestellt.

## Apple-ID & Co: Systemweite Funktionen

Bei der Inbetriebnahme des iPhones werden Sie aufgefordert, einige zentrale Einstellungen vorzunehmen, etwa Ihre Apple-ID einzugeben, sich bei iCloud anzumelden, Siri zu aktivieren oder die Ortungsfunktionen einzuschalten.

Da es sich dabei um systemübergreifende Funktionen des iPhones handelt, werden sie in diesem Kapitel gemeinsam vorgestellt. Im Einzelnen sind dies:

- **Accounts:** Die Zugangsdaten zum elektronischen Postfach oder zu Kalendern und Kontakten, die Sie (etwa in Ihrem Unternehmen) via Internet verwalten, werden in den **Einstellungen** an zentraler Stelle organisiert.
- **AirDrop:** AirDrop bietet die Möglichkeit, Fotos, Kontaktdaten, Webadressen und Ähnliches mehr sehr schnell und unproblematisch an andere iPhone-Anwender in der Nähe zu schicken.
- **Apple-ID:** Die Apple-ID ist für den Betrieb des iPhones nicht zwingend erforderlich. Aber ohne Apple-ID können Sie Dienste wie FaceTime oder iMessage (dem Kurznachrichtendienst von Apple) ebenso wenig nutzen, wie Sie Inhalte im App Store oder bei iTunes kaufen können.
- **Drucken:** Das iPhone kann Fotos, Webseiten, Notizen und Ähnliches ausdrucken. Vorausgesetzt, der Drucker unterstützt die von Apple eingeführte Technologie AirPrint.
- **iCloud:** Mit iCloud stellt Apple einen kostenlosen Dienst im Internet bereit, über den Sie Ihre Daten zwischen iPhone und Computer automatisch via Internet synchron halten können. Außerdem können die Applikationen auf Ihrem iPhone auch Dokumente in Apples Datenwolke speichern.
- **Kontrollzentrum:** Das Kontrollzentrum bietet Ihnen jederzeit den Zugriff auf wichtige Grundfunktionen des iPhones, die Sie hier ohne Umwege direkt aufrufen können.
- **Mitteilungen und Mitteilungszentrale:** Über die Mitteilungen können alle Apps auf Ihrem iPhone Sie über aktuelle Ereignisse (fällige Termine, verpasste Anrufe, eintreffende E-Mails und so weiter) informieren. In welcher Form dies geschehen soll, definieren Sie in den **Einstellungen**.
- **Ortungsdienste:** Das iPhone kann seine genaue geographische Position ermitteln und diese Daten den Apps auf Ihrem iPhone zur Verfügung stellen. Natürlich nur, wenn Sie damit einverstanden sind.
- **Siri:** Die Sprachsteuerung Siri erlaubt Ihnen die gesprochene Interaktion mit Ihrem iPhone. Sie können mit Siri Texte diktieren, Nachrichten schreiben, Sportergebnisse abfragen und vieles mehr.
- **Soziale Netzwerke:** Das Betriebssystem iOS unterstützt von Haus aus Twitter, Facebook, Flickr und Vimeo. Falls Sie einen Account in einem dieser Netzwerke haben, können Sie Ihre Zugangsdaten in den **Einstellungen** hinterlegen und anderen Apps auf dem iPhone zur Verfügung stellen.

- **Spotlight:** Im Laufe der Zeit sammeln sich auf dem iPhone zahlreiche Daten, E-Mails, Nachrichten oder auch Apps an. Damit Sie hier schnell zu einer gesuchten Information kommen oder das gesuchte Programm schnell finden, bietet das iPhone eine rasend schnelle Suchfunktion namens »Spotlight«.
- **Synchronisation:** Der Datenbestand auf dem iPhone und sämtliche Inhalte werden üblicherweise mit dem Computer via iTunes synchronisiert. Das ist aber nicht die einzige Möglichkeit, Inhalte vom und auf das iPhone zu übertragen.
- **Teilen:** Viele Apps bieten eine spezielle Taste – ein Rechteck mit einem Pfeil nach oben. Dabei handelt es sich um das Teilen-Menü, mit dem Sie den aktuellen Inhalt via AirDrop, Nachrichten oder Mail mit anderen teilen können. Hier finden Sie auch häufig den Eintrag **Drucken**.
- **Töne:** Das iPhone reagiert auf verschiedene Ereignisse wie etwa einen Anruf, eine neue Mail, das Versenden von Nachrichten und Ähnlichem mehr mit einem Hinweiston. Diese Töne legen Sie zentral in den **Einstellungen** fest.
- **Wörterbücher:** Zu iOS gehören verschiedene Wörterbücher, die von Apple allerdings ein wenig versteckt wurden und erst auf Wunsch nachträglich installiert werden.

## Accounts einrichten und verwalten

Firmen wie Google, Yahoo oder auch Apple bieten kostenlose Dienste an, die E-Mail, Kontakte oder Termine bündeln. Diese Dienste werden über einen Account – wörtlich: »Konto« – verwaltet, den Sie auch auf dem iPhone einrichten und mit dem Sie so etwa auf Ihre Mails von Google, Ihr Yahoo-Adressbuch oder Ihre Termine von Apples iCloud mit den entsprechenden Apps Mail, Kontakte und Kalender auf dem iPhone zugreifen können.

Sie können problemlos mehrere solcher Accounts auf Ihrem iPhone einrichten, etwa einen Gmail-Account, einen iCloud-Account und einen Mail-Account bei Ihrem Internetprovider.

Um einen Account auf dem iPhone einzurichten, wählen Sie **Einstellungen > Mail, Kontakte, Kalender**. Hier tippen Sie auf **Account hinzufügen** und legen die Art des Accounts fest. Zur Auswahl stehen **iCloud**, **Exchange**, **Google**, **Yahoo**, **AOL**, **Outlook.com** und **Andere**.

Bei den namentlich aufgeführten Diensten bzw. Anbietern nimmt Ihnen das iPhone die Konfiguration weitgehend ab, Sie müssen sich lediglich mit Ihrem Benutzernamen und Ihrem Kennwort ausweisen. Unter **Andere** können Sie beliebige Accounts bei beliebigen Providern einrichten. Allerdings benötigen Sie hier in der Regel einige zusätzliche technische Angaben, die Sie von Ihrem Anbieter erfahren.

## TIPP

Falls Sie Ihre Accounts bereits auf dem Computer eingerichtet haben, können Sie sich auf dem iPhone die Eingabe der Daten sparen und sie mit iTunes ans iPhone übertragen. Schließen Sie Ihr iPhone an den Computer an, wählen Sie es in iTunes aus und wechseln Sie zur Registerkarte **Infos**. Dort aktivieren Sie im Abschnitt **Mail-Accounts** den Punkt **Mail-Accounts synchronisieren**. Anschließend wählen Sie die gewünschten Accounts aus und klicken auf **Anwenden**. Dabei werden ausschließlich die Accountdaten und keine Mails auf Ihr iPhone übertragen.

Nach der Einrichtung legen Sie fest, welche Dienste des jeweiligen Accounts Sie nutzen möchten (also etwa **Mail** und **Kalender**), und tippen auf **Hinzufügen**. Welche Dienste hier zur Verfügung stehen, hängt vom jeweiligen Anbieter ab. Bei Google können etwa Mail, Kontakte, Kalender und Notizen genutzt werden, bei Outlook Mail, Kontakte, Kalender und Erinnerungen.

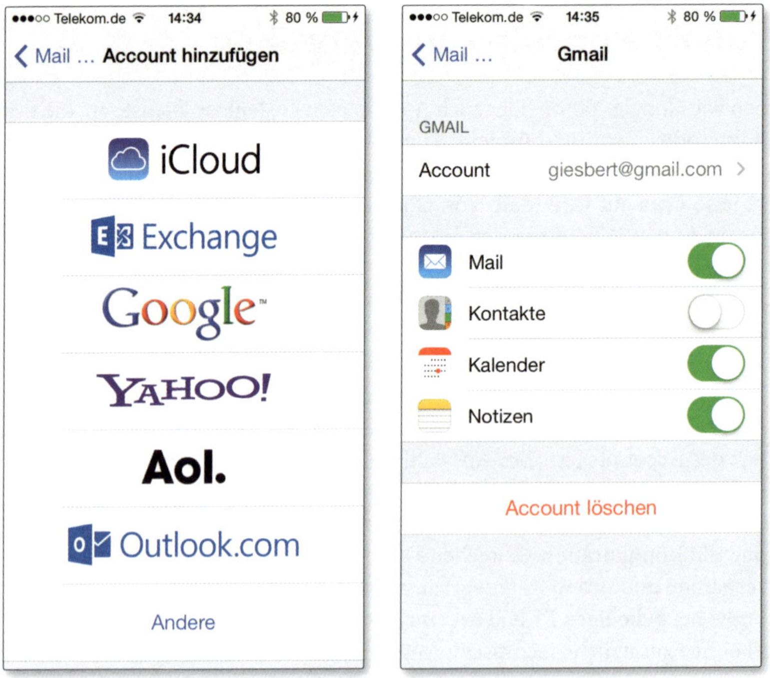


*Auf dem iPhone lassen sich mehrere Accounts installieren, wobei die Konfiguration der großen Anbieter größtenteils vom iPhone übernommen wird. Anschließend legen Sie fest, welche Dienste des Accounts auf dem iPhone aktiviert werden sollen.*

Es ist jederzeit möglich, die Daten eines Accounts zu bearbeiten, etwa weil sich das Kennwort geändert hat oder Sie das Konto in der Übersicht der Accounts unter einem anderen Namen sehen möchten. Rufen Sie in diesem Fall **Einstellungen > Mail, Kontakte, Kalender** auf und wählen Sie den Account, dessen Daten Sie ändern möchten. Hier können Sie einen Account natürlich auch wieder löschen.

Standardmäßig versucht das iPhone, alle Daten automatisch und zeitnah abzugleichen, ohne dass Sie sich darum kümmern müssen. Dabei wird der Datenabgleich mit »Push« aktiviert.

Wenn diese Option von Ihrem Anbieter unterstützt wird, kümmern sich Server und iPhone darum, dass alle Daten möglichst sofort auf allen Geräten – also etwa Ihrem iPhone und Ihrem Computer – zur Verfügung stehen. Trifft zum Beispiel eine Mail auf dem Server ein, werden Sie auf dem iPhone sofort darüber informiert, ändern Sie einen Termin auf dem iPhone, wird diese Änderung sofort auf dem Server übernommen.

Falls Push nicht zur Verfügung steht, werden die Daten in festen Zeitintervallen oder manuell abgeglichen.

Wie das iPhone die Daten von Kalender, Kontakte und Mail abgleichen soll, legen Sie unter **Einstellungen > Mail, Kontakte, Kalender > Datenabgleich** fest.

## AirDrop

Über **AirDrop** lassen sich schnell und unkompliziert Daten zwischen mehreren iPhones austauschen. Um AirDrop nutzen zu können, benötigen Sie einen kostenlosen iCloud-Account.

Bei AirDrop bauen die Geräte ein sogenanntes »Ad hoc«-Netzwerk auf, in dem alle Daten verschlüsselt übertragen werden. Dazu müssen die iPhones nicht online oder im WLAN eingeloggt sein, AirDrop funktioniert also auch bei schlechtem Mobilfunknetz auf der grünen Wiese, fernab von allen WLANs.

Die Verbindung arbeitet nicht nur in direkter Nähe, sondern bis zu einer Distanz von mehreren Metern – vorausgesetzt, die Geräte »sehen« sich, es befindet sich also keine Wand oder eine andere Störung zwischen den Geräten. Bei einer Entfernung von einem Meter geht die Übertragung ausgesprochen zügig, je weiter die Geräte entfernt sind, desto langsamer wird es allerdings.

AirDrop aktivieren Sie im Kontrollzentrum, wobei Sie festlegen können, wer Ihnen Daten über die Verbindung schicken darf: Entweder alle oder nur diejenigen, deren Visitenkarten sich in Ihren Kontakten befinden.

Übertragen werden können prinzipiell alle Daten, falls die jeweilige App AirDrop unterstützt. Auf dem iPhone sind dies von Haus etwa Fotos, iTunes und App Store, Karten, Kontakte, Notizen, Safari und Sprachmemos.

Am Beispiel der Übertragung eines Fotos vom einem iPhone an ein zweites soll das Prinzip erläutert werden:

Aktivieren Sie hier auf beiden iPhones im Kontaktzentrum **AirDrop**, am einfachsten mit der Option **Für jeden** (das Kontrollzentrum öffnen Sie mit einer Wischgeste vom unteren Rand des Home-Bildschirms nach oben).

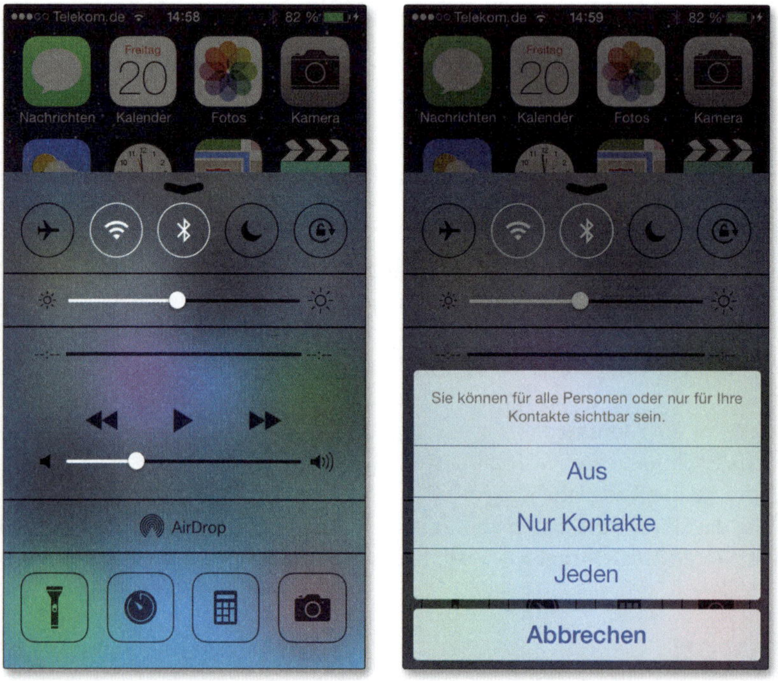


*AirDrop verwalten Sie über das Kontrollzentrum. Um kostbaren Strom zu sparen, sollten Sie AirDrop nur bei Bedarf aktivieren.*

Öffnen Sie nun in der Fotos-App das gewünschte Bild und tippen Sie auf die Teilen-Taste (also auf das Rechteck mit dem Pfeil nach oben). Nach wenigen Sekunden ist die Verbindung zwischen allen iPhones hergestellt, und alle möglichen Empfänger werden auf Ihrem iPhone angezeigt – in unserem Beispiel also der Besitzer des zweiten iPhones. Tippen Sie ihn an, wird das Bild übertragen.

Auf dem iPhone des Empfängers erscheint nun eine kleine Vorschau des Fotos und der Hinweis, dass Sie ihm ein Foto via AirDrop geschickt haben. Der Empfänger kann das Bild nun auf seinem Gerät speichern oder die Übertragung ablehnen.

### GRUNDLAGEN

Auch unter OS X gibt es die Möglichkeit, zwischen zwei Macs Daten drahtlos via AirDrop zu senden. Allerdings ist diese Variante von AirDrop derzeit inkompatibel zu AirDrop von iOS. Es ist also nicht möglich, Daten zwischen iPhone und Mac via AirDrop auszutauschen.

*Mit AirDrop lassen sich die Daten und Dokumente – hier: ein Foto – einfach und schnell zwischen zwei iOS-Geräten austauschen. Der Empfang einer Datei muss explizit bestätigt werden.*

## Die Apple-ID

Schon während der Aktivierung des iPhones werden Sie aufgefordert, Ihre Apple-ID einzugeben bzw. eine kostenlose Apple-ID zu registrieren. Dabei handelt es sich um eine E-Mail-Adresse, mit der Sie sich bei Apple anmelden. Zu einer ID gehört ein Kundenkonto mit Ihren Kontaktdaten und einer Bankverbindung.

Diese Apple-ID – die von Apple mitunter auch Apple-Account oder iTunes Store Account genannt wird – ist für den Einsatz des iPhones nicht zwingend erforderlich. Doch wenn Sie iCloud nutzen, mit FaceTime Videotelefonate führen, Kurznachrichten mit iMessage verschicken, Programme aus dem App Store laden oder Musik im iTunes Store kaufen möchten, kommen Sie ohne Apple-ID nicht weiter.

Sie können eine Apple-ID entweder auf dem iPhone oder in iTunes anlegen, wobei viele Wege zum Ziel führen. Auf dem iPhone wählen Sie am einfachsten **Einstellungen > iTunes & App Store**. Falls Sie bereits eine Apple-ID haben, geben Sie sie hier ein, andernfalls tippen Sie auf **Neue Apple-ID** erstellen. Auf Ihrem Computer starten Sie iTunes und wählen **Store > Apple-ID erstellen**.

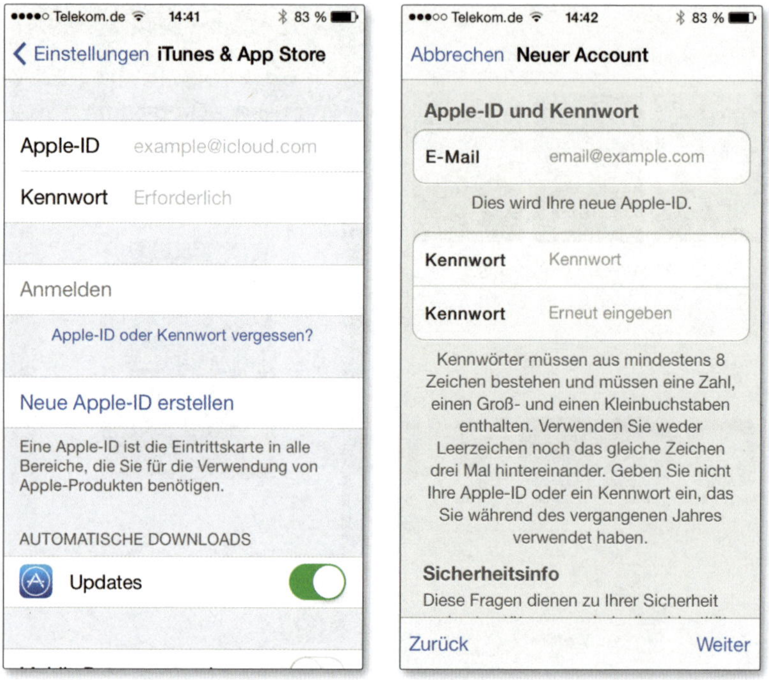


*Ihre Apple-ID verwalten Sie zentral in den Einstellungen. Falls Sie noch keine Apple-ID besitzen, können Sie sie jederzeit problemlos direkt auf dem iPhone einrichten.*

## Drucken mit dem iPhone

Viele Apps bieten im Teilen-Menü – das üblicherweise über einen Tipp auf das Rechteck mit dem Pfeil nach oben aufgerufen wird – den Punkt **Drucken**. Diese Funktion nennt Apple **AirPrint**, da der Drucker ohne Kabelverbindung via WLAN angesprochen wird. Sie müssen keine Treiber installieren, sondern können einfach mit wenigen Fingertipps drauflos drucken.

Die Apps, die AirPrint unterstützen, bereiten das zu druckende Dokument auf dem iPhone als PDF-Datei auf und schicken diese Datei an den Drucker. Genauer: über das Bonjour-Protokoll an den Computer, an dem der Drucker angeschlossen ist.

Damit der Ausdruck funktioniert, muss der Drucker allerdings AirPrint unterstützen und am Computer für den Einsatz im Netzwerk freigegeben sein. Manche Drucker können auch direkt vom iPhone via WLAN angesprochen werden.

### GRUNDLAGEN

Bonjour ist ein von Apple entwickeltes Protokoll zur automatischen Erkennung von Netzwerkdiensten. Bonjour ist auf Macs von Haus aus vorhanden, auf Windows-Computern wird es automatisch zusammen mit iTunes installiert.

# iCloud

Mit iCloud bietet Apple einen kostenlosen Onlinedienst, über den Sie Ihre Daten zwischen iPhone und Computer automatisch via Internet synchron halten können. Zudem bietet der Dienst eine kostenlose E-Mail-Adresse, die nach dem Muster »name@icloud.com« gebildet wird.

Doch nicht nur das – iCloud synchronisiert auch die Daten zwischen zwei PCs, etwa Ihrem Desktop daheim und Ihrem Notebook unterwegs. Zudem legt iCloud auf Wunsch auch ein Backup Ihres iPhones an. Dazu muss das iPhone mit Strom versorgt werden (also etwa am Netzteil hängen). Idealerweise wird das Backup automatisch nachts angelegt, während das iPhone auflädt. (Mit dem Thema Backup beschäftigen wir uns ausführlicher in Kapitel 14.)

Ihre Daten – also Ihre Kontakte, Kalender, Notizen, Erinnerungen und so weiter – werden von iCloud automatisch auf den Servern von Apple gespeichert. Von dort werden sie, ebenfalls automatisch, auf alle mit iCloud eingerichteten Geräte kopiert. Wenn Sie auf einem dieser Geräte einen Eintrag hinzufügen, taucht dieser Eintrag auch auf allen angeschlossenen Geräten auf. Sie können also zum Beispiel unterwegs auf dem iPhone eine neue Adresse eintragen und haben diese Adresse dann auch auf Ihrem Computer zur Verfügung.

Da iCloud für Windows und OS X vorliegt, ist es auch kein Problem, auf einem Mac und einem Windows-PC den gleichen Datenbestand zur Verfügung zu haben.

Um iCloud zu nutzen, melden Sie sich unter **Einstellungen** > **iCloud** mit Ihrer **Apple-ID** an. Falls Sie noch keine Apple-ID besitzen, können Sie sich hier auch gleich eine ID zulegen.

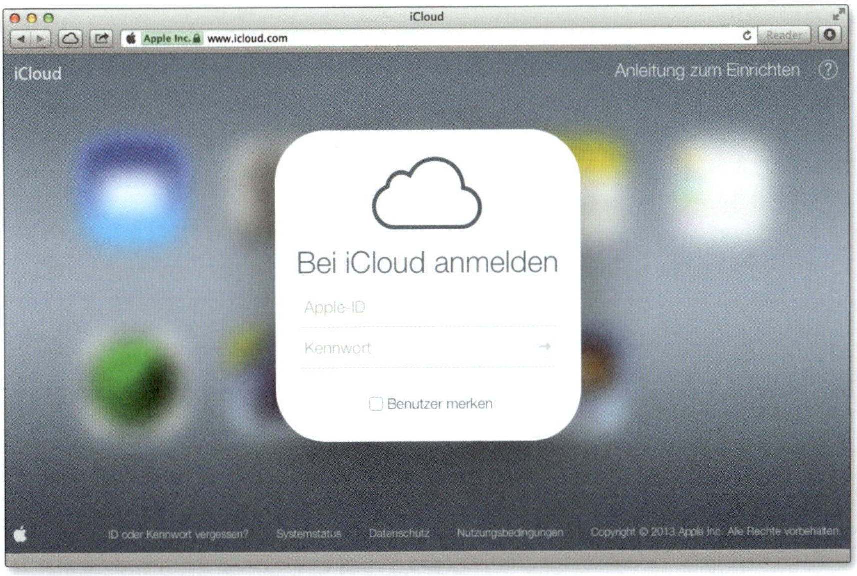


*Auf die Daten, die Sie mit iCloud verwalten, können Sie nicht nur mit dem iPhone oder Ihrem Computer, sondern auch jederzeit mit einem Webbrowser zugreifen.*

Sie müssen nicht zwingend an Ihrem Computer sitzen oder Ihr iPhone zur Hand haben, um auf Ihre mit iCloud gespeicherten Daten zugreifen zu können. Dafür genügt auch ein normaler Webbrowser und ein Computer mit Internetzugang, etwa bei einem Bekannten oder im Internet-Café. Rufen Sie **www.icloud.com** auf und melden Sie sich dort mit Ihrer Apple-ID an. So können Sie praktisch mit jedem Computer unterwegs auf Ihre Mails, Adressen, Termine und Kontakte zugreifen.

### AUFGEPASST

Wenn Sie sich an einem fremden Computer mit Ihrem iCloud-Account angemeldet haben, dann denken Sie daran, sich zum Abschluss explizit abzumelden. Ansonsten haben alle anderen Benutzer des Computers nach Ihnen Zugriff auf Ihre Daten – und das möchten Sie ja nicht, oder?

Zu iCloud gehört ein Speicher von 5 GB, in dem Ihre Daten abgelegt werden. Das scheint für ein Backup sehr knapp bemessen, schließlich hat das iPhone bis zu 64 GB Speicher. Doch keine Sorge: Alle Inhalte, die Sie aus dem iTunes Store geladen haben – Apps, Musik, Bücher, Podcasts – , belasten den verfügbaren Speicher genauso wenig wie Ihre Fotos, die iCloud ebenfalls speichert. Die 5 GB müssen lediglich für persönliche Mails, Dokumente und Daten ausreichen. Sollten Sie dennoch mehr Speicherplatz benötigen, können Sie den Speicher gegen eine Jahresgebühr auf bis zu 50 GB ausbauen. Wie es um Ihren Speicher steht, zeigt Ihnen ein Blick auf **Einstellungen** > **iCloud** > **Speicher & Backup**.

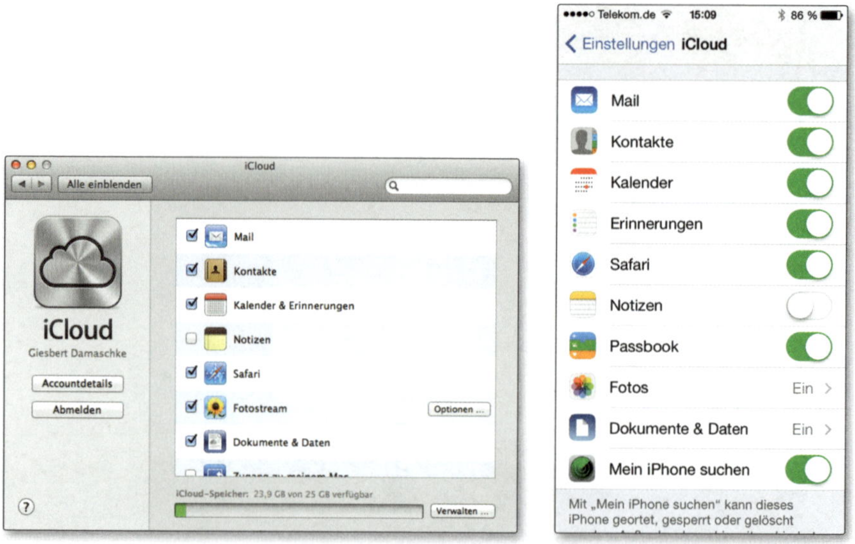


*Auf dem Computer (Mac oder PC) und auf dem iPhone legen Sie fest, welche Daten iCloud verwalten und synchronisieren soll.*

Welche Daten iCloud synchronisieren soll, legen Sie auf dem iPhone unter **Einstellungen** > **iCloud** und auf Ihrem Computer fest. Unter Windows finden Sie iCloud unter **Start** > **Alle Programme** > **iCloud**, unter OS X in den Systemeinstellungen. Mit den verschiedenen Optionen von iCloud beschäftigen wir uns in den entsprechenden Kapiteln dieses Buchs.

## Das Kontrollzentrum

Das Kontrollzentrum rufen Sie mit einem Fingerwisch vom unteren Bildschirmrand nach oben auf, wobei Sie ruhig ein wenig außerhalb des Bildschirms ansetzen können. Es erlaubt jederzeit den raschen Zugriff auf zentrale Einstelllungen und Funktionen des iPhones.

Von hier aus können Sie in den Flugmodus wechseln (dabei werden sämtliche Funkverbindungen ausgeschaltet), WLAN- und Bluetooth einzeln ein- und ausschalten, den »Nicht stören«-Modus (s. dazu Kapitel 4) oder die Ausrichtungssperre aktivieren (damit verhindern Sie, dass sich der Bildschirminhalt dreht, sobald Sie das iPhone um 90 Grad drehen). Außerdem haben Sie Zugriff auf die Regler für die Lautstärke und die Helligkeit. Falls Sie mit dem iPhone gerade Musik hören, lässt sich hier auch die Wiedergabe steuern.

*Das Kontrollzentrum öffnen Sie mit einem Wisch vom unteren Rand nach oben. Über das Kontrollzentrum haben Sie blitzschnellen Zugriff auf zentrale Funktionen und bestimmte Apps des iPhones.*

An Apps können Sie hier die Kamera, den Rechner und die Uhr starten. Obendrein hat Apple dem iPhone eine Taschenlampenfunktion spendiert, bei der der Blitz dauerhaft aktiviert wird. Da das Kontrollzentrum auch vom Sperrbildschirm aufgerufen werden kann, sind es genau ein Fingerwisch und ein Fingertipp, um das iPhone zur Taschenlampe zu machen.

Das Kontrollzentrum ist zwar sehr praktisch, hat aber einen kleinen Haken: Die Wischgeste von unten nach oben wird in vielen Apps zur Steuerung benutzt. Da passiert es schnell, dass Sie etwa in Safari die Webseite nach oben schieben möchten und statt dessen das Kontrollzentrum öffnen. Um das zu vermeiden, können Sie den Einsatz des Kontrollzentrums auf den Sperr- und Homebildschirm begrenzen. Deaktivieren Sie dazu unter **Einstellungen > Kontrollzentrum** den Punkt **Zugriff von Apps aus**.

Möchten Sie nicht, dass das Kontrollzentrum vom Sperrbildschirm aus aufgerufen werden kann, deaktivieren Sie unter **Einstellungen > Kontrollzentrum** den Schalter **Zugriff im Sperrbildschirm**.

## Mitteilungen und die Mitteilungszentrale

Die Mitteilungen sind ein ständig aktiver Dienst, der im Hintergrund läuft, Sie auf aktuelle Termine, Nachrichten, E-Mails, (verpasste) FaceTime-Anrufe, Erinnerungen und Ähnliches mehr aufmerksam macht und diese Mitteilungen in der Mitteilungszentrale sammelt.

Um die Zentrale zu öffnen, wischen Sie auf dem Display vom oberen Rand nach unten, wobei Sie ruhig etwa außerhalb des Displays ansetzen können. Um die Zentrale zu schließen, drücken Sie auf die Home-Taste oder schubsen die eingeblendeten Mitteilungen über die untere Griffmarkierung nach oben.

Die Mitteilungszentrale ist in die Bereiche **Heute**, **Alle** und **Verpasst** untergliedert. Unter **Heute** erhalten Sie eine Zusammenfassung der aktuellen Wettervorhersage, anstehender Termine oder fälliger Aufgaben. Unter **Einstellungen > Mitteilungen** können Sie im Abschnitt **Ansicht heute** festlegen, welche Informationen Sie hier sehen möchten. Standardmäßig werden etwa die Aktienkurse gezeigt, was für viele Anwender wohl eher irrelevant ist.

*Die Mitteilungszentrale bietet Ihnen einen schnellen Überblick über allgemeine Informationen und anfallende Aufgaben oder abgeschlossene Aktionen. Sie öffnen Sie mit einem Fingerwisch vom oberen Rand nach unten.*

Im Register **Alle** sehen Sie sämtliche Mitteilungen, also etwa zu neuen E-Mails, durchgeführten App-Updates, Systemmeldungen, Neuigkeiten der Apps und Ähnliches mehr. Auch hier lässt sich unter **Einstellungen** > **Mitteilungen** genau festlegen, welche App sich hier eintragen darf. **Verpasst** sammelt dagegen genau das, was der Name verspricht: verpasste Telefonanrufe und Nachrichten.

Jede App auf dem iPhone kann diesen Dienst nutzen, um Sie über aktuelle Ereignisse zu informieren. Wie eine App die Mitteilungszentrale nutzen kann, legen Sie in unter **Einstellungen** > **Mitteilungen** im Bereich **Anzeigen** fest. Wählen Sie dazu die entsprechende App aus. Hier bestimmen Sie nicht nur, ob eine App in der Mitteilungszentrale aufgeführt werden soll, sondern auch, wie eine App Sie auf neue Nachrichten und Ereignisse aufmerksam manchen soll.

Dabei gibt es verschiedene Einstellungen, die sich je nach App unterscheiden. Standardmäßig kann eine App auf folgende Art auf sich aufmerksam machen.

- **Hinweisstil:** Eine App kann Sie mit einem **Banner** oder einem **Hinweis** über Neuigkeiten informieren. Ein Banner wird am oberen Bildschirmrand eingeblendet und verschwindet nach wenigen Sekunden wieder von allein. Tippen Sie ein Banner an, wechselt das iPhone zur entsprechenden App. Ein Hinweis ist ein Dialog, der in der Mitte des Bildschirms eingeblendet wird und erst verschwindet, wenn Sie ihn schließen oder zur App wechseln. Möchten Sie keinen derartigen Hinweis bekommen, wählen Sie hier **Keine**.

- **Kennzeichensymbol:** Dabei handelt es sich um eine kleine Zahl, die am App-Symbol erscheint. Wenn Sie zum Beispiel drei neue Mails bekommen haben, wird das Mail-Symbol um eine rote 3 ergänzt. Wenn Sie dieser Hinweis stört, schalten Sie das Kennzeichensymbol für eine App aus.
- **Warnton:** Hier legen Sie fest, ob und wenn ja, mit welchem Ton Sie eine App auf eintreffende Neuigkeiten aufmerksam machen soll.
- **Im Sperrbildschirm:** Falls Sie möchten, kann Sie eine App auch dann über Neuigkeiten informieren, wenn das iPhone im Standby-Betrieb ist. In diesem Fall wird ein Hinweis auf dem Sperrbildschirm eingeblendet. So können Sie sich mit einem Blick auf das iPhone über eventuell eingetroffene Neuigkeiten informieren, ohne das Gerät explizit einschalten zu müssen.

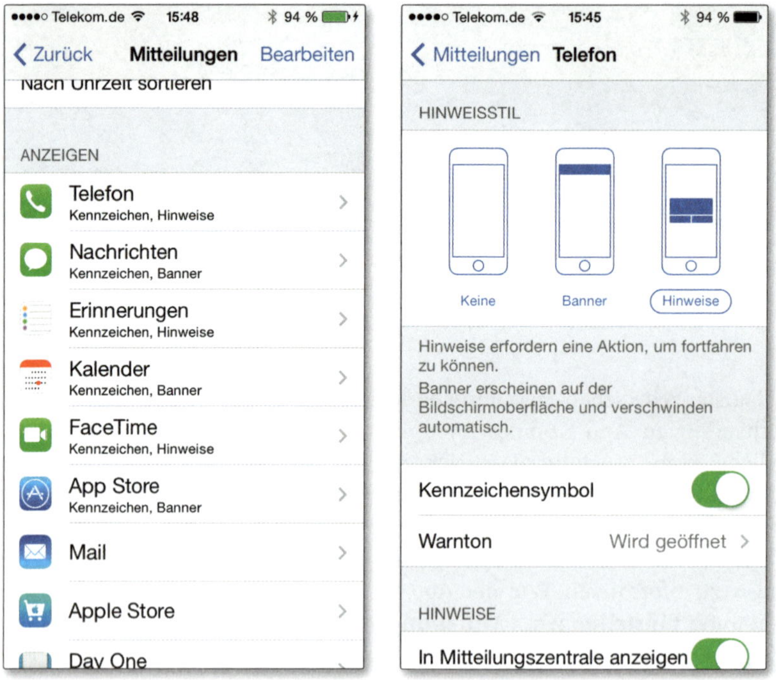


*Wie eine App die Mitteilungen nutzen darf, können Sie in den Einstellungen für jede App individuell festlegen.*

## Die Ortungsdienste des iPhones

Dank seines eingebauten GPS-Chips weiß das iPhone jederzeit, wo Sie sich (oder genauer: wo sich Ihr iPhone) aktuell befindet. Diese Information behält das iPhone nicht für sich, sondern stellt sie allen installierten Programmen zur Verfügung.

Das ist einerseits eine sehr praktische Sache, denn so kann zum Beispiel die Karten-App Ihnen auf Fingertipp Ihre aktuelle Position auf einer Landkarte bzw. im Stadtplan zeigen oder die Wetter-App Ihnen immer die passende Wettervorhersage präsentieren.

Doch diese Funktion kann auch unerwünscht sein. So möchte man zum Beispiel nicht unbedingt, dass die Kamera zu jedem Foto auch gleich die GPS-Daten der Position speichert, an der das Foto aufgenommen wurde.

Jedes Programm, das auf die Ortungsdienste zugreifen möchte, zeigt Ihnen diesen Wunsch beim Start in einer Anfrage an. Unter **Einstellungen** > **Datenschutz** > **Ortungsdienste** können Sie nachträglich einer Applikation das Zugriffsrecht entziehen oder erteilen. Wenn Sie auf die Ortungsdienste vollständig verzichten möchten, deaktivieren Sie hier den gleichnamigen Schalter.

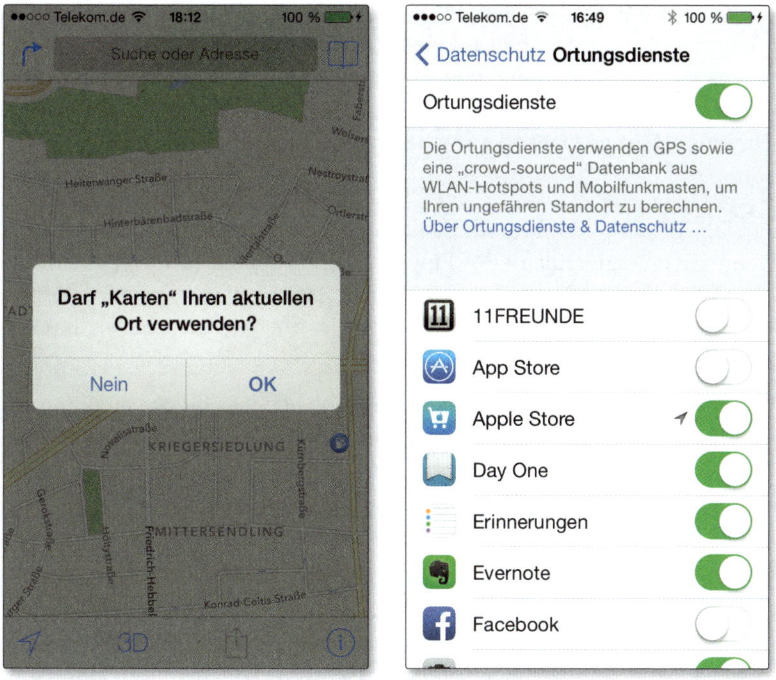


*Bevor eine App auf die Ortsdaten zugreifen darf, müssen Sie den Zugriff explizit erlauben. Ihre Entscheidung können Sie jederzeit in den Einstellungen ändern.*

Neben den Apps auf Ihrem iPhone nutzen auch einige Systemfunktionen die Ortungsdienste, etwa um die Zeitzone oder die Position der Funktürme zu bestimmen, aber auch, um standortabhängige Anzeigen (iAd) in anzeigenfinanzierten Apps einzublenden. Auch deren Zugriff können Sie gezielt ein- oder ausschalten. Wählen Sie dazu **Einstellungen** > **Datenschutz** > **Ortungsdienste**. Am Fuß der Seite finden Sie den Eintrag **Systemdienste**.

Sobald eine Applikation die Ortsdaten benutzt, wird oben rechts in der Statusleiste eine kleine Kompassnadel eingeblendet. Dieses Zeichen finden Sie auch in den Einstellungen der Ortungsdienste wieder. Hier markiert es die Applikationen, die in den letzten 24 Stunden die Ortsdaten des iPhones benutzt haben.

Eine interessante, aber vielleicht unerwünschte Fähigkeit des iPhones besteht darin, dass es sich merken kann, wie oft Sie an einen bestimmten Ort waren und wie lange Sie sich dort aufgehalten haben. Aus diesen Informationen ermittelt das iPhone etwa, wann Sie regelmäßig zur Arbeit und wieder nach Hause fahren, und kann Ihnen in der Mitteilungszentrale etwa anzeigen, wie lange Sie aktuell für die Fahrt von daheim ins Büro brauchen werden. Diese Funktion hört auf den Namen **Häufige Orte** und kann ebenfalls in den Systemdiensten der Ortungsdienste ein- bzw. ausgeschaltet werden.

Hier sehen Sie unter **Verlauf** auch, welche Ortsdaten das iPhone gesammelt hat. Tippen Sie den Eintrag an, zeigt es Ihnen auf einer Karte die entsprechenden Orte und darunter die Details mit Datum und Uhrzeit zu jedem Ort.

Wie gesagt: das sind interessante, aber doch sehr persönliche Informationen. Wenn Sie nicht möchten, dass das iPhone diese Daten sammelt, deaktivieren Sie die Funktion **Häufige Orte** oder löschen regelmäßig den Verlauf.

## GRUNDLAGEN

Wenn Sie einmal keinen GPS-Empfang haben sollten (etwa in einem Gebäude), greift das iPhone zur Ortung zum einen auf die Daten der Mobilfunkanbieter zurück (die Anbieter wissen ja, über welchen Einwahlknoten Sie derzeit verbunden sind) und nutzt zudem WPS.

WPS steht für »WLAN Positioning System«, bei dem die Position anhand erkannter WLAN-Einwahlpunkte bestimmt wird. Jedes Netzwerkgerät und also auch jeder WLAN-Zugang besitzt zur eindeutigen Identifizierung im Netzwerk eine MAC-Adresse. Das hat nichts mit den Computern von Apple zu tun, sondern ist die Abkürzung für »Media Access Control«.

Trägt man nun die MAC-Adressen erreichbarer WLANs in eine Straßenkarte ein, dann kann man, unter Berücksichtigung der Signalstärke, diese Daten zur Positionsbestimmung nutzen. Genau das machen verschiedene Anbieter, deren Messwagen regelmäßig die Straßen der Städte abfahren und die WLAN-Knoten penibel in einer Karte vermerken.

WPS ist natürlich weit ungenauer als GPS, doch immerhin gut genug, um die eigene Position auf rund 50 Meter genau zu bestimmen, was zur Orientierung im Großstadtdschungel fast immer ausreicht. Wie genau WPS arbeitet, hängt natürlich von der WLAN-Dichte der Umgebung ab. Auf freiem Feld ohne WLAN in Funknähe funktioniert es überhaupt nicht, in einer Großstadt dagegen ganz hervorragend.

# Siri

Wer die TV-Serie »Star Trek« kennt, der weiß, wie man dort mit Computern umgeht: Man redet mit ihnen, gibt ihnen Kommandos in natürlicher Sprache und bekommt gesprochene Antworten. Das ist Science Fiction, keine Frage. Doch mit Siri wird diese Zukunftsvision für das iPhone ein wenig Realität.

Apple preist Siri als »intelligenten Assistenten« an, mit dem man sich ganz normal unterhalten könne, um bestimmte Aktionen auszulösen: Ob SMS oder Telefon, Notiz oder Wetter, Aktienkurs oder Termine – all das können Sie dank Siri in einem kleinen Gespräch erledigen oder abfragen. Allerdings: Siri versteht viel, aber nicht alles.

Falls Sie Siri nicht schon bei der Einrichtung des iPhones aktiviert haben, können Sie dies jederzeit unter **Einstellungen** > **Allgemein** > **Siri** nachholen. Hier lässt sich Siri natürlich auch wieder ausschalten.

*Siri steht jederzeit nach einem etwas längeren Druck auf die Home-Taste zur Verfügung. Um ein Gefühl dafür zu bekommen, was Siri alles kann, lassen Sie sich durch einen Tipp auf das Fragezeichen eine umfangreiche Beispielliste anzeigen.*

Die eigentliche Analyse Ihrer gesprochenen Anweisungen erfolgt nicht auf dem iPhone, sondern auf den Servern von Apple. Daher muss das iPhone zwingend online sein, wenn Sie mit Siri arbeiten möchten. Um das mitunter knappe Datenbudget eines Mobilfunkvertrags nicht mit Siri zu verquatschen, sollten Sie Siri unterwegs eher sparsam einsetzen und längere Konversationen möglichst nur im WLAN führen. Und noch etwas ist zu beachten: Siri kann zu einem regelrechten Akkukiller werden. Bei sehr intensiver Nutzung von Siri reduziert sich die Akkulaufzeit Ihres iPhones drastisch.

Am ehesten machen Sie sich mit Siri vertraut, indem Sie das System einfach ausprobieren und damit herumspielen.

*Das, was Siri verstanden hat, wird als Text auf dem Bildschirm angezeigt. Bei Missverständnissen tippen Sie den Text an und korrigieren ihn.*

Um Siri zu starten, halten Sie die Home-Taste etwas länger gedrückt. Sobald das Mikrofon eingeblendet wird und Siri sich gemeldet hat, können Sie loslegen. Fragen Sie Siri doch einfach mal nach der Uhrzeit (»Wie spät ist es?«) oder nach dem Wetter. Dabei müssen Sie sich übrigens nicht auf simple Fragen wie »Wie wird morgen das Wetter?« beschränken, sondern können auch Formulierungen wie »Brauche ich morgen einen Regenschirm?« benutzen. Um ein Gespür dafür zu bekommen, welche Fragen Siri beantworten kann, tippen Sie auf das Fragezeichen und lassen sich eine lange Liste an Beispielen zeigen.

*Die Möglichkeiten von Siri sind erstaunlich. Sie können nicht nur Apps starten, den Wecker stellen oder Notizen anlegen, sondern auch Antworten auf drängende Fragen erhalten.*

Standardmäßig spricht Siri die Antworten und zeigt sie als Text zusammen mit dem Ergebnis auf dem Bildschirm an. Dabei wird eine weibliche Computerstimme benutzt, die Sie in den Einstellungen von Siri auch in eine männliche ändern können. Möchten Sie, dass Siri nur dann spricht, wenn das iPhone an eine Freisprechanlage angeschlossen ist, aktivieren Sie diese Option unter **Sprach-Feedback**. Damit Siri Sie mit Ihrem Namen ansprechen kann, wählen Sie Ihren Kontakt-Eintrag unter **Meine Info**. Soll Siri nur aktiv werden, wenn Sie das iPhone ans Ohr halten, schalten Sie die Option **Zum Sprechen ans Ohr** ein.

## GRUNDLAGEN

Siri ist lernfähig und erkennt im Laufe der Zeit Ihre Stimme immer besser. Spielen mehrere Personen an Ihrem iPhone mit Siri herum, verschlechtert sich allerdings die Qualität. In diesem Fall sollten Sie Siri aus- und wieder einschalten. Damit wird allerdings das Stimmprofil gelöscht und die Lernphase beginnt von vorn.

## Soziale Netzwerke

Die sozialen Netzwerke Twitter, Facebook, Flickr und Vimeo sind fest in iOS integriert. So können Sie etwa ein Foto direkt aus der Fotos-App an Flickr schicken, aus Safari eine Webseite bei Facebook bzw. Twitter vorstellen oder ein Video bei Vimeo hochladen, ohne dass Sie eine entsprechende App auf dem iPhone installieren müssen.

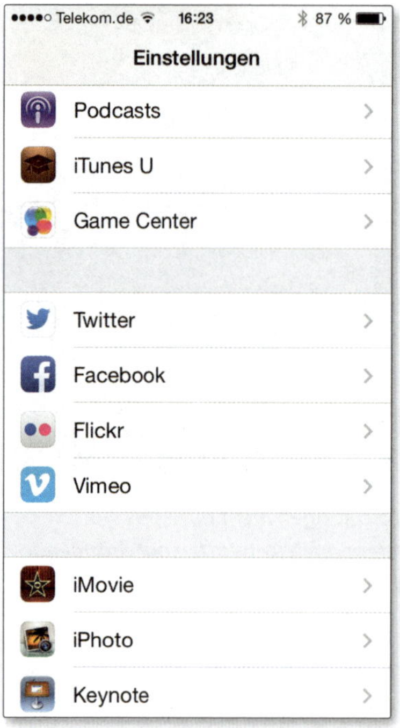


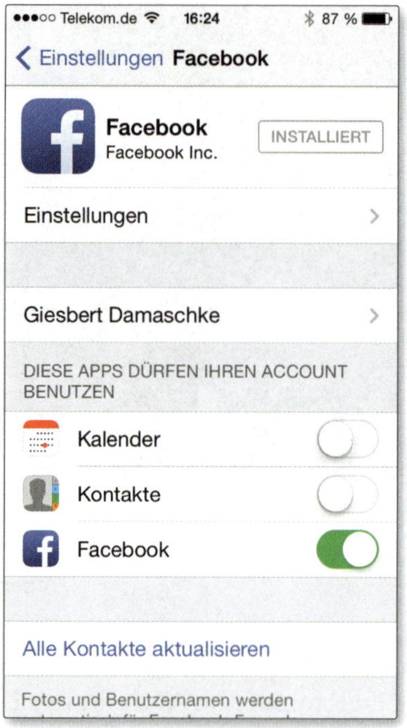


*Von Haus aus unterstützt iOS verschiedene soziale Netzwerke. Welche Apps auf Ihre Zugangsdaten zugreifen dürfen, bestimmen Sie natürlich selbst.*

Damit das funktioniert, müssen Sie iOS lediglich Ihre Zugangsdaten mitteilen. Das erledigen Sie in den **Einstellungen** unter den entsprechenden Einträgen. Bevor eine App wie Fotos oder Safari auf die hinterlegten Daten zugreifen darf, müssen Sie es ihr natürlich explizit erlauben. In den Einstellungen der jeweiligen Netzwerke haben Sie jederzeit die Möglichkeit, diese Erlaubnis zu widerrufen.

## Spotlight (Suche)

Das iPhone ist mit einer globalen Suchfunktion namens **Spotlight** ausgestattet, die es Ihnen ermöglicht, gezielt nach Informationen, Daten und Programmen auf Ihrem iPhone zu suchen. Um Spotlight aufzurufen, wischen Sie von der Mitte des Home-Bildschirms nach unten.

Schon während der Eingabe des Suchbegriffs zeigt Ihnen Spotlight mögliche Treffer an, so dass Sie nur selten den kompletten Begriff eintippen müssen. Um einen gefundenen Eintrag zu öffnen, tippen Sie ihn an. Spotlight startet dann das entsprechende Programm (also zum Beispiel Kalender, Mail oder Notizen) mit dem gesuchten Eintrag.

Sie können Spotlight anweisen, nur bestimmte Teile des iPhones zu durchsuchen, und auch die Reihenfolge der Trefferliste Ihren Wünschen anpassen. Rufen Sie dazu **Einstellungen** > **Allgemein** > **Spotlight-Suche** auf. Hier können Sie gezielt einzelne Applikationen ausschließen und über die Griffmarkierung rechts die Reihenfolge festlegen.

*Mit Spotlight durchsuchen Sie blitzschnell Ihr iPhone nach bestimmten Informationen. Sie öffnen Spotlight, indem Sie auf dem Home-Bildschirm etwa von der zweiten Symbolreihe nach unten wischen.*

## Das iPhone synchronisieren

Das iPhone ist für sich genommen zwar bereits ein feines Gerät mit vielfältigen Möglichkeiten, doch sein volles Potential entfaltet es erst, wenn Sie es mit eigenen Inhalten wie Musik, E-Books, Filmen oder Fotos füllen und Ihre Termine und Adressen, die Sie auf Ihrem Computer verwalten, auch auf Ihrem iPhone dabeihaben. Der Abgleich der Daten auf Ihrem Computer mit denen auf dem iPhone wird »Synchronisation« oder kurz »Sync« genannt.

Dabei haben Sie zwei Möglichkeiten:

- **iTunes:** Der traditionelle Weg führt über das Programm iTunes auf Ihrem Computer. Mit iTunes speichern und verwalten Sie Ihre Musik und Videos und kopieren sie von Ihrem Computer aufs iPhone. Außerdem legen Sie in iTunes fest, welche Inhalte aus anderen Programmen (etwa Adressen aus Ihrem Adressbuch, Termine aus Ihrem Kalenderprogramm oder Fotos aus beliebigen Ordnern auf Ihrer Festplatte) auf das iPhone kopiert werden sollen. Bei jedem Sync legt iTunes zudem automatisch ein Backup Ihres iPhones auf der Festplatte Ihres Computers an, aus dem Sie im Falle eines Falles das Gerät wiederherstellen können.
- **iCloud/iTunes Store/App Store:** Mit iCloud können Sie Termine, Adressen, Notizen, Lesezeichen aus Ihrem Browser, Erinnerungen und mehr zwischen Ihrem Computer und Ihrem iPhone synchronisieren, ohne dass Sie Ihr iPhone dazu an den Computer anschließen müssten. Außerdem legt iCloud auf Wunsch ein Backup Ihres iPhones im Internet an. Musik, Videos oder Hörbücher beziehen Sie über die iTunes-App auf Ihrem iPhone, Programme für Ihr iPhone kaufen Sie im App Store, ebenfalls direkt auf Ihrem iPhone.

Sie können Ihr iPhone also prinzipiell benutzen, ohne es auch nur ein Mal mit Ihrem Computer zu verbinden. Allerdings sind damit einige Einschränkungen verbunden. So ist es zum Beispiel nicht möglich, die Musik, die Sie bereits auf Ihrem Computer gespeichert haben, problemlos auf Ihr iPhone zu übertragen.

Sie müssen sich aber auch gar nicht für eine der beiden Methoden entscheiden, sondern können sie auch kombinieren. So lassen sich etwa Musik, Fotos oder Apps mit iTunes aufs iPhone befördern, während sich iCloud um Termine, Adressen und Notizen kümmert.

Das Programm iTunes ist eine Mischung aus einer Mediendatenbank und einem Medienplayer. In der Datenbank (die bei iTunes Mediathek heißt) speichern und verwalten Sie Musik, Videos, Hörbücher, Podcasts und andere Inhalte, die Sie über die Wiedergabefunktionen von iTunes auf Ihrem Computer abspielen. Außerdem dient es als zentrale Verwaltungsstelle für Inhalte auf Ihrem iPhone.

### GRUNDLAGEN

Wenn Sie mit einem Mac arbeiten, gehört iTunes zur Standardinstallation, unter Windows müssen Sie es gegebenenfalls zuerst installieren. Rufen Sie dazu in Ihrem Webbrowser die Adresse **www.itunes.de** auf und folgen Sie den Installationsanweisungen.

Der Sync mit iTunes wird uns in diesem Buch immer wieder unterkommen, an dieser Stelle soll das Programm und seine generelle Funktionsweise kurz vorgestellt werden.

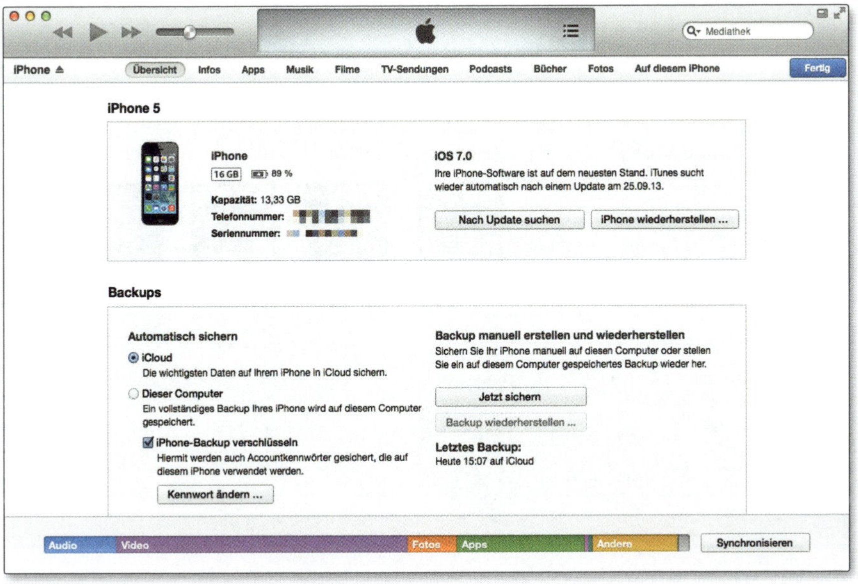


*Sie müssen iTunes nicht zwingend einsetzen, um Ihr iPhone und seine Inhalte zu verwalten – aber es erleichtert die Arbeit enorm.*

Normalerweise startet das Programm iTunes automatisch, sobald Sie Ihr iPhone anschließen. Falls dies nicht der Fall ist, starten Sie das Programm von Hand. Beim ersten Mal müssen Sie Ihr iPhone noch kurz für den Einsatz mit iTunes konfigurieren.

Wenn Sie das iPhone erstmals an Ihren Computer anschließen, muss es in iTunes kurz konfiguriert werden. Dabei geben Sie dem iPhone einen Namen und legen fest, wie Ihre Daten zwischen Computer und iPhone synchronisiert werden sollen. Standardmäßig überträgt iTunes Programme, Kontakte, Kalender, Lesezeichen, Notizen und die Einstellungen Ihrer E-Mail-Accounts automatisch aufs iPhone, sobald Sie es an Ihren Computer anschließen und iTunes starten. Möchten Sie das lieber selbst in die Hand nehmen, entfernen Sie die entsprechenden Häkchen. Anschließend klicken Sie auf **Fertig**. Keine Sorge, ganz gleich, was Sie hier eintragen – Sie können Ihre Entscheidung später jederzeit ändern.

Wählen Sie Ihr iPhone in iTunes aus. Das Hauptfenster von iTunes zeigt nun verschiedene Registerkarten, über die Sie sämtliche Einstellungen am iPhone vornehmen. Welche Registerkarten Sie sehen, hängt davon ab, welche Inhalte Sie mit iTunes verwalten, typischerweise sehen Sie hier **Übersicht**, **Infos**, **Apps**, **Töne**, **Musik**, **Filme**, **TV-Sendungen**, **Podcasts**, **Bücher** und **Fotos**.

*Über die diversen Register werden die Inhalte zwischen der Mediathek und dem iPhone abgeglichen. Außerdem können Sie Apps auf dem iPhone via iTunes bequemer organisieren als auf dem Gerät selbst.*

Mit den verschiedenen Registerkarten werden wir uns in den entsprechenden Kapiteln beschäftigen, werfen wir für den Anfang nur kurz einen Blick auf **Übersicht**. Hier bekommen Sie genau das, was der Titel ankündigt: eine Übersicht über die wichtigsten Eckdaten des iPhones. Außerdem können Sie von hier aus die wichtigsten Einstellungen vornehmen, also zum Beispiel überprüfen, ob die iPhone-Software noch aktuell ist, wie iTunes und iPhone zusammenarbeiten sollen und wie die Speicherbelegung Ihres iPhones aussieht.

## POWER USER

Sie müssen Ihr iPhone nicht unbedingt mit dem mitgelieferten USB-Kabel an Ihren Computer anschließen: Der von iTunes gesteuerte Datenaustausch zwischen Ihrem Computer und Ihrem iPhone (also die Synchronisation) kann auch drahtlos über Ihr heimisches WLAN erfolgen. Schließen Sie dazu Ihr iPhone einmal per Kabel an Ihren Computer an und aktivieren Sie in iTunes auf der Registerkarte **Übersicht** im Abschnitt **Optionen** den Punkt **Mit diesem iPhone über WLAN synchronisieren**. Um den Sync vom iPhone aus zu starten, wählen Sie **Einstellungen > Allgemein > iTunes-WLAN-Sync > Jetzt synchronisieren.**

# Inhalte teilen und drucken

Eine Standardtaste in vielen Applikationen ist die Teilen-Taste. Das ist häufig ein Rechteck mit einem Pfeil nach oben, manchmal aber auch ein geschwungener Pfeil nach links.

Über diese Taste rufen Sie ein spezielles Menü auf, in dem Sie den aktuell angezeigten Inhalt einer App – Fotos, Kontakte, Webseiten, Notizen … – mit anderen Personen teilen können. In manchen Apps bietet dieses Menü auch noch die Möglichkeit, den Inhalt auszudrucken, mitunter finden sich hier auch spezifische Funktionen einer App.

Standardmäßig lassen sich Inhalte über AirDrop, Nachrichten oder Mail an andere Personen weiterreichen. Falls Sie einen Twitter-, Facebook-, Flickr- oder Vimeo-Account eingetragen haben, können Sie den Inhalt auch im entsprechenden sozialen Netzwerk veröffentlichen, also etwa ein Foto direkt in Ihren Flickr-Stream laden oder einen Link bei Twitter publizieren.

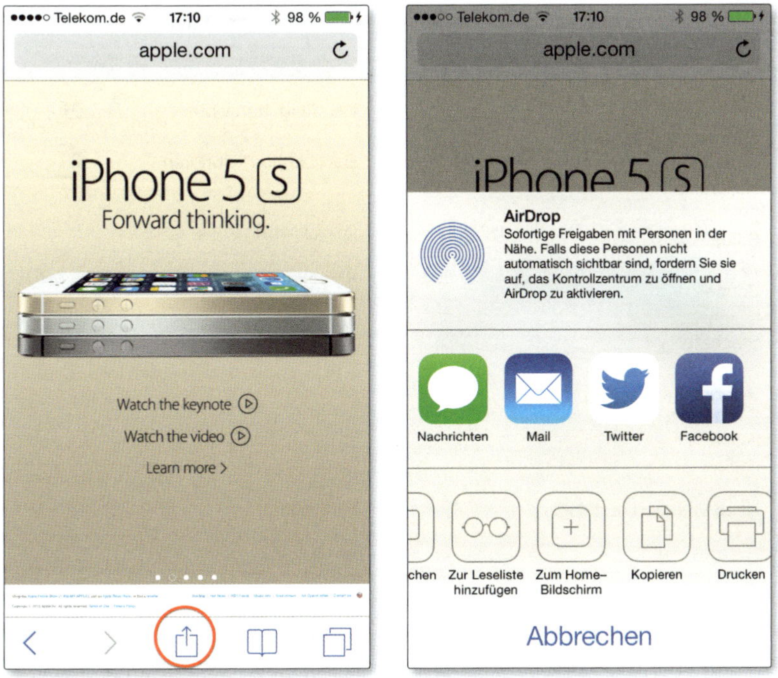


*Ein Tipp auf die Teilen-Taste (das Rechteck mit Pfeil) öffnet ein Menü, in dem Sie den aktuellen Inhalt – in diesem Beispiel die Adresse der angezeigten Webseite – auf verschiedenste Weise weiterreichen können. Manche Apps bieten hier zusätzlich spezifische Möglichkeiten wie etwa den Ausdruck des aktuellen Inhalts.*

# Töne und Vibrationsalarm

Nicht nur eintreffende Anrufe, sondern auch zahlreiche andere Ereignisse können auf dem iPhone durch einen Signalton auf sich aufmerksam machen. Da zischt es, wenn Sie eine Mail abschicken, erklingt ein Akkord, wenn ein Termin fällig wird, oder ertönt eine Glocke, wenn Sie eine SMS bekommen.

Dies Töne werden an zentraler Stelle verwaltet, nämlich unter **Einstellungen** > **Töne**. Hier können Sie den verschiedenen Ereignissen einen bestimmten Ton zuweisen, wobei Sie aus einer reichen Auswahl an Tönen und Melodien wählen können (unter **Klassisch** finden Sie die Töne früherer iPhone-Versionen).

Was mit Klingeltönen geht, geht auch mit dem Vibrationsalarm. Auch hier haben Sie die Auswahl zwischen verschiedenen Vibrationsmustern, können aber auch eigene Muster eingeben. Dazu wählen Sie unter **Einstellungen** > **Töne** das gewünschte Ereignis (etwa **Neue E-Mail**) und hier **Vibration**.

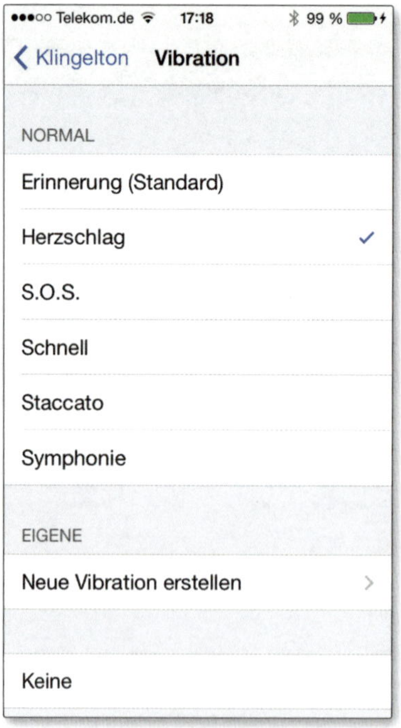


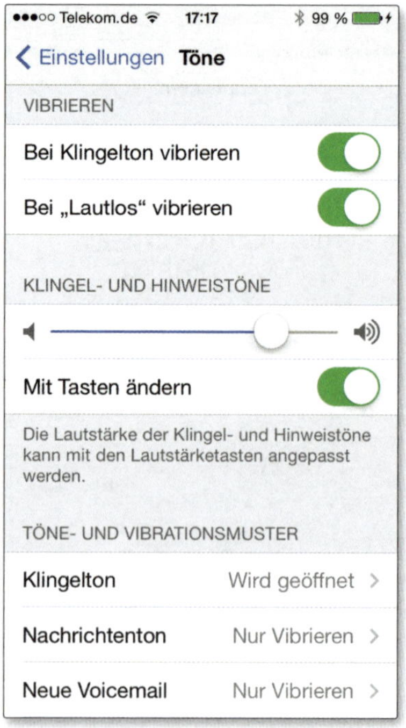


*Für die verschiedenen Ereignisse stehen zahlreiche Töne, Signale und Vibrationsmuster zur Auswahl.*

**TIPP**

Haben Sie Ihr iPhone mit dem Schalter links stumm geschaltet, können Sie sich immer noch von einem vibrierenden iPhone an einen eintreffenden Anruf erinnern lassen. Dazu aktiveren Sie unter **Einstellungen** > **Töne** im Abschnitt **Vibrieren** den Punkt **Bei „Lautlos" vibrieren**.

## Die Wörterbücher

Eine der etwas versteckten Funktionen von iOS sind die Wörterbücher, die erst nachträglich bei Bedarf installiert werden. Nach der Installation steht diese Funktion in vielen Apps – etwa Safari, Mail, Notizen oder iBooks – zur Verfügung.

Um ein Wörterbuch zu installieren, genügt es, einen Begriff in einem Text zu markieren (wie das geht, erfahren Sie in Kapitel 3). Je nach App erscheint im Kontextmenü der Punkt **Definieren** bzw. **Nachschlagen**. Das iPhone versucht nun, im internen Wörterbuch nachzuschlagen. Da standardmäßig lediglich das »Apple Dictionary« installiert ist, in dem diverse Apple-spezifische Begriffe erläutert werden, schlägt der erste Versuch in der Regel fehl und zeigt Ihnen eine leere Ergebnisseite. Tippen Sie hier auf **Verwalten**, um sich eine Liste der verfügbaren Wörterbücher zeigen zu lassen. Zur Auswahl stehen Wörterbücher in verschiedenen Sprachen, darunter Deutsch, Englisch, Französisch, Italienisch und Spanisch.

Mit einem Fingertipp auf das Wolkensymbol laden Sie das gewünschte Wörterbuch herunter, und nun funktioniert auch ein Tipp auf **Nachschlagen**. Haben Sie mehrere Wörterbücher installiert, können Sie zwischen den verschiedenen Definitionen wechseln. Falls Ihnen die angebotene Definition nicht genügt, tippen Sie auf **Websuche** und übergeben den markierten Begriff so an die in Safari gewählte Suchmaschine.

*Das iPhone kann markierte Begriffe in verschiedenen Wörterbüchern nachschlagen, die Sie bei Bedarf nachträglich installieren.*

## TIPP

Jedes geladene Wörterbuch benötigt rund 20 bis 40 MB Speicherplatz auf dem iPhone, Sie sollten also nur die Wörterbücher laden, die Sie tatsächlich benötigen. Falls Sie ein installiertes Wörterbuch wieder löschen möchten, tippen Sie in der Definitionsanzeige auf **Verwalten** und löschen das gewünschte Wörterbuch mit einem Tipp auf das kleine, schwarze **x**. Da der Tippbereich etwas klein ausgefallen ist, kann es passieren, dass Sie es mehrfach versuchen müssen, bis das iPhone Ihren Fingertipp korrekt erkannt hat.

Kapitel

# Text eingeben und diktieren

# 3

Flexible Software statt sture Hardware: An die Stelle einer fest verdrahteten Tastatur tritt beim iPhone eine erstaunlich wandlungsfähige Softwaretastatur, die immer dann erscheint, wenn Sie irgendwo Text oder Zahlen eingeben möchten. Aber Sie müssen gar nicht tippen – Sie können dem iPhone Ihre Texte auch einfach diktieren. Wie Sie die Tastatur optimal nutzen und die Diktierfunktion des iPhones einsetzen, erfahren Sie diesem Kapitel.

# Texteingaben auf dem iPhone

Auch wenn das iPhone auf den ersten Blick keine Tastatur zu bieten scheint, können Sie hier natürlich dennoch Text eingeben. Dabei gibt es zwei Möglichkeiten:

- **Softwaretastatur:** Sie können Texte über eine flexible Softwaretastatur eingeben.
- **Siri:** Es ist auch möglich, der Sprachsteuerung Siri Texte zu diktieren.

# Die Softwaretastatur

Statt einer physikalischen Tastatur mit fest montierten und fest belegten Tasten bietet das iPhone eine äußerst flexible Softwaretastatur, die automatisch auf dem Display eingeblendet werden, sobald Sie an irgendeiner Stelle einmal Text eingeben möchten. Auf dieser virtuellen Tastatur können Sie so tippen, wie Sie es von einer normalen Handy- oder Smartphone-Tastatur gewohnt sind. Na ja, fast. Ein wenig umgewöhnen müssen Sie sich da schon, und anfangs kann das Tippen auf dem Display für Irritationen sorgen. Vor allem deshalb, weil hier das von einer physikalischen Tastatur gewohnte »taktile Feedback« fehlt. Sie spüren also nicht, dass Sie eine Taste herunterdrücken. Standardmäßig sorgt aber ein akustisches Signal beim Tippen für Orientierung.

**GRUNDLAGEN**

Das Klickgeräusch beim Tippen können Sie unter **Einstellungen** > **Töne** > **Tastaturanschläge** ein- bzw. ausschalten.

Doch von dieser anfänglichen Irritation sollten Sie sich nicht ins Bockshorn jagen lassen, erfahrungsgemäß hat man sich schon nach wenigen Tippversuchen an diese neue Art der Texteingabe gewöhnt.

Zumal die Softwaretastatur eine ganze Reihe von Vorteilen bietet, mit denen eine physikalische Tastatur nicht mithalten kann.

Da die Tastatur nicht aus festverdrahteter, unbeweglicher Hardware, sondern aus flexibler Software besteht, belegt sie nur dann Platz auf dem Display, wenn sie benötigt wird.

Wichtiger aber ist ihre zweite Eigenschaft: Die Tastatur kann den jeweiligen Erfordernissen beliebig angepasst werden. So ist es nicht nur möglich, die Belegung der Tasten etwa auf Russisch zu ändern oder sie in ein Eingabemedium für chinesische Schriftzeichen zu verwandeln. Auch bei der Eingabe von Web- oder E-Mail-Adressen ändert die Tastatur ihre Belegung und zeigt nur noch die Zeichen an, die hier sinnvollerweise eingegeben werden können.

Um die folgenden Erläuterungen nachvollziehen zu können, rufen Sie **Notizen** mit einem Tipp auf das entsprechende Symbol auf dem Home-Bildschirm auf (mit dem Programm beschäftigen wir uns in Kapitel 11 noch ausführlicher).

Beim ersten Start sehen Sie einen fast leeren Bildschirm mit dem Text **Keine Notizen**. Tippen Sie auf **Neu** oben rechts. Es erscheint eine leere Notiz, und die Tastatur wird eingeblendet.

Damit haben Sie auch schon die erste Besonderheit der Tastatur kennengelernt. Die erscheint nämlich immer dann, wenn Sie Text eingeben können, also zum Beispiel bei den Notizen, bei E-Mails, Webadressen, Formularen auf Webseiten und so weiter und so fort.

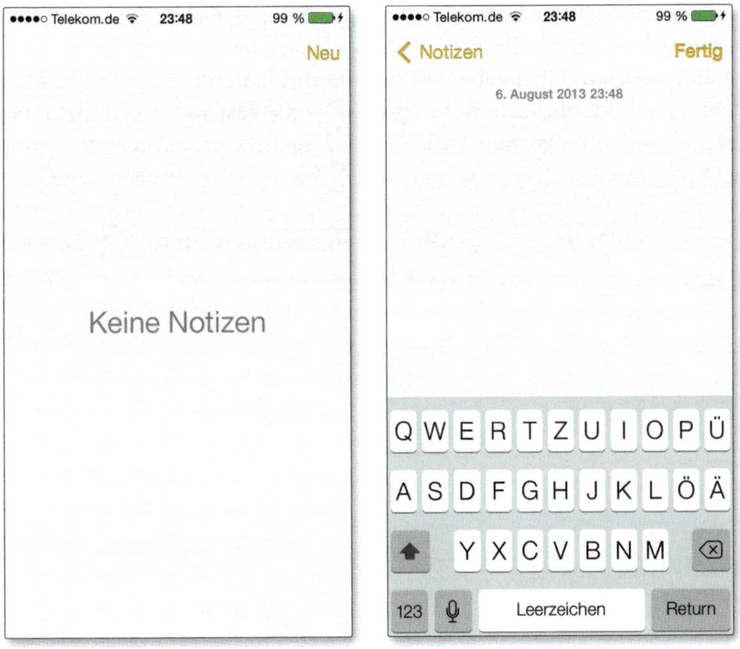


*Die Tastatur wird bei Bedarf automatisch eingeblendet.*

Die Tastenanordnung und -belegung orientiert sich an der gewohnten Computertastatur:

- Die Schreibmarke (»Cursor«) ist ein senkrechter Strich | und markiert die aktuelle Schreibposition.
- Über die Shifttaste [⇧] wechseln Sie kurzfristig zwischen Klein- und Großbuchstaben. Bei aktivierter Großschreibung wird diese Taste hervorgehoben.
- Mit der Löschtaste [⌫] löschen Sie ein Zeichen links von der Schreibmarke. Berühren und halten Sie die Taste, wird das Löschtempo beschleunigt; erst löschen Sie einzelne Zeichen, danach ganze Wörter.
- Über [123] wechseln Sie zur Tastenbelegung mit Satzzeichen und Ziffern.
- Über das Mikrofonsymbol starten Sie Siri, um Ihren Text nicht zu tippen, sondern zu diktieren.
- Mit [Return] fügen Sie einen Zeilenumbruch ein.

Sollte Ihnen die Tastatur im Hochformat zu klein sein, kippen Sie Ihr iPhone zur Seite. Die Tastatur wird nun im Querformat angezeigt.

## Umlaute und Akzente

Standardmäßig zeigt die deutsche Tastaturbelegung drei Tasten für die Umlaute Ä, Ö und Ü. Was Sie allerdings vergeblich suchen werden, sind Akzente (also etwa ein »á« oder »ê«) und das »ß«. Doch keine Sorge, natürlich können Sie diese Zeichen eingeben, denn viele Tasten sind mehrfach belegt.

Um einen Akzent einzugeben, berühren und halten Sie den zugrundeliegenden Buchstaben, für ein »á« also beispielsweise die Taste A. Es erscheint ein Auswahlmenü mit den möglichen Varianten des Buchstabens, also zum Beispiel »à«, »á«, »â« und so weiter.

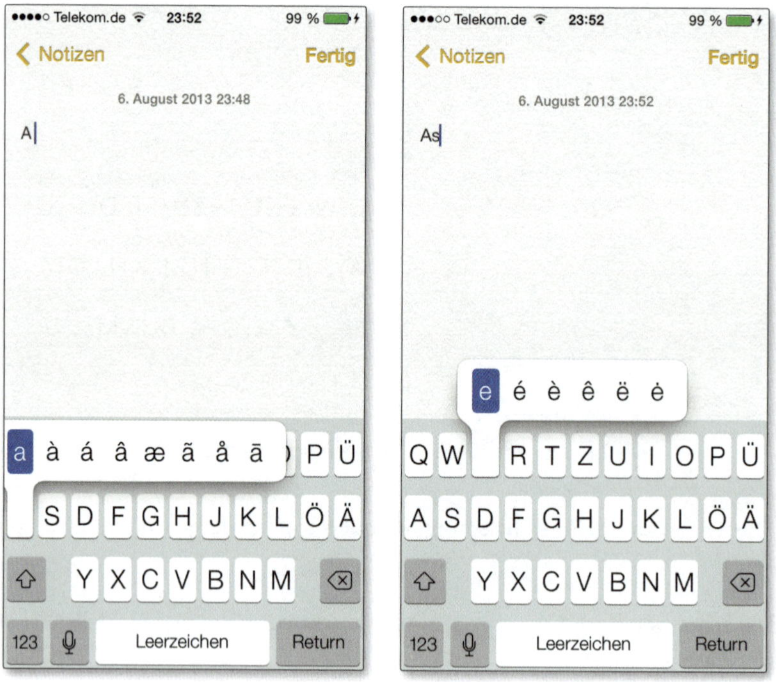


*Sonderzeichen geben Sie ein, indem Sie eine Taste berühren und halten.*

Ziehen Sie Ihren Finger auf das gewünschte Zeichen und lassen Sie nun die Taste los. Um ein »à« zu tippen, berühren und halten Sie also die Taste [A], rutschen mit dem Finger ein wenig nach rechts und lassen nun los. Entsprechend finden Sie ein »ß« unter dem [S], ein »ç« unter dem [C], ein »é« unter dem [E] und so weiter.

Standardmäßig zeigt die Tastatur die drei Umlaute [Ä], [Ö] und [Ü]. Diese Tasten können Sie auch ausblenden und so etwas mehr Platz gewinnen, die übrigen Tasten werden dann etwas breiter. Natürlich können Sie trotzdem Umlaute eintippen. Sie finden sie als Mehrfachbelegung der entsprechenden Vokale [A], [O] und [U].

Die Umlauttasten schalten Sie unter **Einstellungen** > **Allgemein** > **Tastatur** > **Tastaturen** > **Deutsch (Deutschland)** ein oder aus.

Aktivieren Sie hier unter **Software-Tastaturbelegung** mit einem Fingertipp den Eintrag **Deutsch**, werden die Umlaute eingeblendet. Deaktivieren Sie die Taste und aktivieren stattdessen **QWERTZ**, werden sie ausgeblendet.

Aktivieren Sie beide Einstellungen, können Sie zwischen den beiden Belegungen wie zwischen verschiedenen Sprachen wechseln (dazu gleich mehr).

## Ziffern, Satz- und Sonderzeichen

Die Standardtastatur des iPhones besitzt insgesamt drei Tastenbelegungen: Die erste Belegung ist für die Eingabe von Buchstaben gedacht. Ziffern und weitere Satzzeichen geben Sie über die zweite Belegung ein, zu der Sie mit einem Tipp auf die Taste [123] wechseln. An deren Position sehen Sie nun ein [ABC], das Sie wieder zur ersten Belegung mit den Buchstaben zurückbringt.

An der Position der Shifttaste [⇧] finden Sie nun die Taste [#+=], mit der Sie auf die dritte Belegung umschalten, die Ihnen weitere Satzzeichen zur Verfügung stellt. Von dieser Belegung können Sie mit [123] zu den Ziffern- und mit [ABC] zur ersten, also der Buchstabenbelegung wechseln.

Auch bei diesen beiden zusätzlichen Tastenbelegungen erreichen Sie über einige Tasten mehrere Zeichen. So verbirgt sich etwa das Auslassungszeichen »…« (eine sogenannte Ellipse) unter dem Punkt, typografische Anführungszeichen finden Sie mit ["] und [']. Das Gradzeichen »°« erreichen Sie über die [0], Promille »‰« steht unter Prozent [%], Juristen finden ihren Paragraphen »§« beim Ampersand [&], und wer das britische Pfund korrekt mit »£« notieren möchte, wird beim Euro [€] fündig.

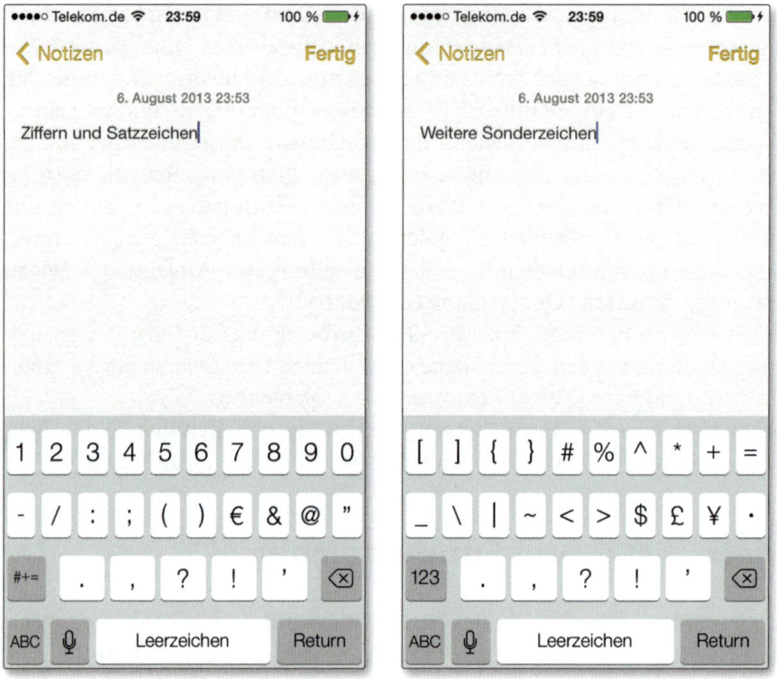


*Ziffern, Satz- und Sonderzeichen finden Sie auf der zweiten und dritten Tastenbelegung.*

## Tastenbelegung ändern

Wie eingangs erwähnt, passt sich die Tastatur spielend allen Herausforderungen an und lässt sich mit wenigen Fingertipps etwa in eine russische Tastatur verändern, für die Eingabe arabischer Schriftzeichen vorbereiten oder in ein Zeichentablett für chinesische Zeichen verwandeln.

Sie müssen dazu lediglich die gewünschte(n) Sprache(n) in den Einstellungen aktivieren.

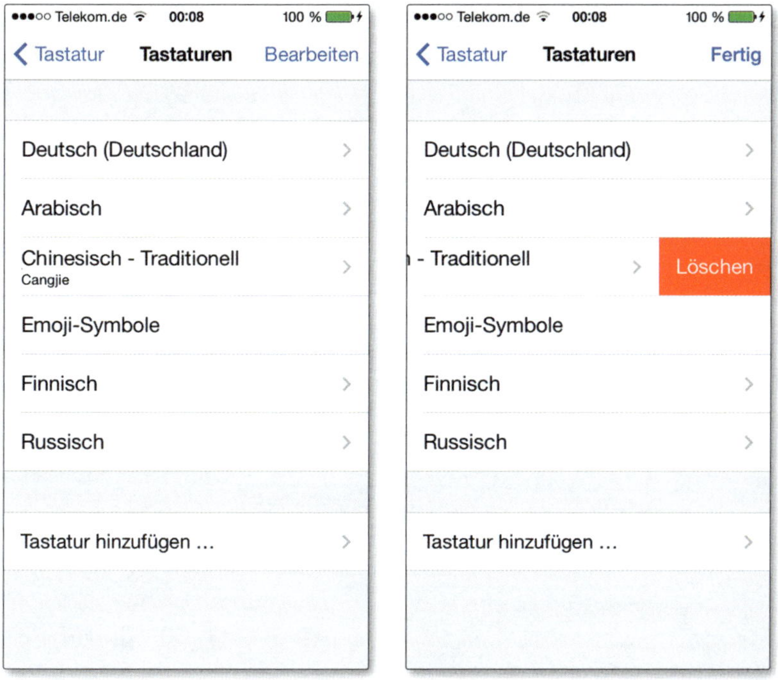


*Das iPhone beherrscht rund 60 verschiedene internationale Tastaturen, von denen Sie beliebig viele aktivieren können.*

Wählen Sie **Einstellungen** > **Allgemein** > **Tastatur** > **Tastaturen** > **Tastatur hinzufügen**. Hier sehen Sie nun die Liste der rund 60 möglichen Tastaturen, die Sie jeweils mit einem Fingertipp aktivieren (darunter auch eine Tastatur für die beliebten japanischen Emoji-Symbole). Sie können so viele Tastaturen einstellen, wie Sie möchten. Um eine Belegung zu entfernen, streichen Sie sie von rechts nach links durch und tippen auf **Löschen**. Alternativ dazu tippen Sie auf **Bearbeiten** und löschen anschließend die nicht mehr benötigte Tastatur mit einem Tipp auf das rote Minuszeichen.

Sobald Sie nun Text eingeben, werden Sie feststellen, dass die Tastatur links neben der Leertaste um eine Weltkugel ergänzt wurde. Ein Tipp auf diese Kugel, und schon ändert sich die Belegung in die aktivierte Sprache.

Haben Sie mehrere Belegungen aktiviert, wechseln Sie mit einem Tipp auf die Weltkugel der Reihe nach durch die verschiedenen Tastaturen. Berühren und halten Sie die Weltkugel, erscheint ein Auswahlmenü, in dem Sie die gewünschte Belegung gezielt anwählen können.

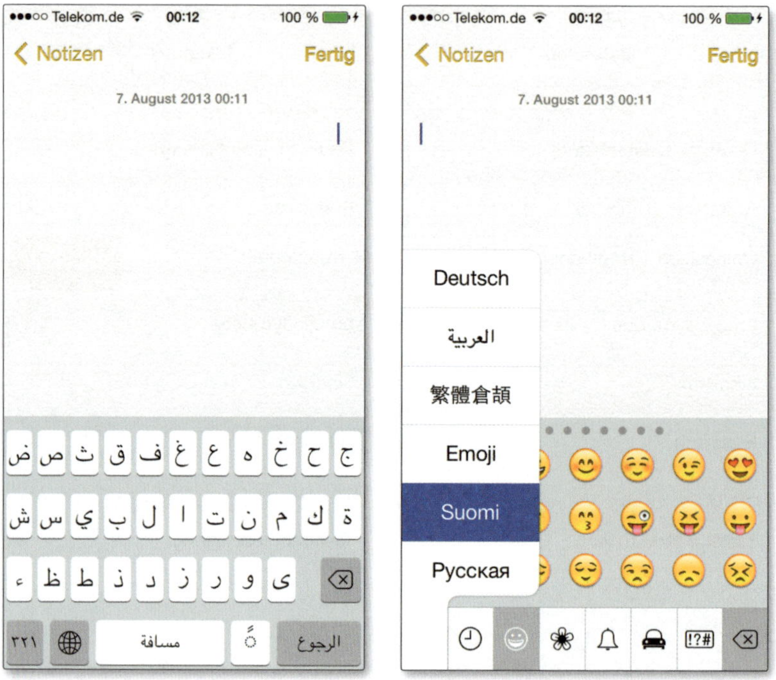


*Zwischen den verschiedenen Tastaturen wechseln Sie mit einem Tipp auf die Weltkugel.*

**TIPP**

Üblicherweise speichert das iPhone die Tastaturen in der Reihenfolge, in der sie aktiviert wurden. Möchten Sie das ändern, wählen Sie **Einstellungen** > **Allgemein** > **Tastatur** > **Tastaturen** und tippen oben rechts auf **Bearbeiten**. Es wird nun links eine Griffmarkierung eingeblendet, über die Sie die Tastaturen in die gewünschte Reihenfolge ziehen.

## Schreibhilfen

Um Ihnen die Texterfassung mit der Tastatur zu erleichtern, bietet das iPhone einige Einstellungen, mit denen häufig wiederkehrende Eingaben vereinfacht werden können. Diese Einstellungen sind standardmäßig aktiviert. Rufen Sie **Einstellungen** > **Allgemein** > **Tastatur** auf, um die verschiedenen Möglichkeiten ein- bzw. auszuschalten:

- **Auto-Großschreibung:** Der Beginn eines Satzes verlangt üblicherweise nach einem großen Buchstaben. Daher ist die Shifttaste bei einer neuen Notiz oder nach einem Punkt, dem ein Leerzeichen folgt, automatisch aktiviert. Möchten Sie das nicht, schalten Sie diesen Automatismus hier aus.

- **Auto-Korrektur, Korrektur:** Hier schalten Sie die Rechtschreibkorrektur ein oder aus (zur Korrekturfunktion gleich mehr).
- **Feststelltaste:** Ist diese Funktion aktiviert, arretiert ein Doppeltipp auf die Shifttaste die Großbuchstaben, ein weiterer Tipp oder ein Wechsel der Tastenbelegung kehrt zur normalen Shifttaste zurück. So lassen sich Abkürzungen wie PRISM oder IMAP schneller eintippen.
- **». «-Kurzbefehl:** Eine typische Zeichenkombination bei der Texteingabe ist ein Punkt, gefolgt von einem Leerzeichen. Denn damit wird das Ende eines Satzes und der Anfang des nächsten Satzes markiert. Da diese Kombination oft benötigt wird, hat Apple dem iPhone das Tastenkürzel »Doppeltipp auf die Leertaste« spendiert, mit dem sich ». « schnell eintippen lässt. Haben Sie außerdem die automatischen Großbuchstaben aktiviert, können Sie bei Satzende mit einem Doppeltipp auf die Leertaste sofort weiterschreiben und müssen sich nicht um Punkt, Leerzeichen und Großschreibung kümmern.
- **Kurzbefehle:** Hier lassen sich Kürzel definieren (etwa: »mfg«), die beim Tippen zu einer vollständigen Formulierung ergänzt werden (»mit freundlichen Grüßen«). Um einen Kurzbefehl zu definieren, tippen Sie auf **Kurzbefehl hinzufügen**. Geben Sie zuerst den gewünschten **Text** (»Mit freundlichen Grüßen«) und anschließend den dazu gehörenden **Kurzbefehl** (»mfg«) ein. Um einen Kurzbefehl zu entfernen, streichen Sie ihn von rechts nach links durch und tippen anschließend auf **Löschen.**

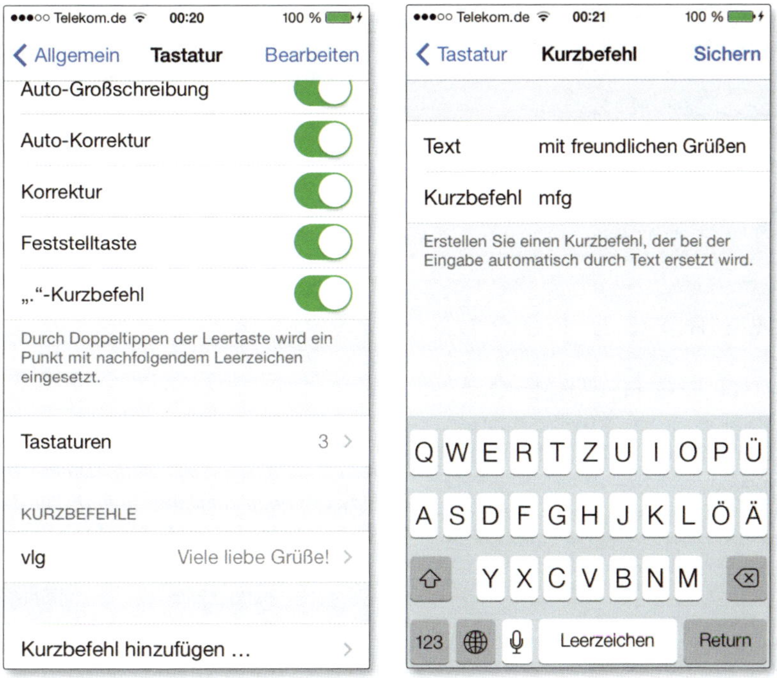


*Zu den Schreibhilfen gehört auch die Möglichkeit, Kurzbefehle für oft benötigte Formulierungen zu definieren.*

# Cursor positionieren mit der Textlupe

Wer einen Text am Computer bearbeitet, der klickt einfach mit der Maus an die gewünschte Stelle und platziert so die Schreibmarke bzw. den Cursor genau da, wo er den Text ändern möchte. Beim iPhone funktioniert das ähnlich, nur dass Sie hier statt eines Mauszeigers Ihren Finger benutzen und auf die gewünschte Stelle tippen.

Allerdings hat die Sache einen Haken. Zum einen können Sie die Schreibmarke nicht über Pfeiltasten bewegen – denn die gibt es auf dem iPhone nicht. Zum anderen ist es nicht immer ganz einfach, genau die Stelle zu treffen, die man treffen möchte. Konsequenz: Es scheint pures Glücksspiel zu sein, ob die Schreibmarke an der gewünschten Stelle erscheint. Doch keine Sorge, hier hat das iPhone eine Besonderheit zu bieten: die Textlupe.

Berühren und halten Sie eine Stelle im Text, wird eine Lupe mit einem stark vergrößerten Ausschnitt samt blinkendem Cursor angezeigt. Bewegen Sie nun den Finger, ohne ihn vom Display zu nehmen, können Sie den Cursor exakt an die gewünschte Position steuern. Lassen Sie den Bildschirm los, blinkt der Cursor genau da, wo er blinken soll.

*Halten Sie den Finger ein wenig auf dem Display, erscheint eine Lupe, über die Sie den Cursor zeichengenau platzieren können.*

## Eingaben korrigieren

Haben Sie sich einmal vertippt oder versehentlich etwas gelöscht, das Sie doch lieber hätten stehen lassen sollen, müssen Sie nicht brummelnd den Kopf schütteln – schütteln Sie lieber Ihr iPhone.

Denn mit jedem Schütteln bietet Ihnen das iPhone an, die letzten Eingaben – darunter wird auch das Löschen von Text verstanden – Schritt für Schritt zu widerrufen. Oder aber die widerrufene Eingabe zu wiederholen, also den Widerruf zu widerrufen.

Das iPhone besitzt zudem eine automatische, standardmäßig aktivierte Rechtschreibkorrektur, die während der Eingabe Wörter ergänzt oder korrigiert. Dergleichen kennen Sie vermutlich von Ihrer Textverarbeitung am Computer. Beim iPhone funktioniert die Korrektur allerdings ein wenig anders als gewohnt.

Während Sie bei einer Textverarbeitung eine Korrektur ausdrücklich bestätigen müssen, damit sie in Ihren Text übernommen wird, ist es beim iPhone genau andersherum: Hier müssen Sie eine Korrektur explizit ablehnen, andernfalls wird sie durchgeführt.

Beim Tippen werden Sie feststellen, dass immer wieder Korrektur- oder Ergänzungsvorschläge eingeblendet werden.

- **Korrektur/Ergänzung annehmen:** Tippen Sie ein Leer- oder ein Satzzeichen, wird die Korrektur bzw. die Ergänzung übernommen.
- **Korrektur/Ergänzung ablehnen:** Falls Sie die Eingabe noch nicht abgeschlossen haben, tippen Sie einfach weiter. Die eingeblendete Korrektur verschwindet. Falls das Wort allerdings abgeschlossen ist, müssen Sie die Korrektur ausdrücklich verneinen. Dafür tippen Sie auf den eingeblendeten Wortvorschlag.

Das ist ein wenig gewöhnungsbedürftig, funktioniert in der Praxis aber recht gut. Die Rechtschreibkorrektur ist zudem lernfähig, eine Korrektur, die Sie explizit abgelehnt haben, wird im Tastaturwörterbuch gespeichert.

Möchten Sie während der Texteingabe nicht durch Korrekturvorschläge oder Ergänzungen abgelenkt werden, schalten Sie unter **Einstellungen** > **Allgemein** > **Tastatur** die Funktion **Auto-Korrektur** aus.

Die Korrekturfunktion ist nicht nur bei der Eingabe, sondern auch später noch aktiv. Erkennt sie ein Wort nicht, wird es wie vom Computer gewohnt rot unterschlängelt. Tippen Sie auf ein so markiertes Wort, blendet das iPhone Korrekturvorschläge ein, die Sie mit einem Tipp übernehmen können.

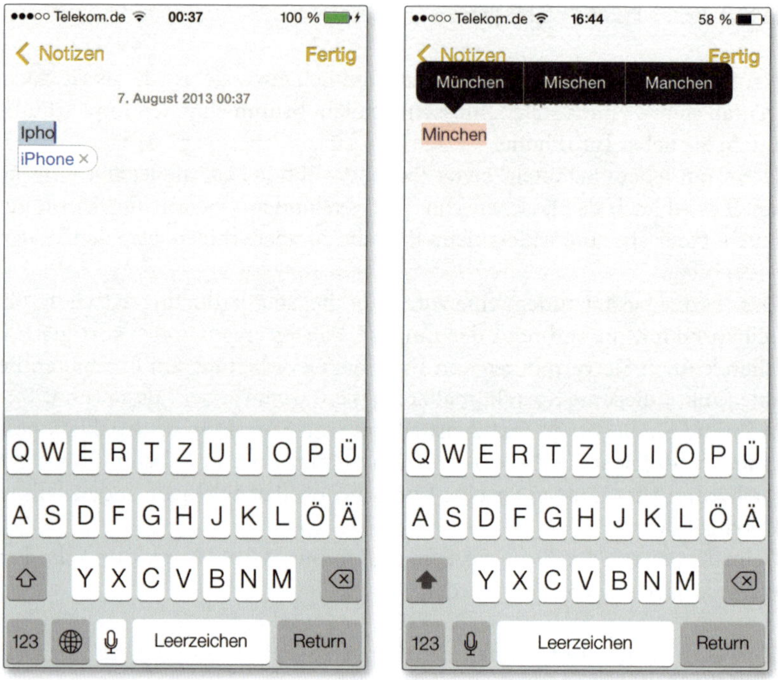


*Korrektur- und Ergänzungsvorschläge werden automatisch übernommen, wenn sie nicht explizit abgelehnt werden. Tippfehler können auch nachträglich korrigiert werden.*

### GRUNDLAGEN

Abgelehnte Korrekturen speichert das iPhone in einem Tastaturwörterbuch und lernt so ständig dazu. Leider ist dieses Wörterbuch nicht direkt zugänglich, Sie können also versehentlich erlernte Fehler nachträglich nicht korrigieren. Allerdings lässt sich das Tastaturwörterbuch komplett löschen (womit natürlich alle gelernten Begriffe ebenfalls perdu sind). Rufen Sie dazu **Einstellungen** > **Allgemein** > **Zurücksetzen** auf und wählen Sie Tastaturwörterbuch.

## Kopieren, ausschneiden, einfügen

Das iPhone bietet eine ausgeklügelte »Copy & Paste«-Funktion, also die Möglichkeit, beliebige Textpassagen zu markieren, zu kopieren oder auszuschneiden und an anderer Stelle einzufügen. Das funktioniert nicht nur innerhalb eines Dokuments, sondern systemweit. Es ist also möglich, Text von einer Webseite zu markieren, ihn in die Zwischenablage zu kopieren und anschließend in eine Notiz oder E-Mail einzufügen.

Um einen Textbereich zu markieren, berühren und halten Sie die entsprechende Passage. Je nach Programm kann sich das Verhalten ein wenig unterscheiden, aber in der Regel wird zuerst die Textlupe eingeblendet, um eine genaue Positionierung des Anfangs- oder Endpunkts einer Markierung zu ermöglichen.

Das weitere Vorgehen hängt davon ab, ob Sie das angezeigte Dokument – Notiz, Webseiten, E-Mail … – aktuell bearbeiten oder nur anzeigen lassen.

Bei der Anzeige eines Dokuments wird das aktuelle Wort markiert und ein Menü eingeblendet, in dem Sie **Kopieren**, **Alles** und **Nachschlagen** wählen können (ein Tipp auf **Nachschlagen** übergibt das markierte Wort an das interne Wörterbuch von iOS 7; mehr dazu in Kapitel 2).

Mit einem Tipp auf **Alles** markieren Sie das komplette Dokument. Möchten Sie nur einen Teil kopieren, erweitern Sie die Markierung über die Griffpunkte auf den gewünschten Bereich. Für die genaue Platzierung wird die aktuelle Position in einer vergrößerten Lupenansicht gezeigt. Tippen Sie anschließend auf **Kopieren**, wird der markierte Bereich in die Zwischenablage übernommen.

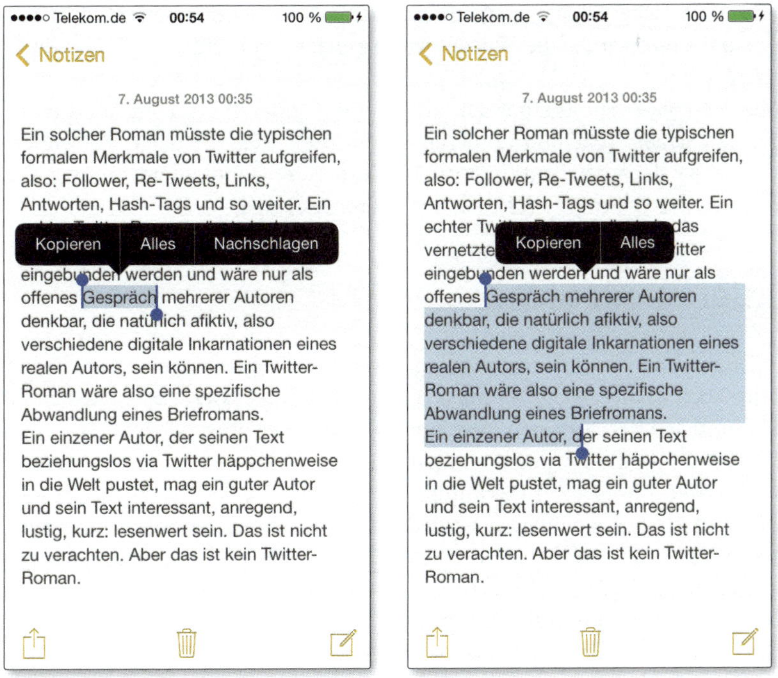


*Sie können in praktisch jedem Dokument beliebige Bereiche markieren und in die Zwischenablage kopieren.*

Bearbeiten Sie das Dokument – etwa bei einer Notiz oder einer E-Mail – unterscheidet sich das Vorgehen ein klein wenig, ist aber prinzipiell gleich. In diesem Fall zeigt das Auswahlmenü die Einträge **Auswählen**, **Alles** und **Einsetzen**.

Mit **Alles** markieren Sie wieder das komplette Dokument. Nach einem Tipp auf **Auswählen** wird das aktuelle Wort markiert. Über die Griffpunkte lässt sich die Markierung erweitern, mit **Kopieren** wie gehabt in die Zwischenablage übernehmen. Zudem lässt sich der markierte Text über **Ausschneiden** aus dem aktuellen Dokument entfernen und gleichzeitig in die Zwischenablage kopieren.

### TIPP

Soll der markierte Abschnitt nur gelöscht und nicht gleichzeitig kopiert werden, tippen Sie nicht auf **Ausschneiden**, sondern auf die Löschtaste ⌫.

Sobald sich der markierte Text in der Zwischenablage befindet, lässt er sich an beliebiger Stelle in einer Notiz, einer E-Mail, einem Webformular – kurz, überall da, wo Sie Text eingeben können – einfügen.

Berühren und halten Sie dazu wieder die Stelle, an der Sie den Text einfügen möchten, und wählen Sie aus dem angezeigten Menü den Punkt **Einsetzen**. Der Inhalt der Zwischenablage wird an der Position der Schreibmarke eingefügt. Gegebenenfalls müssen Sie die Schreibmarke zunächst mit Hilfe der Lupenfunktion platzieren.

Möchten Sie einen Textbereich durch einen anderen ersetzen, markieren Sie zuerst den neuen Text und kopieren ihn in die Zwischenablage. Anschließend markieren Sie den alten Text und wählen **Einsetzen**. Damit überschreiben Sie den markierten Bereich mit dem Inhalt der Zwischenablage.

## Diktieren mit Siri

Sie müssen einen Text nicht unbedingt über die Tastatur eingeben, sondern können ihn auch diktieren. Dabei muss Siri nicht trainiert werden; es genügt, wenn Sie klar und deutlich sprechen, damit das System Ihren gesprochenen Text erkennt.

Die Diktatfunktion arbeitet erstaunlich genau, einfache Texte werden fast immer fehlerfrei umgesetzt. Erkennungsfehler treten aber dennoch auf. Besonders problematisch ist es, wenn Sie verschiedene Sprachen mischen, also etwa englische Namen und Begriffe in Ihrem Text benutzen. Hier steigt die Spracherkennung regelmäßig aus und produziert allenfalls lustige Missverständnisse, wenn aus »Executive« das Wort »Sektenführer« wird.

Am besten ist es, Sie spielen mit der Funktion einfach ein wenig herum, um ein Gefühl dafür zu bekommen, was möglich ist – und was nicht.

### GRUNDLAGEN

Damit Siri den Text, den Sie sprechen, in Schrift umsetzen kann, muss Ihr iPhone online sein – was es im Normalfall auch ist. Alles, was Sie sagen, wird automatisch zu den Servern von Apple geschickt, wo die Sprachaufzeichnung in Text umgewandelt wird. Diesen Text schickt der Server wieder zurück an das iPhone, das ihn in das aktuelle Dokument einfügt. Dieses Verfahren sorgt zwar dafür, dass das iPhone die sehr rechenaufwendige Spracherkennung nicht selbst erledigen muss (was von einem mobilen Gerät praktisch nicht geleistet werden kann) – aber wenn die Online-Verbindung schlecht ist oder die Server von Apple überlastet sind, funktioniert die Spracherkennung entweder nur sehr schleppend oder überhaupt nicht.

Wenn Sie Siri bei der Einrichtung nicht aktiviert haben, können Sie dies nachträglich unter **Einstellungen** > **Allgemein** > **Siri** erledigen.

Die Diktatfunktion wird mit einem Tipp auf das Mikrofonsymbol der Tastatur gestartet. Ein Glockenton signalisiert die Aufnahmebereitschaft. Gleichzeitig wird eine Taste **Fertig** und eine Signalkurve eingeblendet, die den Aufnahmepegel anzeigt.

Sprechen Sie nun den Text, den Siri schreiben soll. Wenn Sie das Diktat beendet haben, tippen Sie auf **Fertig**. Ein erneuter Glockenton signalisiert das Ende der Aufnahme. Der gesprochene Text wird nun analysiert und erscheint kurz danach als geschriebener Text. Während der Analyse findet man an der Position der Schreibmarke ein blauen Kreis. Möchten Sie die Analyse abbrechen, löschen Sie diesen Kreis durch einen Druck auf die Taste ⌫.

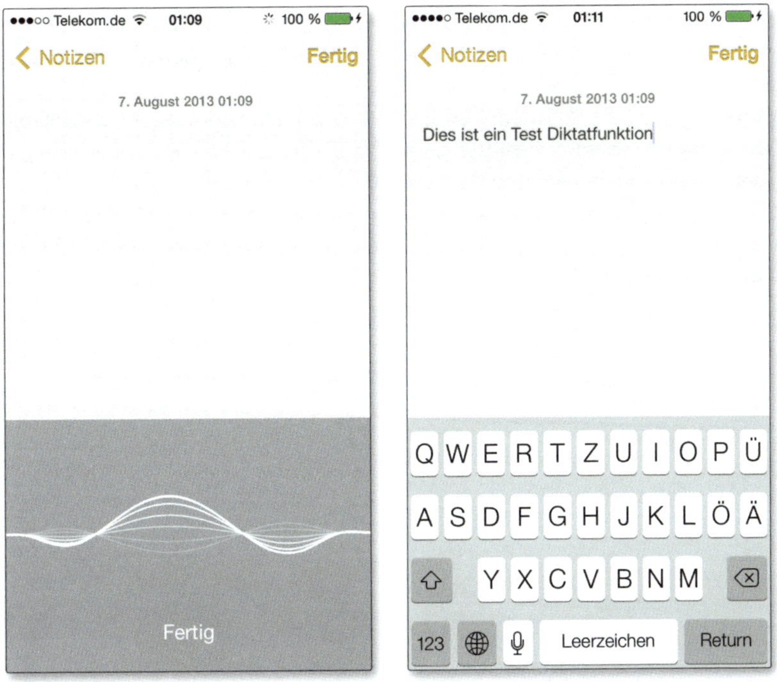


*Bei einfachen Sätzen arbeitet die Diktatfunktion oft überraschend fehlerfrei – der im Bild gezeigte Text wurde gesprochen, nicht getippt –, sie kann allerdings auch allerlei Unsinn produzieren.*

## Steuerkommandos

Damit Siri Ihren Text nicht ohne Punkt und Komma notiert, beherrscht es eine Reihe von Steuerkommandos, mit denen Sie nicht nur Satzzeichen, sondern auch neue Zeilen oder Absätze einfügen. Das Repertoire dieser Kommandos ist sehr umfangreich:

- **Satzzeichen:** Um ein Satzzeichen zu schreiben, sprechen Sie es aus: »Punkt«, »Komma«, »Bindestrich«, »Semikolon«, »Doppelpunkt«, »Fragezeichen«, »Ausrufezeichen«, »Klammer auf«, »Klammer zu« und so weiter.
- **Steuerung:** Mit »Neue Zeile« / »Neuer Absatz« fügen Sie eine neue Zeile bzw. einen neuen Absatz ein. Möchten Sie alles in Groß- bzw. Kleinbuchstaben schreiben, leiten Sie dies mit »Kleinschreibung / Großschreibung anfangen« ein und beenden es mit »Kleinschreibung / Großschreibung beenden«.
- **Sonderzeichen:** Auch Sonderzeichen sprechen Sie aus, um sie zu tippen: »Klammeraffe« (@), »Dollarzeichen« ($), »Eurosymbol« (€), »Prozentzeichen« (%), »Und-Zeichen« (&), »Pluszeichen« (+), »Minuszeichen« (-), »Sternchen« (*) oder »Nummernzeichen« (#).
- **Einheiten:** Die Diktatfunktion erkennt auch Datumsangaben und Ähnliches. Sagen Sie etwa »Sechster August Zweitausendunddreizehn«, wird daraus »6. August 2013«. Den Text »Siebzehn Euro und dreizehn Cent« notiert die Funktion als »17,13 €«. Die Uhrzeit »Sieben Uhr einunddreißig« erscheint als »7:31 Uhr«. Längenangaben wie »Zehn Zentimeter« werden als »10 cm« umgesetzt.
- **Emoticons:** Auch Emoticons stellen die Diktierfunktion nicht vor Probleme. Mit »Smiley Gesicht« erhalten Sie :-), aus »trauriges«, »zwinkerndes« oder »lachendes Gesicht« werden die Symbole :-(, ;-) und :-D.
- **Römische Zahlen:** Schließlich können Sie auch römische Ziffern diktieren. Ein »Römisch Zehn« wird dann zu »X«, aus »Römisch Zweitausendunddreizehn« ein »MMXIII«.

Kapitel

4

# Kontakte, Telefon, Nachrichten, FaceTime

Zu den Grundfunktionen eines Smartphones gehören natürlich Telefon und SMS. Hier bietet Apple einen eigenen, kostenlosen Dienst für den Austausch von Nachrichten zwischen iPhones und anderen Apple-Geräten. Doch damit nicht genug: Von Haus beherrscht das iPhone auch Video- und Sprachtelefonie via Internet. Alle Kommunikationsdienste sind auf dem iPhone eng mit dem integrierten Adressbuch verknüpft.

## Das Adressbuch auf dem iPhone

Das Programm **Kontakte** ist Ihr Adressbuch auf dem iPhone. So haben Sie jederzeit die gewünschte Telefonnummer, E-Mail-Adresse und Anschrift zur Hand. Sie finden die App im Ordner **Extras.**

Vermutlich haben Sie bereits jede Menge Adressen auf Ihrem Computer oder einem Anbieter wie Google gespeichert, die Sie auch gern auf Ihrem iPhone haben möchten. Das ist natürlich ebenso wenig ein Problem wie die manuelle Aufnahme neuer Kontakte unterwegs. Außerdem können Sie Daten hinzufügen, die Ihnen als VCF-Datei per Mail zugeschickt wurden (VCF ist die Abkürzung für »vCard File«, dem Standardformat zum Austausch von Kontaktdaten).

Die Übernahme von Kontakten, die Sie auf Ihrem Computer gespeichert haben, wird entweder über einen Sync mit Ihrem Online-Adressbuch – etwa bei iCloud oder Google – oder bei lokal gespeicherten Adressen via iTunes gesteuert.

- **Sync via iCloud, Google & Co:** Richten Sie, wie in Kapitel 6 erläutert, Ihren Account auf dem iPhone ein und aktivieren Sie auf dem iPhone den Sync der Kontakte.
- **Sync via iTunes:** Wenn Sie Ihre Kontakte nur lokal auf Ihrem Computer verwalten, schließen Sie Ihr iPhone an Ihren Rechner an, wählen es aus und aktivieren auf der Registerkarte **Infos** den Punkt **Kontakte synchronisieren**.

## Adressen erfassen und bearbeiten

Um Adressen und Kontaktdaten unterwegs direkt mit dem iPhone zu erfassen, rufen Sie das Programm **Kontakte** auf und tippen auf das Pluszeichen oben rechts.

Es öffnet sich ein neues Formular, das Ihnen die üblichen Standardfelder für Name, Telefonnummer und Adresse bietet. Tragen Sie die Daten ein und tippen Sie anschließend auf **Fertig**. Haben Sie es sich anders überlegt, schließen Sie das Formular mit **Abbrechen**. Über **Foto hinzuzufügen** können Sie entweder ein Foto direkt mit dem iPhone aufnehmen oder ein Foto aus Ihren Fotoalben wählen und dem Kontakt zuweisen (mit Kamera und Fotos beschäftigen wir uns in Kapitel 8).

Auf den ersten Blick scheint es lediglich möglich zu sein, jeweils nur einen Eintrag in einer Kategorie anzulegen, also nur eine Telefonnummer, nur eine E-Mail-Adresse und nur eine Webadresse. Doch das täuscht: Sobald Sie etwa eine Telefonnummer erfasst haben, wird eine weitere Eingabezeile für Telefonnummern eingeblendet.

Standardmäßig gibt Ihnen das iPhone bei den Einträgen für Telefonnummer, E-Mail- Adresse und Webadresse verschiedene Bezeichnungen oder wie es auf dem iPhone heißt: Etiketten vor.

Das lässt sich natürlich ändern. Tippen Sie dazu auf ein Etikett, um etwa aus einer privaten Telefonnummer eine Mobiltelefon- oder eine Faxnummer zu machen. Sagt Ihnen keines der angebotenen Etiketten zu, können Sie über den letzten Punkt in der Liste ein **Eigenes Etikett hinzufügen**.

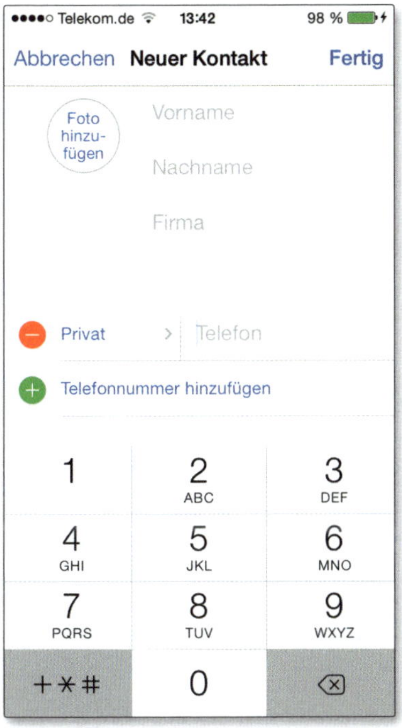


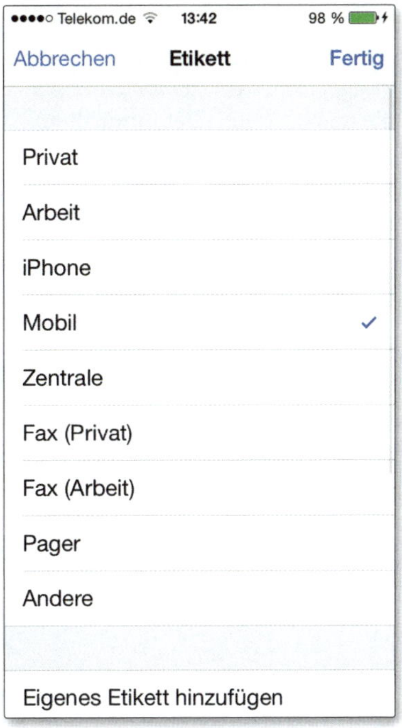


*Die Etiketten zu einem Eintrag in den Kontakten können Sie nach einem Fingertipp ändern und auch um eigene Begriffe erweitern.*

Die Standardfelder sind für Ihre Zwecke vielleicht etwas zu wenige, und Sie möchten mehr oder andere Informationen erfassen. In diesem Fall tippen Sie im Adressformular unten auf den Eintrag **Feld hinzufügen**. Hier können Sie das Formular um weitere Felder wie etwa einen zweiten Vornamen, einen Spitznamen, um Abteilung und Position oder einen Titel ergänzen.

## TIPP

Bei einem sehr umfangreichen Adressbuch ist es sinnvoll, die Einträge in Gruppen zu verwalten, etwa »Familie«, »Dienstleister«, »Kunden«, »Freunde« und so weiter. Diese Gruppen müssen Sie allerdings in der Adressverwaltung auf dem Computer anlegen, damit sie auf dem iPhone auftauchen – auf dem iPhone selbst können Sie keine Gruppen anlegen. Es ist leider ebenfalls nicht möglich, bei einem Kontakt, den Sie auf dem iPhone anlegen, die passende Gruppe anzugeben. Doch es gibt einen kleinen Trick, um einen neuen Kontakt auch gleich der passenden Gruppe zuzuordnen (vorausgesetzt, diese Gruppe existiert bereits). Dazu lassen Sie sich zuerst durch einen Tipp auf die Taste **Gruppen** alle Gruppen anzeigen. Tippen Sie zuerst die gewünschte Gruppe an und anschließend auf **Fertig**. Alle Kontakte, die Sie nun auf dem iPhone anlegen, werden automatisch der aktiven Gruppe zugewiesen.

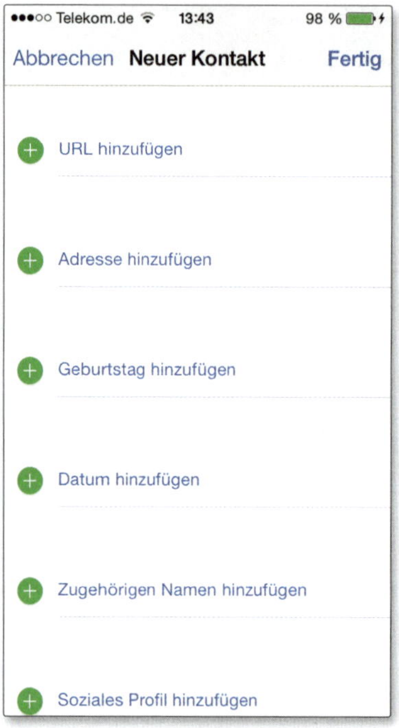


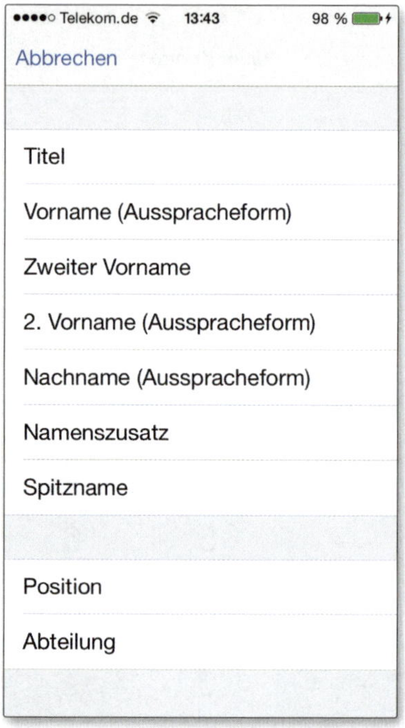


*Die vorgegebenen Felder für einen Kontakteintrag lassen sich um einige weitere Felder ergänzen. Die Definition eigener Felder ist hier leider nicht möglich.*

Kontaktdaten sind oft Änderungen unterworfen. Nicht immer hat man gleich alle Daten richtig erfasst oder man möchte später Tippfehler korrigieren. Mitunter soll ein Eintrag auch komplett gelöscht werden. Dazu lassen Sie sich den entsprechenden Eintrag anzeigen und tippen auf **Bearbeiten**. Nun können Sie die Felder ändern, neue Felder hinzufügen, bestehende Felder oder auch gleich den kompletten Eintrag löschen.

Möchten Sie nur die Notizen ändern, können Sie sich den Weg über **Bearbeiten** sparen. Die lassen sich nämlich auch direkt in der Anzeige eines Eintrags hinzufügen oder bearbeiten.

## Einen Kontakt suchen

In der Übersicht der Kontakte werden alle Einträge alphabetisch sortiert angeführt. Doch das reicht mitunter nicht aus, um einen bestimmten Kontakt zu finden – zum Beispiel dann nicht, wenn Sie zwar den Vor-, aber nicht mehr den Nachnamen wissen oder die Firma des Kontakts, aber nicht seinen Namen kennen.

In diesem Fall hilft die Suchfunktion weiter. Da die Kontakte-App immer nur in der aktuellen Gruppe sucht, sollten Sie sich zuvor in der **Gruppen**-Übersicht **Alle Kontakte** anzeigen lassen. Anschließend geben Sie im Suchfeld am oberen Rand des Bildschirms den gewünschten Suchbegriff ein. Dabei können Sie in allen Feldern suchen, also nicht nur nach Personen- oder Firmennamen, sondern etwa auch nach einer Telefonnummer oder einem Ort.

## Kontakte als VCF-Datei senden und empfangen

Jeder Kontakt kann als digitale Visitenkarte im VCF-Format verschickt und empfangen werden. Dabei handelt es sich um das Standardformat für die Weitergabe von Kontaktdaten. So kann der Empfänger der VCF-Datei den Kontakt mit wenigen Mausklicks in sein Adressbuch übernehmen.

Lassen Sie sich den gewünschten Kontakt anzeigen und tippen Sie am Fuß des Eintrags auf **Kontakt senden**. In einem Auswahlmenü entscheiden Sie, ob Sie die VCF-Daten als Nachricht (also als MMS), per E-Mail oder AirDrop verschicken möchten.

Der Austausch von Kontaktdaten funktioniert natürlich in beiden Richtungen, Sie können also VCF-Dateien, die Sie bekommen, Ihren Kontakten mit wenigen Fingertipps hinzufügen.

- **AirDrop:** Aktivieren Sie auf den iOS-Geräten, die Daten austauschen sollen, im Kontaktzentrum AirDrop. Die verfügbaren Geräte werden automatisch angezeigt. Tippen Sie den oder die gewünschten Empfänger an. Auf den Empfangsgeräten erscheint die übliche AirDrop-Abfrage, mit einem Tipp auf **Annehmen** wird der Kontakteintrag übertragen.
- **Nachricht:** Starten Sie das Programm **Nachrichten** und öffnen Sie die MMS. Tippen Sie auf den Anhang und wählen Sie nun **Neuen Kontakt erstellen** bzw. **Zu Kontakt hinzufügen**.
- **E-Mail:** Bei einer E-Mail tippen Sie auf das Anhangssymbol der Visitenkarte. Der Kontakteintrag wird angezeigt und kann nun in die Kontakte aufgenommen werden.

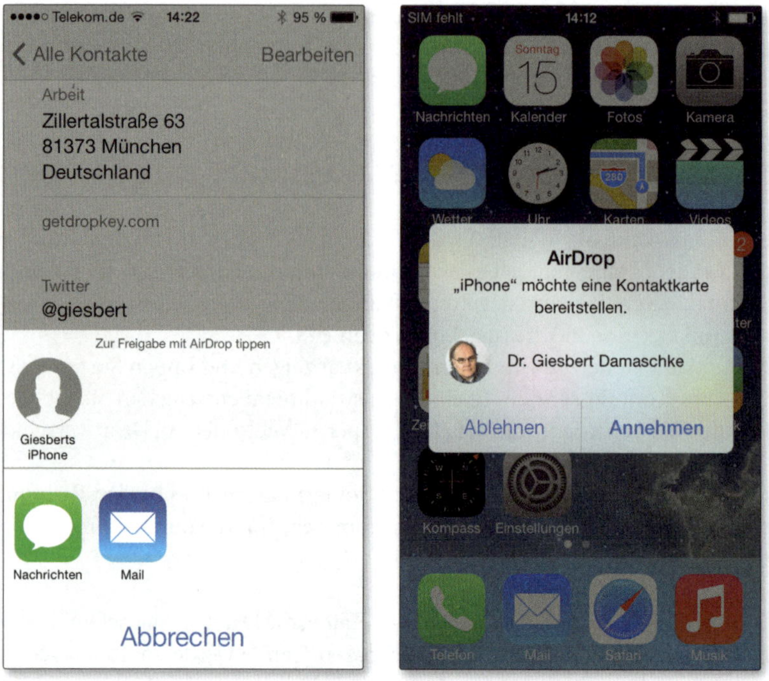


*Ein Kontakt lässt sich auf verschiedene Weise weitergeben. Am schnellsten geht es via AirDrop. Der Empfänger kann den Eintrag mit wenigen Fingertipps in seine Kontakte übernehmen.*

## Telefonieren mit dem iPhone

Da die Telefonfunktionen des iPhones alltäglich benötigt werden, hat das Telefonsymbol seinen angestammten Platz im Dock. So haben Sie, ganz gleich auf welcher Bildschirmseite Sie sich befinden, sofort Zugriff auf die Telefonfunktionen des iPhones.

### GRUNDLAGEN

Wenn Sie nicht mit dem Headset telefonieren, müssen Sie Ihr iPhone zum Telefonieren natürlich ans Ohr halten. Das wirft bei einem berührungsempfindlichen Display allerdings ein Problem auf: Wie wird verhindert, dass Sie mit Ihrem Ohr nicht auf eine unerwünschte Taste kommen und das Gespräch zum Beispiel unterbrechen oder versehentlich beenden? Ganz einfach: Das iPhone besitzt einen Näherungssensor, der dafür sorgt, dass der Bildschirm abgeschaltet wird, sobald Sie das Telefon ans Ohr nehmen. Entfernen Sie es von Ihrem Gesicht, wird der Bildschirm wieder aktiviert.

Es gibt zwei Möglichkeiten, jemanden mit dem iPhone anzurufen: Entweder Sie geben die Telefonnummer direkt ein, oder Sie wählen den entsprechenden Eintrag aus Ihren Kontakten.

- **Ziffernblock:** Starten Sie die Telefon-App und tippen Sie auf **Ziffernblock**. Geben Sie nun die gewünschte Telefonnummer ein und tippen Sie auf **Anrufen**. Falls Sie sich vertippt haben, löschen Sie die Eingabe mit der Löschtaste rechts unten ⌫.
- **Kontakte:** Die meisten Personen, die Sie anrufen möchten, werden Sie vermutlich als Kontakt in Ihrem Adressbuch haben. Tippen Sie dazu in der Telefon-App auf die Taste **Kontakte**. Navigieren Sie zum gewünschten Eintrag und tippen Sie ihn an.

Auch das schönste Gespräch muss einmal beendet werden. Um das bei einem Telefonat mit dem iPhone zu tun, nehmen Sie das iPhone vom Ohr. Nun wird das Display wieder aktiviert, und Sie können mit einem Tipp auf **Beenden** den Hörer auflegen.

## Auf einen Anruf reagieren

Bei einem Anruf kann es zwei verschiedene Möglichkeiten geben: Entweder das iPhone ist gerade eingeschaltet, weil Sie zum Beispiel E-Mails lesen, oder es ist im Standby-Modus. Je nach Zustand unterscheiden sich Bildschirmanzeige und Steuerung.

- **Standby-Modus:** Befindet sich Ihr iPhone bei einem Anruf im Standby-Modus, wird der Bildschirm aktiviert, der Name bzw. die Nummer des Anrufers gezeigt. Mit einer Wischbewegung über den Bildschirm nehmen Sie das Gespräch an.
- **Eingeschaltet:** Arbeiten (oder spielen) Sie gerade mit Ihrem iPhone, haben es also eingeschaltet, dann wird ebenfalls der Anrufer eingeblendet, aber im Unterschied zum Standby-Betrieb gibt es nun zwei Tasten: **Ablehnen** und **Annehmen**.

Im aktiven Betrieb können Sie mit einem Tipp auf **Ablehnen** den Anrufer auf den Anrufbeantworter umleiten (»Voicemail«). Beim Anruf im Standby-Modus scheinen Sie dagegen keine Wahl zu haben, als das Gespräch anzunehmen oder zu ignorieren. Doch das täuscht: Mit einem einfachen Druck auf die Standby-Taste schalten Sie das Klingeln des iPhones aus, können das Gespräch aber nach wie vor entgegennehmen. Mit einem Doppeltipp auf die Taste leiten Sie den Anrufer direkt auf die Voicemail um.

Können Sie einen Anruf aktuell nicht entgegennehmen, haben Sie aber noch mehr Möglichkeiten, als das Gespräch einfach abzulehnen: Sie können sich entweder eine Erinnerung anlegen, damit Ihr iPhone Sie automatisch an einen Rückruf erinnert. Oder Sie schicken dem Anrufer eine SMS.

- **Erinnerung:** Tippen Sie auf **Erinnerung** und wählen Sie die gewünschte Option, etwa **In einer Stunde**. Der Anrufer wird automatisch auf den Anrufbeantworter umgeleitet und in einer Stunde erinnert Sie Ihr iPhone daran, dass Sie den Anrufer zurückrufen wollten. Dabei ist der Eintrag in der Erinnerungen-App ein Link, den Sie für den Rückruf nur anzutippen brauchen.
- **SMS:** Werden Sie von einem Handy aus angerufen, können Sie mit einem Tipp auf **Nachricht** dem Anrufer als Antwort eine SMS schicken. Wählen Sie eine der drei Standardnachrichten aus und tippen Sie auf **Eigene**, um einen eigenen Text zu schreiben. Der Anrufer wird zum einen auf den Anrufbeantworter umgeleitet und erhält gleichzeitig die SMS. Diese Nachrichten können Sie natürlich auch nach eigenem Gusto formulieren. Rufen Sie dazu **Einstellungen** > **Telefon** > **Mit Nachricht antworten** auf, tippen Sie in das Eingabefeld und geben Sie Ihren Text ein. Achten Sie darauf, dass eine SMS als Antwort immer mit »Kann jetzt nicht sprechen ...« beginnt.

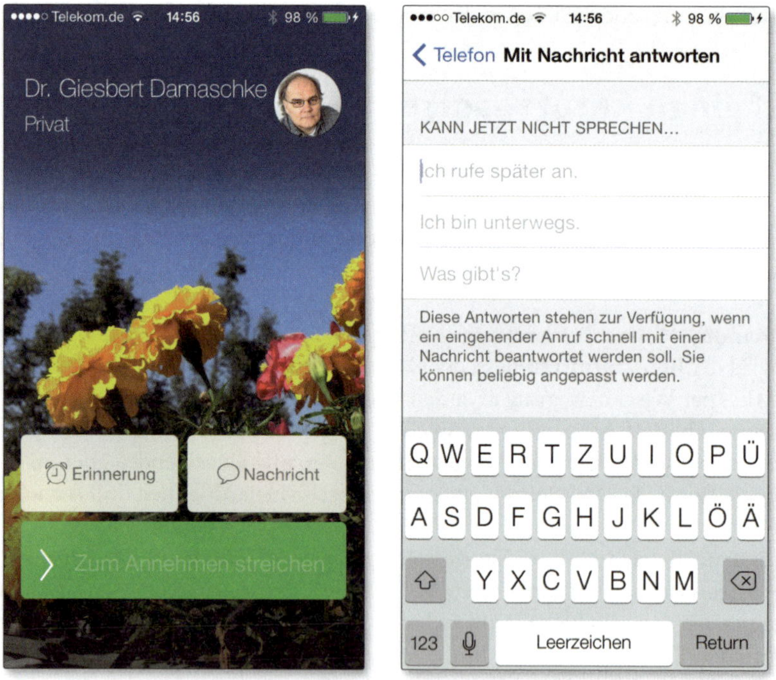


*Sie können sich an Anrufe auch erinnern lassen oder sie mit einer kurzen Nachricht beantworten. Drei mögliche Formulierungen sind vorgegeben, die Sie natürlich nach Ihren Wünschen anpassen können.*

## Telefonieren mit dem Headset

Sie können auch dann ein Gespräch entgegennehmen, wenn Sie mit Ihrem iPhone über das Headset gerade Musik hören – und zwar ohne dass Sie Ihr iPhone dabei zur Hand nehmen müssen.

- **Gespräch annehmen:** Drücken Sie auf den Mikrofon-Schalter des Headsets. Dabei wird die Musikwiedergabe angehalten und das Gespräch angenommen.
- **Gespräch beenden:** Mit einem weiteren Druck auf den Schalter legen Sie den Hörer auf und kehren zu Ihrer Musik zurück. Dabei spielt die Musik-App genau an der Stelle weiter, an der sie angehalten wurde.
- **Gespräch ablehnen:** Möchten Sie beim Musikhören nicht gestört werden, leiten Sie den Anrufer zum Anrufbeantworter um, indem Sie die Taste des Headsets ungefähr zwei Sekunden lang gedrückt halten. Das iPhone bestätigt die Umleitung des Anrufs zur Voicemail mit zwei kurzen Piepsern.

## Ein Gespräch stumm schalten oder halten

Möchten Sie während eines Telefonats kurz etwas zu Ihrem Bürokollegen sagen, ohne dass dieses Gespräch auch sofort durchs Telefon übertragen wird, können Sie Ihr Telefonat vorübergehend stumm schalten. Dazu nehmen Sie das Telefon vom Ohr und tippen auf die Taste **Stumm** mit dem durchgestrichenen Mikrofon.

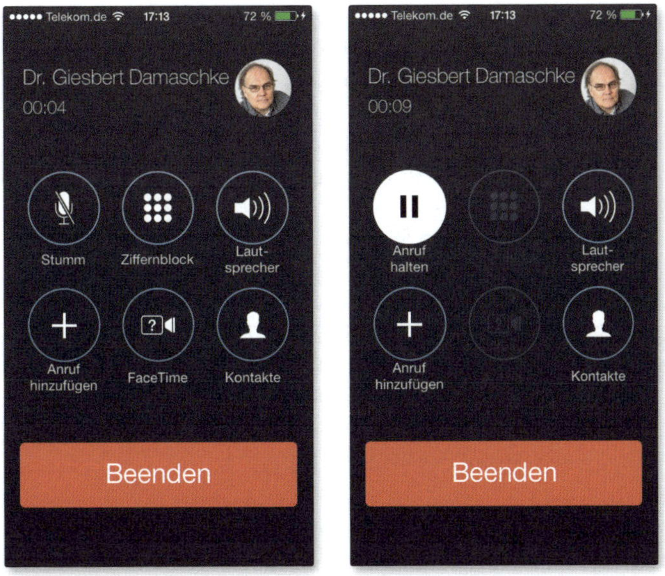


*Telefonate können vorübergehend stumm geschaltet oder gehalten werden, wozu Sie die »Stumm«-Taste berühren und halten.*

Der Effekt: Sie hören zwar weiterhin, was Ihr Gesprächspartner sagt – aber er hört Sie nicht mehr. Sobald Sie weiter telefonieren möchten, tippen Sie erneut auf die (nun weiß markierte) Taste und setzen Ihr Telefonat fort.

Außerdem ist es möglich, ein Gespräch zu halten. In diesem Fall hört der Anrufer eine kurze Durchsage und weiß, dass Sie das Gespräch kurz pausieren, ohne es zu beenden. Dazu berühren und halten Sie die **Stumm**-Taste, die zu einer **Anrufhalten**-Taste wird. Ihr Gesprächspartner hört nun eine Ansage wie »Bitte warten«, »Ihr Gespräch wird gehalten«, »Please hold the line« oder Ähnliches (was genau gesagt wird, hängt natürlich von den Ansagen der Telefongesellschaft ab).

## Die Favoriten (Kurzwahl)

Bei Freunden und Bekannten, die Sie häufiger anrufen, ist es natürlich etwas lästig, zuerst in den Kontakten blättern zu müssen, bevor Sie die gewünschte Nummer wählen können. Müssen Sie auch gar nicht. Denn schließlich können Sie beliebige Kontakte zu den Favoriten hinzufügen, die Ihnen auf Fingertipp sofort zur Verfügung stehen. Dabei haben Sie zwei Möglichkeiten:

- **Kontakt:** Tippen Sie auf **Kontakte**, wählen Sie den gewünschten Eintrag aus und tippen Sie auf **Zu Favoriten**.
- **Favoriten:** Wählen **Favoriten**. Tippen Sie auf das Pluszeichen oben rechts, wählen Sie den gewünschten Kontakt, und tippen Sie auf die Telefonnummer, die Sie als Favorit eintragen möchten.

Anschließend legen Sie fest, ob es sich um einen Favoriten für einen **Sprachanruf**, für **FaceTime Audio** oder für **FaceTime** handelt. Ein Sprachanruf wird über das Telefonnetz Ihres Providers geleitet und wirkt sich auf Ihr Minutenkontingent aus bzw. kostet Geld. FaceTime ist Apples Internettelefonie-Lösung, bei der keine zusätzlichen Gebühren anfallen. Mit FaceTime beschäftigen wir uns weiter unten in diesem Kapitel.

Beim nächsten Anruf können Sie in der Telefon-App nun einfach auf **Favoriten** tippen und haben alle wichtigen Kontakte sofort griffbereit.

Möchten Sie einen Eintrag aus den Favoriten entfernen, streichen Sie ihn von rechts nach links durch. Um die Reihenfolge der Einträge zu ändern, tippen Sie auf **Bearbeiten** und verschieben die Einträge wie gewünscht.

Möchten Sie zu einem Eintrag in Ihrer Favoritenliste den kompletten Datensatz in der Kontakte-App sehen (und gegebenenfalls bearbeiten), dann tippen Sie nicht auf den Eintrag, sondern auf das blaue »i«.

## Eine Telefonkonferenz

Normalerweise ist ein Telefonat eine Sache zwischen zwei Personen. Aber das muss nicht so sein, es sind auch Gruppengespräche, also Telefonkonferenzen möglich. Und das geht so:

1. Rufen Sie den ersten Teilnehmer der Konferenz an. Sobald das Gespräch aktiv ist, tippen Sie auf das Pluszeichen, das mit **Anruf hinzufügen** beschriftet ist.
2. Rufen Sie nun Ihren zweiten Gesprächspartner an. Sobald das zweite Gespräch zustande gekommen ist, hat sich die Taste **Anruf hinzufügen** zu **Konferenz** verändert.
3. Ein Fingertipp genügt, damit alle Beteiligten zu einer Dreierkonferenz zusammengeschlossen werden. Sie können nun weitere Teilnehmer hinzufügen.

Sobald eine Konferenzschaltung besteht, erscheint im Display das Wort »**Konferenz**«, und die Teilnehmer werden als Textlaufband angezeigt. Über den Pfeil rechts neben dem Titel »Konferenz« können Sie eine Liste der aktuell mit Ihnen verbundenen Teilnehmer einblenden. Möchten Sie einen der Teilnehmer aus der Konferenz verabschieden, tippen Sie in der Liste auf das rote Telefonsymbol.

Das funktioniert auch, wenn Sie während eines Telefonats einen weiteren Anruf entgegennehmen. Halten Sie zuerst das aktuelle Gespräch, nehmen Sie das zweite Gespräch an und verbinden Sie alles mit **Konferenz**.

## Während eines Telefonats andere Dinge tun

Eine wirklich praktische Sache beim iPhone ist, dass Sie telefonieren und gleichzeitig andere Dinge tun können, etwa im Internet surfen, E-Mails lesen, Kontaktdaten bearbeiten oder einen Termin eintragen.

So lassen sich während eines Gesprächs rasch Informationen nachschlagen, Mails lesen oder auch Notizen anlegen.

Dabei können Sie ein Gespräch entweder halten oder stumm schalten, etwas nachschlagen und wieder zum Gespräch zurückkehren. Wenn Sie das Gespräch nicht unterbrechen, sondern weiterplaudern möchten, aktivieren Sie über einen Tipp auf **Lautsprecher** entweder die Freisprechanlage, oder Sie benutzen zum Telefonieren das Headset.

Mit einem Fingertipp auf die Home-Taste landen Sie während des Telefonats wie gewohnt auf dem Home-Bildschirm des iPhones, allerdings ohne dass das Telefonat beendet wird. Nun können Sie das gewünschte Programm (etwa **Safari**, **Mail** oder **Notizen**) starten.

Zur Erinnerung daran, dass Sie nach wie vor telefonisch verbunden sind, wird am oberen Bildschirmrand eine entsprechende Meldung eingeblendet: **Zum Anruf zurück? Hier tippen!** Und genau das passiert auch, wenn Sie diese Meldung antippen: Sie landen wieder im Telefonprogramm.

*Während eines Telefonats können Sie mit Ihrem iPhone weiterarbeiten, also zum Beispiel mit einem Druck auf die Home-Taste zum Home-Bildschirm wechseln und anschließend etwa in den Notizen eine Information nachschlagen, die Sie für Ihr Telefonat benötigen.*

## Die Anrufliste

Alle Anrufe, ganz gleich ob Sie anrufen oder angerufen wurden, werden in der **Anrufliste** protokolliert, die Sie sich in der Telefon-App über die entsprechende Taste anzeigen lassen können. Falls es hier neue Einträge gibt, wird dies durch eine kleine rote Zahl in der Taste angezeigt. Die verpassten Anrufe tauchen standardmäßig auch in der Mitteilungszentrale auf.

Die Liste zeigt sämtliche Anrufe an, verpasste Anrufe sind rot markiert. Möchten Sie nur die Anrufe sehen, die Sie nicht erreicht haben, tippen Sie auf die Taste **Verpasst**. Um einen Anrufer zurückzurufen, tippen Sie auf den entsprechenden Eintrag, ein Tipp auf das blaue »i« bringt Sie zum entsprechenden Eintrag in den Kontakten, bei dem nun auch verzeichnet ist, wann und wie lange Sie mit diesem Kontakt telefoniert haben.

Ob Sie einen Eintrag in der Anrufliste angerufen haben oder von ihm angerufen wurden, erkennen Sie an dem kleinen Telefonsymbol. Wird dies angezeigt, haben Sie mit dem iPhone angerufen, fehlt es, so wurden Sie angerufen. Falls eine kleine Kamera abgebildet wird, handelte es sich um ein Videotelefonat via FaceTime.

Möchten Sie einen Eintrag in der Anrufliste löschen, streichen Sie ihn entweder von rechts nach links durch oder tippen Sie auf **Bearbeiten**.

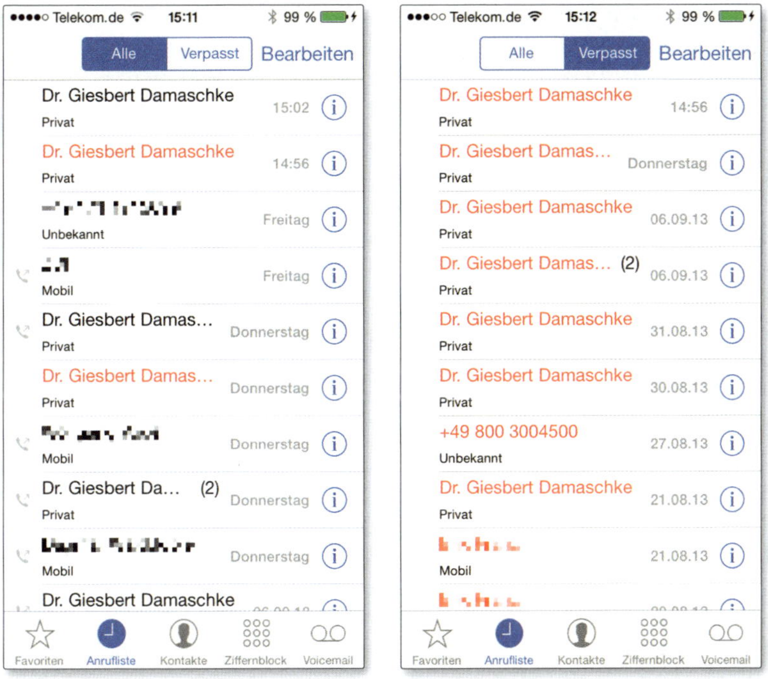


*Die Anrufliste zeigt Ihnen alle ein- und ausgehenden Anrufe an. Ausgehende Anrufe sind mit einem Telefonsymbol links neben dem Eintrag markiert.*

## Der Anrufbeantworter: Visual Voicemail

Jeder Anrufer, der Sie nicht erreicht oder den Sie direkt zum Anrufbeantworter geschickt haben, hört eine kurze Ansage und kann Ihnen anschließend eine Nachricht hinterlassen, die Sie zu einem späteren Zeitpunkt abhören können.

Das ist für ein Telefon nichts Besonderes, aber hier hat sich Apple etwas wirklich Pfiffiges einfallen lassen: »Visual Voicemail«, was sich ungefähr mit »grafische Sprachnachrichten« übersetzen lässt. Einziger Haken: Visual Voicemail steht nur dann zur Verfügung, wenn Sie unter **Einstellungen** > **Mobiles Netz** den Schalter bei **Mobile Daten** aktiviert haben, und wenn Ihr Mobilfunkanbieter diese Funktion unterstützt. Das ist aber inzwischen bei allen großen Anbietern der Fall.

Bei einem normalen Anrufbeantworter werden die Anrufe der Reihe nach aufgenommen und können auch nur der Reihe nach wiedergegeben werden. Es ist also zum Beispiel nicht möglich, bei fünf gespeicherten Nachrichten gezielt die dritte Nachricht abzuhören, ohne die ersten beiden abgehört zu haben. Es ist auch nicht so ohne weiteres möglich, eine Ansage zu stoppen, kurz zurückzuspulen und eine bestimmte Passage – etwa einen Termin oder eine Telefonnummer – noch einmal zu hören, um sie genau mitzubekommen.

Bei Visual Voicemail geht all das völlig problemlos, denn hier werden die aufgezeichneten Nachrichten in einer Liste aufgeführt, in der Sie den gewünschten Eintrag antippen und abspielen können.

Visual Voicemail erreichen Sie über den Menüpunkt **Voicemail** in der Telefon-App. Beim ersten Aufruf werden Sie aufgefordert, ein Kennwort und eine Begrüßung festzulegen. Das Kennwort besteht aus vier Ziffern und wird von Ihnen nur dann benötigt, wenn Sie Ihren Anrufbeantworter ausnahmsweise einmal nicht von Ihrem iPhone, sondern einem anderen Telefon abrufen. Möchten Sie das Kennwort später einmal ändern, wählen Sie **Einstellungen** > **Telefon** > **Voicemail-Kennwort** ändern.

Die Begrüßung ist der Text, den der Anrufer hört, sobald er zu Ihrem Anrufbeantworter durchgestellt wurde. Hier haben Sie die Möglichkeit, eine eigene Ansage aufzunehmen (tippen Sie dazu auf die Taste **Begrüßung**) oder es bei der Standardansage Ihres Mobilfunkanbieters zu belassen.

Wenn Sie eine oder mehrere ungehörte Nachrichten auf Ihrem Anrufbeantworter haben, zeigt das Telefon dies durch eine kleine rote Zahl beim Symbol **Voicemail** an.

Um die Nachricht(en) abzuhören, tippen Sie auf **Voicemail**. Sie sehen nun eine Liste der eingetroffenen Nachrichten. Um sich eine beliebige Nachricht anzuhören, tippen Sie auf den entsprechenden Eintrag. Mit einem erneuten Tipp stoppen Sie die Wiedergabe.

Die Wiedergabe wird durch einen Fortschrittsbalken angezeigt. Dort sehen Sie nicht nur, wie lang die Nachricht ist, sondern Sie können damit auch beliebig in der Nachricht vor- und zurückspulen, indem Sie den kleinen Knopf mit dem Finger vor- oder zurückschieben. Um eine Nachricht zu pausieren, tippen Sie auf das kleine Pausensymbol links neben dem Eintrag.

Mit einem Tipp auf **Anrufen** rufen Sie den Anrufer zurück, mit **Löschen** wird die Sprachnachricht gelöscht, allerdings noch nicht endgültig vom iPhone entfernt. So lässt sich eine versehentlich gelöschte Sprachnachricht auch wiederherstellen.

Sobald gelöschte Sprachnachrichten vorhanden sind, erscheint der Eintrag **Gelöscht**. Mit einem Tipp auf diesen Eintrag sehen Sie eine Übersicht der gelöschten Nachrichten. Möchten Sie eine Nachricht zurückholen, tippen Sie sie an und wählen **Widerrufen**. Für eine endgültige Löschung tippen Sie entsprechend auf **Alle entfernen**.

## Anrufe und Kontakte

Von jedem Anruf, der in der Anrufliste aufgeführt wird oder von dem eine Voicemail gespeichert wurde, führt ein direkter Weg zu den Kontakten. So können Sie unbekannte Anrufer als neuen Kontakt aufnehmen oder bereits vorhandene Einträge bearbeiten.

Um eine neue, manuell eingetippte Nummer gleich in die Kontakte aufzunehmen, tippen Sie beim Ziffernblock unter der eingegebenen Nummer auf **+ Zu Kontakten**. Es wird ein weiterer Dialog eingeblendet, über den Sie die eingetippte Nummer entweder als **Neuen Kontakt erstellen** oder als weitere Telefonnummer zu einem bestehenden **Kontakt hinzufügen** können.

*Sie können jede gewählte Telefonnummer durch einen Tipp auf »+ Zu Kontakten« unterhalb der angezeigten Telefonnummer Ihren Kontakten hinzufügen.*

Bei Einträgen in der Anrufliste oder bei Voicemail funktioniert das ähnlich. Hier tippen Sie auf das blaue »i« am rechten Rand eines Eintrags und können nun aus einer neuen Nummer einen Kontakt anlegen oder die Nummer einem bestehenden Kontakt hinzufügen. Handelt es sich bei dem Anrufer um jemanden, dessen Kontaktdaten Sie bereits erfasst haben, rufen Sie mit einem Tipp auf das »i« den Kontakteintrag auf.

# FaceTime: Internet- und Videotelefonie mit dem iPhone

Mit FaceTime bietet das iPhone die Möglichkeit, kostenlose Audio- und Videotelefonate via Internet zu führen. Allerdings funktioniert das nur zwischen Apples Geräten, also etwa von iPhone zu iPhone oder vom Mac-Computer zum iPad.

Normalerweise müssen beide FaceTime-Geräte in einem WLAN eingebucht sein, damit die Verbindung funktioniert. Je nach Mobilfunkanbieter und Tarifvertrag kann es aber auch sein, dass ein FaceTime-Telefonat über die Mobilfunkverbindung möglich ist.

Bevor Sie FaceTime nutzen können, müssen Sie es unter **Einstellungen** > **FaceTime** aktivieren. Es dauert einen kurzen Moment, bis Ihre Telefonnummer mit Ihrer Apple-ID verknüpft wird, anschließend steht FaceTime zur Verfügung.

Um ein FaceTime-Telefonat zu führen, starten Sie die App FaceTime, tippen auf **Kontakte** und wählen den gewünschten Eintrag. Bei Ihrem Gegenüber erscheint eine FaceTime-Einladung, die er annehmen oder ablehnen kann. Nimmt er sie an, wird eine Audio- und Videoverbindung via Internet aufgebaut. Das kann je nach Verbindungsqualität ein, zwei Sekunden dauern.

Während des Videotelefonats sehen Sie auf dem Display des iPhones Ihr Gegenüber und als Miniatur das Bild, das Ihre Kamera an das andere Gerät überträgt. Diese Miniatur können Sie mit dem Finger auf dem Bildschirm verschieben. Mit einem Tipp auf das Kamerasymbol wechseln Sie zwischen der Front- und der Rückseitenkamera des iPhones.

### FACETIME UND TELEFON

Sie können auch von einem normalen Telefonat zu FaceTime wechseln (vorausgesetzt, Ihr Gesprächspartner ist ebenfalls bei FaceTime angemeldet). Dazu tippen Sie während des Telefonats auf **FaceTime**. Wenn Sie das FaceTime-Gespräch beenden, wechselt das iPhone wieder zur normalen Telefonverbindung. Möchten Sie das Gespräch beenden, genügt es also nicht, nur FaceTime zu beenden.

# SMS, MMS und iMessage

Das phänomenal erfolgreiche »Short Messaging System« SMS gehört zur Grundausstattung eines Handys und darf auch beim iPhone nicht fehlen. Das gilt auch für die Erweiterung »Multimedia Messaging Service« (MMS), bei der Sie nicht nur Text, sondern auch Bilder, Töne oder Videos verschicken können.

Um eine SMS oder MMS zu schreiben, rufen Sie das Programm **Nachrichten** vom Home-Bildschirm auf und tippen auf das Symbol rechts oben, das ein stilisiertes Blatt Papier und einen Stift zeigt.

Es öffnet sich das Formular für eine neue Nachricht. Hier geben Sie die Nummer des Empfängers ein oder wählen sie mit dem blauen Pluszeichen rechts aus Ihrem Adressbuch. Wenn Sie die Nachricht an mehrere Empfänger schicken möchten, wiederholen Sie diesen Schritt.

Sie können auch direkt aus den Kontakten eine Nachricht schicken. Lassen Sie sich dafür in der Kontakte-App den gewünschten Eintrag anzeigen und tippen Sie auf **Nachricht senden**.

Eine SMS ist auf maximal 160 Zeichen beschränkt. Da kann es leicht passieren, dass man übers Ziel hinausschießt und 161 oder mehr Zeichen tippt. Die SMS erreicht zwar trotzdem ihr Ziel, wird aber auf zwei Nachrichten aufgeteilt, was Sie als Absender natürlich bezahlen müssen.

Aus diesem Grund sollten Sie bei einer SMS immer auf die Zeichenzahl achten. Das ist kein Problem, da das iPhone auf Wunsch einen Zeichenzähler einblendet. Sie aktivieren ihn unter **Einstellungen** > **Nachrichten**. Hier wählen Sie den Schalter **Zeichenanzahl**. Wenn Sie nun eine SMS schreiben, wird die aktuelle Zeichenzahl eingeblendet, sobald die Nachricht zweizeilig wird.

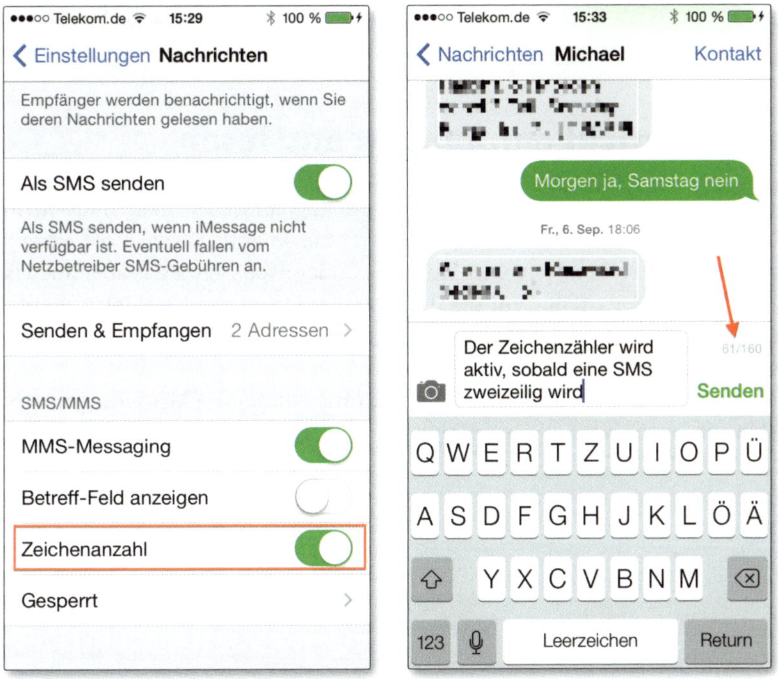


*Aktivieren Sie den Zeichenzähler, damit Sie die Zeichengrenze einer SMS nicht versehentlich überschreiten.*

Möchten Sie ein Foto oder Video mitschicken und aus der SMS eine MMS machen, tippen Sie auf das kleine Kamerasymbol links neben dem Eingabefeld. Nun können Sie entweder ein auf dem iPhone gespeichertes Foto mitschicken oder ein Foto bzw. ein Video aufnehmen, das automatisch angehängt wird.

Tippen Sie Ihre Mitteilung und schicken Sie sie mit **Senden** auf die Reise.

Bei SMS/MMS fallen die Gebühren an, die Ihr Mobilfunkvertrag vorsieht. Doch das iPhone kann noch mehr, nämlich kostenlose SMS/MMS verschicken. Möglich wird dies durch Apples **iMessage**, bei dem die Nachrichten nicht über die Server Ihres Mobilfunkbetreibers, sondern via Internet über die von Apple laufen.

Wie bei FaceTime gibt es allerdings auch hier eine Einschränkung: iMessage-Nachrichten können Sie nur zwischen Apple-Geräten (iPhone, iPod touch, iPad und Mac-Computer) verschicken.

Aktivieren Sie dazu unter **Einstellungen** > **Nachrichten** den Punkt **iMessage** und melden Sie sich mit Ihrer Apple-ID an. Schreiben Sie nun eine SMS/MMS an einen Empfänger, der iMessage ebenfalls aktiviert hat, erkennt das iPhone dies und wechselt automatisch von SMS/MMS zu iMessage. Sie erkennen dies an drei Merkmalen:

- **Titel:** Die Titelzeile ändert sich von **Neue Nachricht** auf **Neue iMessage**.
- **Textfeld**: Im Eingabefeld erscheint nicht mehr **Nachricht**, sondern **iMessage**.
- **Farbe:** Bei einer SMS/MMS sind die Empfängernamen und die **Senden**-Taste grün. Bei einer iMessage sind sie blau.

## Eine Nachricht empfangen und lesen

Eintreffende Nachrichten werden standardmäßig sofort auf dem Bildschirm angezeigt. Das ist einerseits ganz praktisch, da Sie so zum Lesen nicht extra zum Programm **Nachrichten** wechseln müssen. Andererseits kann das aber auch lästig sein, weil jeder, der zufällig auf Ihr iPhone schaut (wenn es zum Beispiel auf dem Tisch vor Ihnen liegt), mitbekommt, dass Sie eine Nachricht erhalten haben, und diese am Ende auch noch lesen kann.

Möchten Sie das unterbinden, rufen Sie **Einstellungen** > **Mitteilungen** > **Nachrichten** auf, legen als Hinweisstil **Keine** fest und deaktivieren **Vorschau einblenden**.

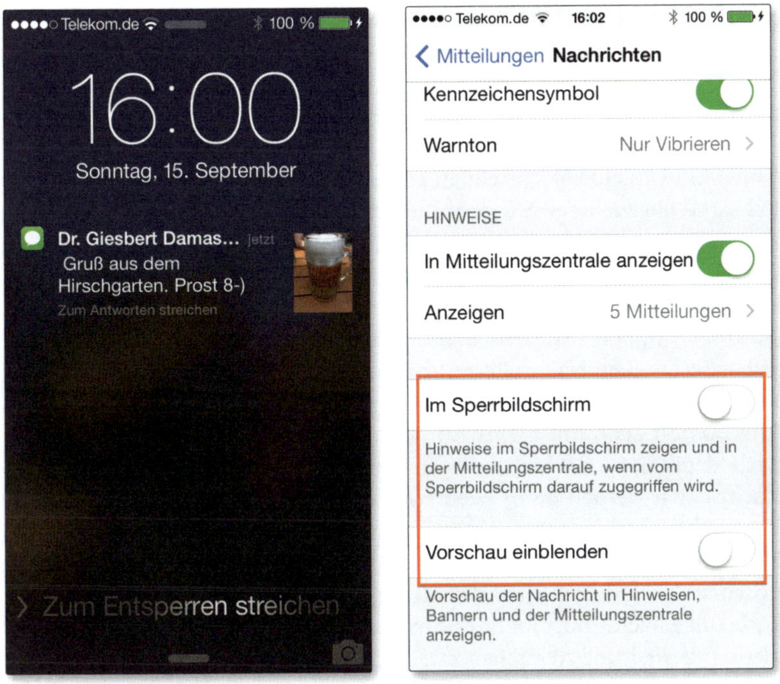


*Standardmäßig werden Nachrichten auf dem Sperrbildschirm angezeigt. Das ist nicht immer erwünscht und lässt sich natürlich ausschalten.*

Um eine Nachricht zu lesen, tippen Sie zuerst auf **Nachrichten** auf dem Home-Bildschirm. Sie sehen nun eine Liste der empfangenen Textnachrichten in chronologischer Folge. Dabei werden alle Nachrichten als Unterhaltung zusammengefasst. Tippen Sie in der Übersicht einen Eintrag an, rufen Sie also nicht nur eine einzelne Nachricht, sondern eine komplette Unterhaltung auf.

Die eigentlichen Nachrichten werden als Sprechblasen angezeigt. Bei einer MMS wird der Foto- oder Videoanhang als ein kleines Vorschaubild angezeigt, das mit einem Tipp darauf zum vollen Bild bzw. Video erweitert wird.

## TIPP

Möchten Sie ein per MMS erhaltenes Bild oder Video auf Ihrem iPhone speichern, lassen Sie sich das Bild zuerst anzeigen. Tippen Sie nun auf die »Teilen«-Taste (das ist das Rechteck mit dem nach oben weisenden Pfeil). Anschließend wählen Sie **Bild sichern**. Das Bild wird nun im Album **Aufnahmen** der Fotos-App gespeichert. (Mit der Fotos-App beschäftigen wir uns in Kapitel 8).

## Nachrichten kopieren, weiterleiten, löschen

Sie können alle SMS und auch die Bild-/Video-Anhänge einer MMS sehr einfach kopieren, weiterleiten und natürlich auch löschen.

- **Kopieren:** Um eine Nachricht zu kopieren, berühren und halten Sie die Nachricht und übernehmen Sie sie mit einem Tipp auf **Kopieren** in die Zwischenablage, von wo aus sie in andere Dokumente übernommen werden kann. Das funktioniert auch mit Fotos und Videos.
- **Weiterleiten:** Um eine Nachricht weiterzuleiten, berühren und halten Sie die Nachricht, tippen auf **Mehr** und anschließend auf den geschwungenen Pfeil unten rechts. Die Nachricht wird automatisch in eine neue Nachricht übernommen, bei der Sie nun nur noch den Empfänger eintragen müssen. Das funktioniert auch mit mehreren Nachrichten. In diesem Fall markieren Sie nach dem Tipp auf **Mehr** die gewünschten Nachrichten. Die markierten Nachrichten werden dann nach einem Tipp auf den Pfeil zu einer einzigen Nachricht zusammengefasst. Doch Vorsicht! Dabei produzieren Sie überlange SMS, die beim Empfänger in der Regel nicht sonderlich gut lesbar ankommen.
- **Löschen:** Nach dem Aufruf des Menüs **Mehr** genügt ein Tipp auf den Papierkorb, um einzelne oder markierte Nachrichten gezielt zu löschen. Um eine komplette Unterhaltung zu löschen, streichen Sie sie von rechts nach links durch.

## Bitte nicht stören …

Wenn Sie einmal Ihre Ruhe haben und von Telefon, Nachrichten oder SMS nicht gestört werden möchten, müssen Sie Ihr iPhone nicht ausschalten. Denn für diesen Fall können Sie das iPhone in einen Modus versetzen, in dem es keine Anrufe annimmt, sondern jeden Anrufer sofort auf den Anrufbeantworter umleitet.

Wie genau das iPhone in diesem Modus reagiert, können Sie einstellen. Wählen Sie dazu **Einstellungen** > **Nicht stören**. Hier haben Sie nun verschiedene Möglichkeiten:

- **Manuell:** Sie aktivieren den Modus dann, wenn Sie es möchten. Um den Modus manuell zu aktivieren, öffnen Sie mit einem Wisch von unten nach oben das Kontrollzentrum und tippen auf das Mondsichel-Symbol. In der Statusleiste erscheint daraufhin eine Mondsichel, die diesen speziellen Ruhezustand symbolisiert.
- **Geplant:** Hier legen Sie einen Zeitraum fest, in dem das iPhone automatisch in den »Nicht stören«-Modus wechselt. So lässt sich etwa sicherstellen, dass Sie nicht durch nächtliche Anrufer geweckt werden.
- **Anrufe zulassen:** Auch wenn Sie nicht gestört werden möchten, kann es dringende Anrufe von Personen geben, die Sie vielleicht doch entgegennehmen möchten. Diese Ausnahmen definieren Sie hier.
- **Wiederholte Anrufe:** Wer Sie dringend erreichen will, der wird es vermutlich mehrfach kurz nacheinander probieren. Aktivieren Sie den Schalter **Wieder-**

**holte Anrufe**, dann reagiert das iPhone, wenn ein Anrufer innerhalb von drei Minuten zum zweiten Mal anruft.

*Sie können den »Nicht stören«-Modus entweder zu bestimmten Zeiten automatisch aktivieren oder aber über das Kontrollzentrum manuell einschalten.*

## Kontakte sperren

Nicht immer möchte man für einen Kontakt telefonisch oder per SMS erreichbar sein. In diesem Fall bietet das iPhone die Möglichkeit, bestimmte Kontakte zu sperren. Das funktioniert in den Apps Telefon, Nachrichten und FaceTime gleichermaßen, wobei das Vorgehen immer gleich ist.

Möchten Sie für einen Kontakt nicht erreichbar sein, wählen Sie in einer der drei Apps den Punkt **Kontakte**, öffnen den entsprechenden Eintrag und tippen hier auf **Anrufer sperren**. Nun wird der Anrufer automatisch auf den Anrufbeantworter umgeleitet. Die Sperre gilt für Telefonate, Nachrichten und FaceTime.

Um zu sehen, welche Kontakte Sie gesperrt haben oder um einen Sperrung aufzuheben, rufen Sie **Einstellungen** und hier wahlweise **Telefon**, **FaceTime** oder **Nachrichten** auf. Tippen Sie auf **Gesperrt**, sehen Sie eine Liste mit allen gesperrten Kontakten. Möchten Sie einen Kontakt entsperren, streichen Sie den entsprechenden Eintrag von rechts nach links durch und wählen **Sperre aufheben**.

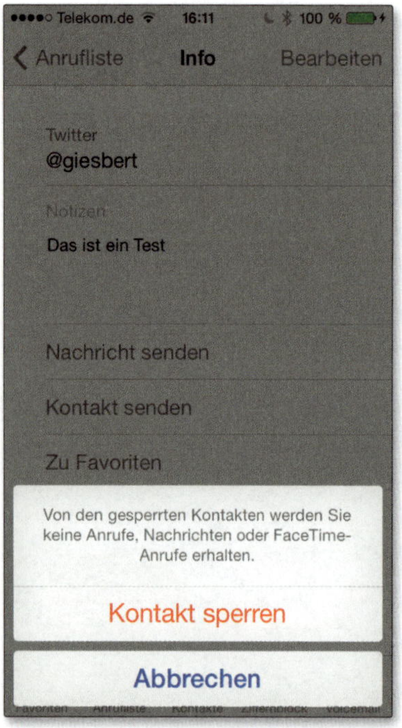

*Sie können jeden Kontakt problemlos für Anrufe, FaceTime oder Nachrichten sperren. Sperren Sie einen Kontakt in einer der drei Apps, gilt die Sperre auch für die beiden anderen.*

Kapitel

# 5

# Kalender

Ein Kalender darf auf einem Smartphone natürlich nicht fehlen. Hier bietet das iPhone eine schicke und elegante App, die ganz harmlos daher kommt, aber deutlich mehr kann, als Sie ihr vielleicht auf den ersten Blick zutrauen. Den verschiedenen Möglichkeiten der Kalender-App widmen wir uns in diesem Kapitel.

## Terminverwaltung auf dem iPhone

Eine Standardapplikation auf praktisch jedem Computer, Handy und Smartphone ist ein Kalender. Hier werden Termine eingetragen, wichtige Ereignisse notiert, Geburtstage gespeichert und Ähnliches mehr. Natürlich besitzt auch das iPhone eine App **Kalender**, die Ihnen eine genaue Zeitplanung Ihres Tagesablaufs ermöglicht. Kalendereinträge lassen sich problemlos mit Ihrem Computer oder Terminen, die Sie in einem Online-Kalender verwalten, abgleichen, so dass Sie unterwegs immer auf dem aktuellen Stand sind.

- **Online-Kalender:** Wenn Sie Ihren Kalender bei iCloud oder einem ähnlichen Angebot verwalten, richten Sie wie in Kapitel 2 beschrieben einen Account ein und aktivieren den Abgleich der Daten. Alles Weitere passiert von nun an automatisch, Sie müssen sich um nichts mehr kümmern.
- **Lokale Kalender:** Wenn Sie Ihren Kalender lediglich lokal auf dem Computer verwalten, dann läuft der Sync über iTunes. Schließen Sie Ihr iPhone an, wählen Sie es in iTunes aus, und aktivieren Sie auf der Registerkarte **Infos** den Punkt **Kalender synchronisieren**.

### TIPP

Damit Ihr Kalender auf dem iPhone nicht mit alten Terminen überläuft, können Sie unter **Einstellungen** > **Mail, Kontakte, Kalender** im Abschnitt **Kalender** > **Sync** festlegen, welchen Zeitraum das iPhone synchronisieren soll. Standardmäßig zeigt es Ihnen die Einträge der letzten 30 Tage.

Der Kalender bietet verschiedene Ansichten, damit Sie jederzeit schnell zu einem gewünschten Datum wechseln können. Standardmäßig startet der Kalender mit der Anzeige des aktuellen Datums, beim nächsten Start übernimmt er die Einstellung, die Sie zuletzt gewählt haben. Mit einem Tipp auf **Heute** wechselt die Anzeige immer zum aktuellen Tag.

- **Tagesansicht:** In der Tagesansicht sehen Sie oben eine Wochenübersicht und können hier mit einem Tipp zum gewünschten Tag der Woche wechseln. Streichen Sie über die Wochenanzeige, blättern Sie wochenweise im Kalender. Streichen Sie über die Anzeige des aktuellen Tages, blättern Sie entsprechend tagesweise vor oder zurück. Oben links sehen Sie den gewählten Monat, mit einem Tipp darauf wechseln Sie zur Monatsansicht.
- **Monatsansicht:** Hier füllt der Monatskalender den kompletten Bildschirm. Mit einer Wischgeste nach oben bzw. unten blättern Sie monatsweise im Kalender. Um zu einem bestimmten Tag zu wechseln, tippen Sie das gewünschte Datum an. Oben links sehen Sie das gewählte Jahr, mit einem Tipp darauf wechseln Sie in die Jahresansicht.
- **Jahresansicht:** In dieser Ansicht wird der Bildschirm mit einer kompletten Jahresübersicht gefüllt. Mit einer Wischgeste nach oben oder unten blättern

Sie jahresweise im Kalender. Um in der Jahresansicht einen bestimmten Tag auszuwählen, tippen Sie zuerst in den gewünschten Monat und anschließend auf das Datum.

- **Wochenansicht:** Drehen Sie das iPhone ins Querformat, werden fünf Tage der aktuellen Woche angezeigt. Mit einer horizontalen Wischbewegung verschieben Sie den angezeigten Ausschnitt der Woche.
- **Listenansicht:** In der Listenansicht sehen Sie eine Liste aller eingetragenen Termine. Um in diese Ansicht zu wechseln, tippen Sie oben auf die Lupe. Sie sehen nun ein Eingabefeld, über das Sie Ihren Kalender durchsuchen können. Darunter werden alle eingetragenen Termine aufgeführt, so dass Sie sehr schnell zu einem bestimmten Eintrag springen können.

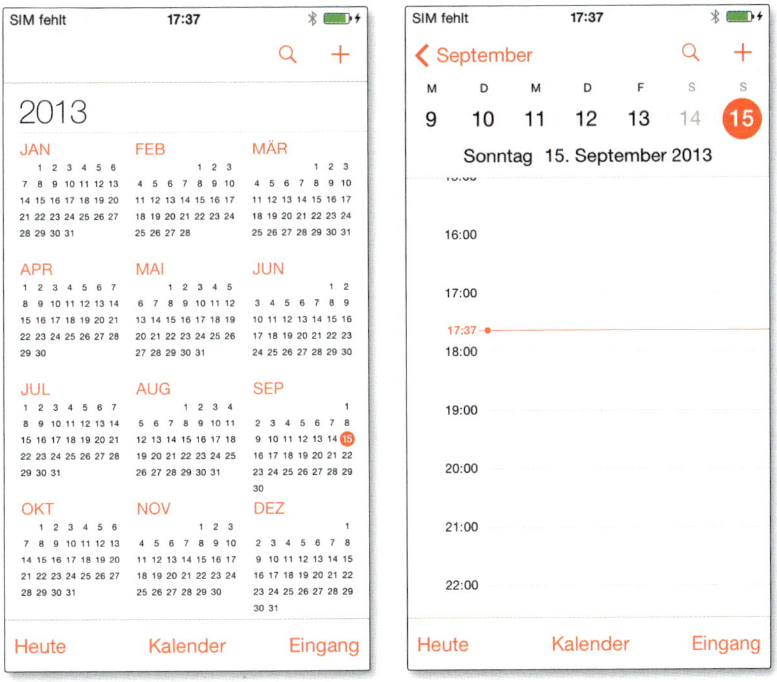


*Trotz der begrenzten Fläche erlaubt der Kalender auf dem iPhone eine rasche Orientierung. Der Wechsel zwischen verschiedenen Ansichten (hier: Jahres- und Tagesübersicht) ist eine Sache weniger Fingertipps.*

## Termine auf dem iPhone eintragen

Um einen Termin – oder in der iPhone-Sprache: ein Ereignis – in den Kalender einzutragen, tippen Sie im Kalender auf das Pluszeichen oben rechts.

Bei der Wochenübersicht wird die Plustaste nicht angezeigt, aber auch in dieser Ansicht können Sie natürlich einen neuen Termin eintragen. Berühren und halten

Sie dazu das Display und tippen Sie auf **Neues Ereignis**. Verschieben Sie den Eintrag an die gewünschte Position im Kalender und heben Sie nun den Finger vom Display. Das iPhone blendet jetzt den Dialog für die Eingabe der Termindetails ein.

Geben Sie nun die Details des Ereignisses ein, wobei das aktuell gewählte Datum, die aktuelle Uhrzeit, eine Dauer von einer Stunde und – falls Sie mit mehreren Kalendern arbeiten – der Standardkalender automatisch vorgegeben werden. Um **Beginn** und **Ende** eines Termins einzutragen, tippen Sie die entsprechenden Felder an und geben die Zeiten über ein stilisiertes Rollen-Element ein. Wischen Sie dazu beim jeweiligen Eintrag nach oben bzw. unten. Mit einem erneuten Tipp auf **Beginn** bzw. **Ende** schließen Sie diese Eingabe.

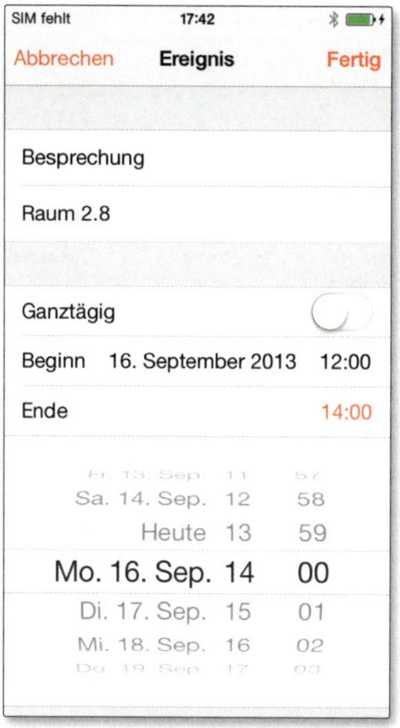

*Neue Ereignisse im Kalender werden nach einem Tipp über das Pluszeichen eingetragen, das in jeder Hochformatansicht erscheint.*

Für regelmäßig wiederkehrende Termine können Sie unter **Wiederholen** festlegen, in welchem Rhythmus der Termin im Kalender auftauchen soll. Zur Auswahl stehen dabei **Täglich**, **Wöchentlich**, **Alle 2 Wochen**, **Monatlich** und **Jährlich**.

Möchten Sie sich an einen Termin erinnern lassen, tippen Sie Erinnerung und wählen die gewünschte Zeitspanne (etwa: **2 Stunden vorher**). Sie können pro Termin zwei Erinnerungen anlegen und sich so etwa am Vortag und eine Stunde vor dem Termin erinnern lassen. In den Feldern **URL** und **Notizen** können Sie Webadressen und Notizen zum Termin hinterlegen. Wie genau Sie das iPhone an einen

Termin erinnern soll, legen Sie unter **Einstellungen** > **Mitteilungen** > **Kalender anpassen** fest.

Nach einem Tipp auf **Fertig** wird der Eintrag im Kalender gespeichert und beim nächsten Sync auch in den Kalender auf Ihrem Computer übernommen.

Möchten Sie einen Eintrag im Detail sehen, etwa um die Notizen zu lesen tippen Sie ihn an. Klicken Sie oben links auf **Tag**, kehren Sie zur Tagesansicht zurück.

## Termine suchen, bearbeiten und löschen

Bei einem vollen Terminkalender kann es schon einmal passieren, dass Sie einen bestimmten Termin nicht auf Anhieb wiederfinden. Da hilft die Suchfunktion des Kalenders, die Sie mit einem Tipp auf die Lupe aufrufen. Tippen Sie das gesuchte Stichwort ein, und der Kalender zeigt Ihnen blitzschnell die passenden Einträge. Dabei werden auch die Notizen zu einem Termin durchsucht, Sie können also zusammenhängende Termine mit einem bestimmten Stichwort markieren und sie über dieses Stichwort schnell auffinden.

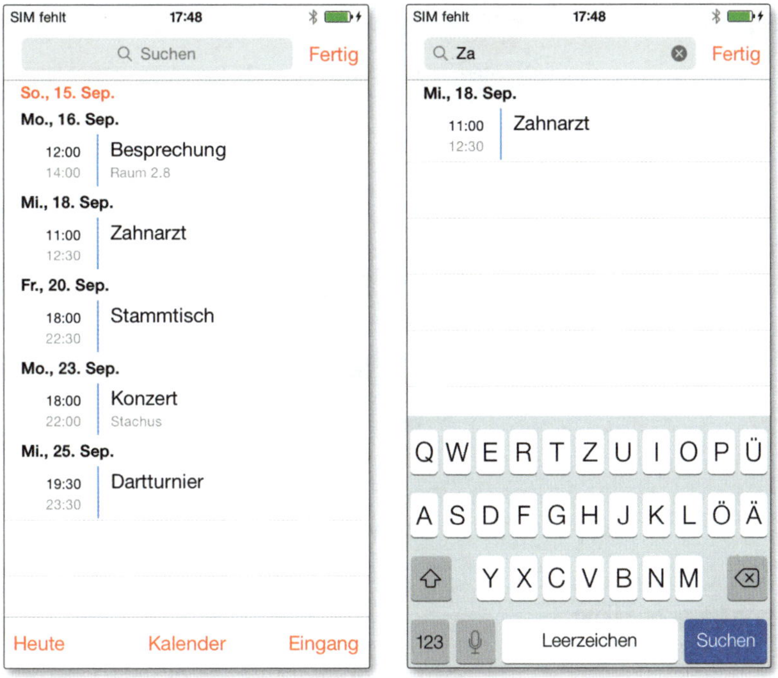


*Mit einem Tipp auf die Lupe rufen Sie die Suchfunktion auf und sehen gleichzeitig eine Liste aller anstehenden Ereignisse.*

Manchmal wird ein Treffpunkt verlegt, ein Termin verschoben oder komplett abgesagt, oder Sie erhalten nachträglich ein paar wichtige Informationen, die Sie sich zu einem bereits eingetragenen Ereignis notieren wollen.

Kein Problem: Starten Sie den Kalender und tippen Sie auf den gewünschten Eintrag, um sich die Ereignisdetails anzeigen zu lassen. Nach einem Tipp auf **Bearbeiten** können Sie den Eintrag anpassen, mit **Fertig** übernehmen Sie Ihre Änderungen. Um einen Eintrag zu löschen, tippen Sie bei der Bearbeitung auf die große rote Taste **Ereignis löschen**. Nach einer Sicherheitsabfrage verschwindet der Eintrag auf Nimmerwiedersehen aus Ihrem Kalender.

In der Tages- und Wochenansicht geht es noch ein wenig einfacher, zumindest dann, wenn Sie den Zeitpunkt oder die Dauer eines Termins ändern möchten.

Berühren und halten Sie einen Eintrag, lässt er sich auf einen anderen Zeitpunkt oder auch zu einem anderen Tag verschieben. Ziehen Sie den Termin nach rechts bzw. links über den Bildschirmrand hinaus, um das angezeigte Datum zu ändern. Der Eintrag wird zudem um zwei Griffpunkte ergänzt, über die Sie die Dauer des Termins regeln können.

*Tippen und halten Sie einen Eintrag, können Sie ihn verschieben. Über die Griffpunkte lassen sich Anfang und Ende eines Termins festlegen.*

## Termine teilen

Möchten Sie einen Termin mit mehreren Teilnehmern organisieren, so können Sie die anderen Personen schon während der Planung des Termins einladen – vorausgesetzt, Sie verwalten Ihren Kalender bei einem Anbieter, der diese Funktion unterstützt, also etwa bei iCloud, Google oder mit Microsoft Exchange. Tippen Sie dazu in das Feld **Teilnehmer** und tragen Sie die E-Mail-Adresse der Person ein. Über das Pluszeichen wählen Sie einen Teilnehmer bequem aus Ihren Kontakten aus.

Sobald Sie den Termin speichern, verschickt das iPhone automatisch eine Benachrichtigung an die eingetragenen Personen, die den Termin dann ihrerseits annehmen oder ablehnen können (worüber Sie dann umgehend informiert werden).

Dabei kann es nun zwei Möglichkeiten geben:

- **Kalendereinladung:** Wenn sowohl Sie als auch die anderen Teilnehmer den Kalender mit iCloud oder Exchange verwalten, kommunizieren die Kalenderprogramme direkt untereinander. Eine eintreffende Einladung wird dann automatisch im Kalender angezeigt.
- **ICS-Datei per Mail:** Wenn Sie oder Ihre Empfänger den Kalender nicht mit iCloud oder Exchange verwalten, werden die Einladungen als ICS-Datei per Mail verschickt. Diese Datei lässt sich in Mail mit einem Fingertipp in den Kalender importieren.

## GRUNDLAGEN

ICS ist ein offener Standard zum Austausch von Kalendereinträgen. Das Format wird von vielen Kalenderprogrammen unterstützt. Es ist auch als iCalendar oder iCal bekannt.

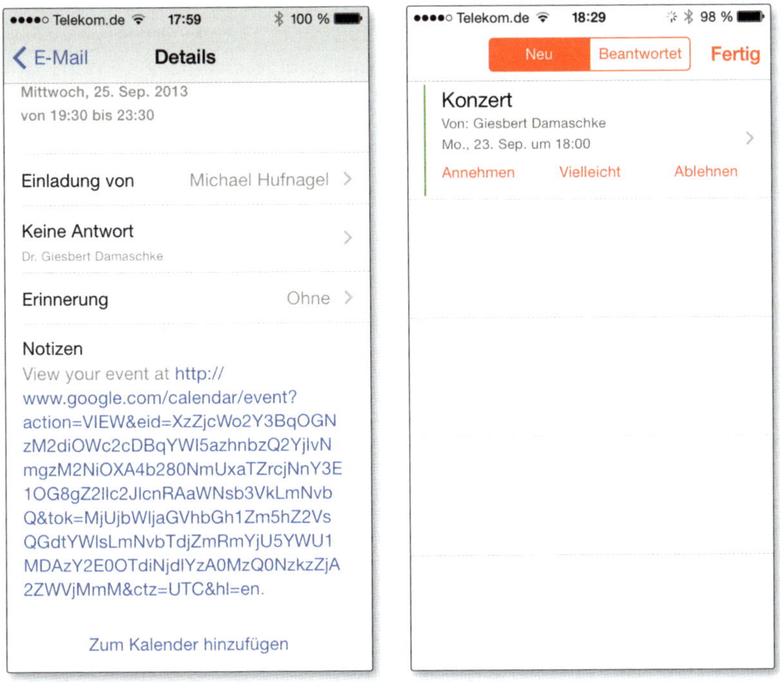


*Kalendereinladungen landen entweder als ICS-Datei samt Link auf dem iPhone oder, wenn es sich um eine iCloud-Einladung handelt, direkt in der Kalender-App.*

Wenn Sie die Einladung akzeptieren, wird der Termin automatisch in Ihren Kalender übernommen. Sobald derjenige, der Sie eingeladen hat, eine Änderung vornimmt – etwa den Termin verschiebt oder das Ereignis im Kalender umbenennt –, werden Sie über diese Änderung informiert und können sie automatisch übernehmen (oder natürlich auch ablehnen).

Wie Sie die Kalender-App über eintreffende Einladungen informieren und ob Kalenderhinweise in der Mitteilungszentrale auftauchen sollen, legen Sie unter **Einstellungen > Mitteilungen > Kalender** fest.

## Mit mehreren Kalendern arbeiten

Der Name der Kalender-App ist vielleicht ein wenig irreführend, wird hier doch nicht nur ein, sondern mehrere Kalender verwaltet, wobei Sie auch auf dem iPhone einen neuen Kalender anlegen können.

Diese Kalender können gezielt ein- oder ausgeblendet werden, womit sich etwa private und berufliche Termine sauber trennen lassen. Zudem ist es möglich, Kalender von Kollegen oder Bekannten für die gemeinsame Nutzung einzubinden oder im Internet publizierte Kalender zu abonnieren (etwa die Spielpläne Ihrer Lieblingsfußballmannschaft, die Ferientermine der verschiedenen Bundesländer oder die Feiertage).

Standardmäßig bietet Ihnen die Kalender-App einen Kalender für Ihre Termine, der auf den schlichten Namen »Kalender« hört. Damit werden Sie wohl nicht allzu weit kommen – die Möglichkeit, private und geschäftliche Termine zu trennen, sollte es schon geben.

Doch keine Sorge, Sie können nicht nur den Standardkalender nach Ihren Wünschen umbenennen, sondern auch eigene Kalender mit verschiedenen Farben anlegen. Wählen Sie etwa für berufliche Termine die Farbe Rot und für private Termine Grün, sehen Sie bereits auf einen Blick, was Ihnen ein Tag an Terminen zu bieten hat.

- **Kalender anlegen:** Tippen Sie in der Kalender-App unten auf **Kalender**, anschließend auf **Bearbeiten** und auf **Hinzufügen**. Geben Sie nun einen Namen ein, legen Sie eine Farbe fest und speichern Sie den neuen Kalender mit einem Tipp auf **Fertig**.
- **Kalender bearbeiten:** Lassen Sie sich mit einem Tipp auf **Kalender** alle Kalender anzeigen und tippen Sie auf das rote »i« neben dem gewünschten Kalender. Nun können Sie den Namen und die Farbe des Kalenders ändern und den Kalender auch löschen.

### AUFGEPASST

Beim Löschen eines Kalenders werden automatisch auch alle in ihm gespeicherten Einträge gelöscht.

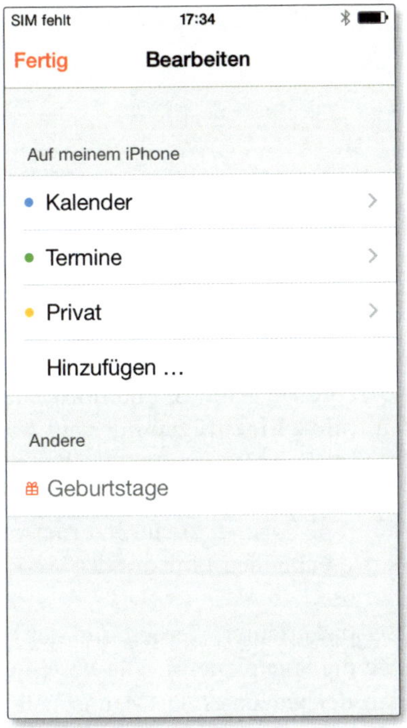


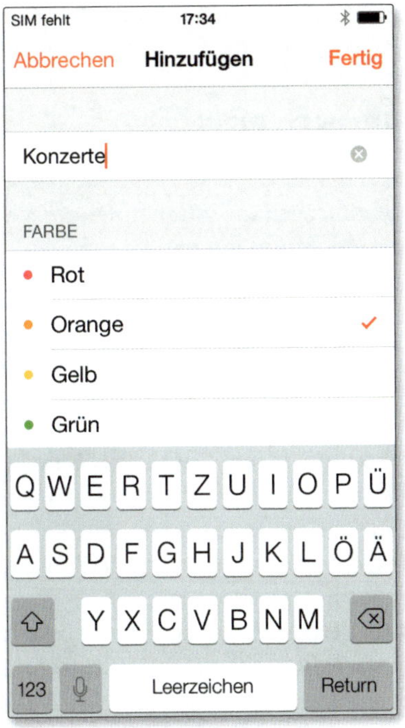


*Sie können auf dem iPhone mehrere Kalender verwalten und so für mehr Übersicht bei Ihren Terminen sorgen.*

Sobald Sie mehrere Kalender auf Ihrem iPhone verwalten, wird einer davon als **Standardkalender** benutzt, in den neue Termine eingetragen werden. Bei einem neuen Termin können Sie natürlich auch einen anderen als den Standardkalender wählen, für den der Termin gedacht ist. Um sich Tipparbeit zu sparen, sollten Sie als Standardkalender denjenigen wählen, den Sie am häufigsten benutzen. Rufen Sie dazu **Einstellungen** > **Mail, Kontakte, Kalender** auf und wählen Sie über den Eintrag **Standardkalender** den gewünschten Kalender aus.

Eine Sonderform stellt der Geburtstagskalender dar, der vom iPhone automatisch verwaltet wird. Dabei werden alle Geburtsdaten, die Sie in Ihren Kontakten gespeichert haben, in einen eigenen Kalender eingetragen, der von Ihnen nicht bearbeitet werden kann. Dieser Kalender wird vom iPhone auf jeden Fall angelegt und kann von Ihnen lediglich ein- oder ausgeblendet werden.

## Externe Kalender einbinden

Mit dem iPhone können Sie nicht nur Ihre eigenen Kalender verwalten, sondern darüber hinaus auch Kalender mit Kollegen und Bekannten teilen. Es ist auch möglich, einen Kalender hinzuzufügen, den Sie zusätzlich bei einem anderen Anbieter im Internet pflegen, etwa bei Google. Voraussetzung ist allerdings, dass dieser Anbieter den CalDAV-Standard unterstützt.

## GRUNDLAGEN

CalDAV ist ein plattformunabhängiger Standard zum Austausch von Kalendereinträgen im Internet. Dieser Standard wird praktisch von jedem Kalenderprogramm unterstützt.

Ein solcher Kalender wird als eigener Account behandelt. Um ihn zu konfigurieren, wählen Sie also zuerst **Einstellungen > Mail, Kontakte, Kalender** und anschließend **Account hinzufügen**. Nun tippen Sie auf **Andere** und dort je nach Format des neuen Kalenders auf **CalDAV-Account hinzufügen** oder auf **Kalenderabo** hinzufügen. Damit sind Kalender im iCal-Format gemeint, die über einen Webserver geladen und eingesetzt werden, um zum Beispiel Feiertage oder Kalenderwochen anzeigen zu können. Kalender im iCal-Format, die im Internet veröffentlicht sind, lassen sich auch über einen entsprechenden Link auf der Webseite oder per E-Mail abonnieren.

Das Verfahren soll an einem einfachen Beispiel erläutert werden. Auf der Webseite **www.fussball-spielplan.info** finden Sie die Spielpläne für alle Vereine der Fußballbundesliga. Suchen Sie sich den Plan der gewünschten Mannschaft aus. Hier finden Sie einen Link, über den Sie den Spielplan »mit dem iPhone/iPad/Mac abonnieren« können. Tippen Sie diesen Link an. Es erscheint eine Abfrage, ob Sie den Kalender abonnieren möchten. Tippen Sie auf **Abonnieren**. Der Spielplan wird automatisch als eigener Kalender zur Kalender-App hinzugefügt. Der Anbieter des Spielplans aktualisiert den Kalender regelmäßig, trägt neue Termine ein und fügt Ergebnisse von Spielen hinzu. So bleiben Sie bei Ihrem Lieblingsverein (oder auch der gesamten Bundesliga) immer auf dem Laufenden.

Unter **Einstellungen > Mail, Kontakte, Kalender** finden Sie den Kalender anschließend unter dem Eintrag **Kalenderabonnements**. Hier lässt sich der Kalender auch wieder löschen bzw. das Abo beenden.

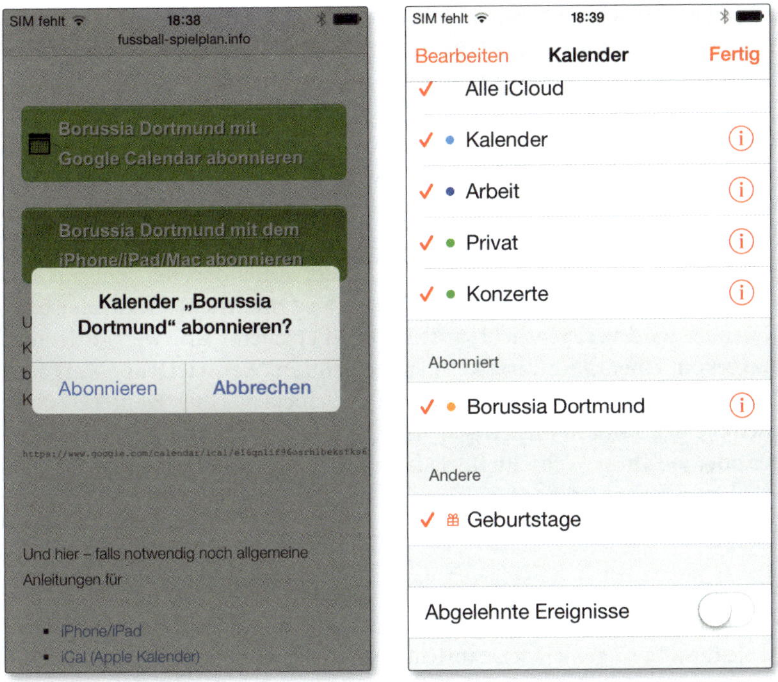


*Im Internet gibt es zahlreiche Kalender zu allen denkbaren Ereignissen und Anlässen, die Sie problemlos auf dem iPhone abonnieren können.*

## Kalender gemeinsam nutzen

Wenn Sie Ihre Kalender über iCloud verwalten, haben Sie die Möglichkeit, einen Kalender im Internet zu veröffentlichen oder einen Kalender zur gemeinsamen Nutzung mit anderen Personen freizugeben (vorausgesetzt, diese Personen sind ebenfalls bei iCloud angemeldet).

Tippen Sie dazu in der Kalender-App auf **Kalender** und anschließend auf den grauen Pfeil rechts außen bei dem Kalender, den Sie freigeben möchten. Sie können den Kalender entweder nur für bestimmte Personen freigeben oder ihn für jeden im Internet publizieren.

- **Für eine Person freigeben:** Tippen Sie auf **Person hinzufügen** und geben Sie die E-Mail-Adresse der gewünschten Person ein. Anschließend tippen Sie auf **Hinzufügen**. Nun legen Sie die Zugriffsrechte der eingeladenen Person fest. Standardmäßig hat jeder Teilnehmer Lese- und Schreibrechte im Kalender, kann Beiträge also nicht nur sehen, sondern auch verändern und neue Termine eintragen. Um das zu ändern, tippen Sie bei der hinzugefügten Person auf **Anzeigen u. Bearbeiten**. Über den Schalter **Bearbeitung zulassen** können Sie den Zugriff nun auf reine Leserechte beschränken. Hier können Sie die

Freigabe auch wieder stoppen. Mit einem Tipp auf **Bearbeiten** kehren Sie zur vorherigen Bildschirmseite zurück, wo Sie über **Fertig** den Vorgang abschließen. Das iPhone verschickt nun per Mail eine Einladung an die hinzugefügte Person.

- **Einen Kalender veröffentlichen:** Sie können einen Kalender auch im Internet veröffentlichen, wo er von anderen Anwender abonniert werden kann. In diesem Fall wird ein Kalender schreibgeschützt veröffentlicht, die Abonnenten benötigen keinen iCloud-Account, sondern lediglich ein Kalenderprogramm, das CalDAV unterstützt. Tippen Sie in der Kalenderübersicht auf das »i« neben dem Kalendereintrag und schalten Sie **Öffentlicher Kalender** ein. Der Kalender wird veröffentlicht, anschließend erscheint eine weitere Taste **Link freigeben**. Über diese Taste können Sie den Link per **AirDrop**, **Mail** oder als **Nachricht** an Freunde und Bekannte verschicken. Über **Kopieren** übernehmen Sie den Link in die Zwischenablage und können ihn nun etwa bei Twitter oder auf Ihrer Webseite für jedermann veröffentlichen. Um den Kalender wieder zu einem privaten zu machen, deaktivieren Sie den Schalter **Öffentlicher Kalender**.

Was Sie können, können natürlich auch andere iPhone-Nutzer und Ihnen zum Beispiel eine Kalendereinladung schicken. Wenn Sie eine solche Einladung erhalten, weist Sie Ihr iPhone gemäß den Einstellungen in der Mitteilungszentrale darauf hin. In der Kalender-App können Sie dann entscheiden, ob Sie die Einladung annehmen oder nicht.

Kapitel

6

# Safari

Unterwegs mal eben rasch etwas in der Wikipedia nachschlagen, die Nachrichtenlage verfolgen oder sich über aktuelle Sportergebnisse informieren? Das ist mit dem iPhone kein Problem, schließlich haben Sie hier mit Safari einen modernen Webbrowser, mit dem Sie jederzeit ins Internet kommen. Dabei bietet der Browser neben den gewohnten Standards auch einige pfiffige Zusatzfunktionen. In diesem Kapitel lernen Sie die Möglichkeiten von Safari kennen.

## Der Webbrowser Safari

Da Safari ein zentrales Programm ist, das man jederzeit möglichst schnell zur Hand haben möchte, erreichen Sie es standardmäßig über das Dock. Beim ersten Aufruf werden Sie von einer leeren Seite begrüßt, später lädt Safari immer die zuletzt angezeigte Webseite.

### GRUNDLAGEN

Safari ist der Webbrowser auf dem iPhone und kann so ziemlich alles, was der Browser auf Ihrem Computer auch kann. Na ja, fast alles. Denn zwei Dinge kann er dann doch nicht: Flash und Java. Dabei handelt es sich um zwei sehr ressourcenhungrige Technologien, die Speicher und vor allem Akkuleistung verschlingen – und genau die sind auf einem mobilen Gerät ein kostbares Gut. Apple setzt daher auf den Webstandard HTML5, der Flash und Java in vielen (wenn auch nicht allen) Bereichen ersetzen kann. Das Fehlen von Flash und Java macht sich auf dem iPhone in der Praxis kaum bemerkbar, denn immer mehr Websites gehen dazu über, ihre Flash-Inhalte auch in HTML5 anzubieten.

Oben sehen Sie ein Eingabefeld, in das Sie die Adresse (**URL**) einer Webseite oder einen **Suchbegriff** eingeben. Standardmäßig benutzt Safari bei der Suche im Web Google, Sie können aber auch mit Bing oder Yahoo suchen.

Am unteren Rand finden Sie fünf Tasten:

- **Zwei Pfeile:** Über die beiden Pfeiltasten blättern Sie im Verlauf Ihrer aktuellen Surftour durchs Netz zurück bzw. nach vorn.
- **Teilen-Taste:** Über das Rechteck mit dem Pfeil nach oben rufen Sie ein Menü auf, über das Sie die Adresse der aktuellen Webseite via **AirDrop**, **Nachrichten** oder **Mail** mit anderen teilen können (falls Sie **Twitter** und **Facebook** aktiviert haben, werden Ihnen auch diese Möglichkeiten angeboten). Außerdem können Sie eine Adresse den **Lesezeichen** hinzufügen, zur **Leseliste hinzufügen**, dem **Home-Bildschirm** hinzufügen, kopieren oder die Webseite auch **ausdrucken**. Mit all diesen Möglichkeiten beschäftigen wir uns im Verlauf dieses Kapitels. Wie Sie mit dem iPhone drucken können, erfahren Sie in Kapitel 2.
- **Lesezeichen:** Mit einem Tipp auf das Buchsymbol öffnen Sie die Lesezeichen.
- **Mehrere Seiten:** Mit den beiden übereinanderliegenden Rechtecken wechseln Sie zwischen verschiedenen, gleichzeitig geöffneten Seiten bzw. öffnen eine weitere Seite in Safari.

*Am oberen Rand bietet Safari ein kombiniertes Adress-/Suchfeld, am unteren fünf Tasten zur Navigation und Steuerung des Browsers. Beide Leisten werden bei Bedarf aus- und eingeblendet und lassen so mehr Platz für den Inhalt der Webseite.*

Sobald Sie eine Webseite aufgerufen haben und ein wenig scrollen, wird die Adresszeile verkleinert und die fünf unteren Tasten werden ausgeblendet. Tippen Sie ein Mal in den unteren oder oberen Bereich der Seite, werden die Menüelemente wieder eingeblendet.

**TIPP**

Um während einer Surftour vor- und zurückzublättern, müssen Sie sich nicht unbedingt die Navigationselemente einblenden lassen und auf den gewünschten Pfeil tippen. Es genügt auch, die aktuelle Seite horizontal nach rechts oder links zu schieben.

## Mit Safari ins Internet

Um eine Webseite aufzurufen, tippen Sie in das Eingabefeld, geben die gewünschte Adresse ein und wählen **Öffnen**. Während Sie die URL eintippen, durchsucht Safari den Verlauf und blendet zudem in Echtzeit Suchergebnisse aus dem Internet ein. So können Sie bereits besuchte Webseiten sehr schnell erneut aufrufen oder eine passende Suche im Internet starten.

Bei der Eingabe der Top-Level-Domain (TLD) einer Webseite – das sind die letzten Buchstaben nach dem Punkt, also etwa »com« oder »de« – erleichtert Ihnen die Tastatur die Eingabe über die Punkttaste. Berühren und halten Sie diese Taste, blendet Safari die gängigsten TLDs ein. Ziehen Sie den Finger auf die gewünschte TLD und lassen Sie die Taste los – die TLD wird (zusammen mit dem obligatorischen Punkt) automatisch an die Eingabe angehängt.

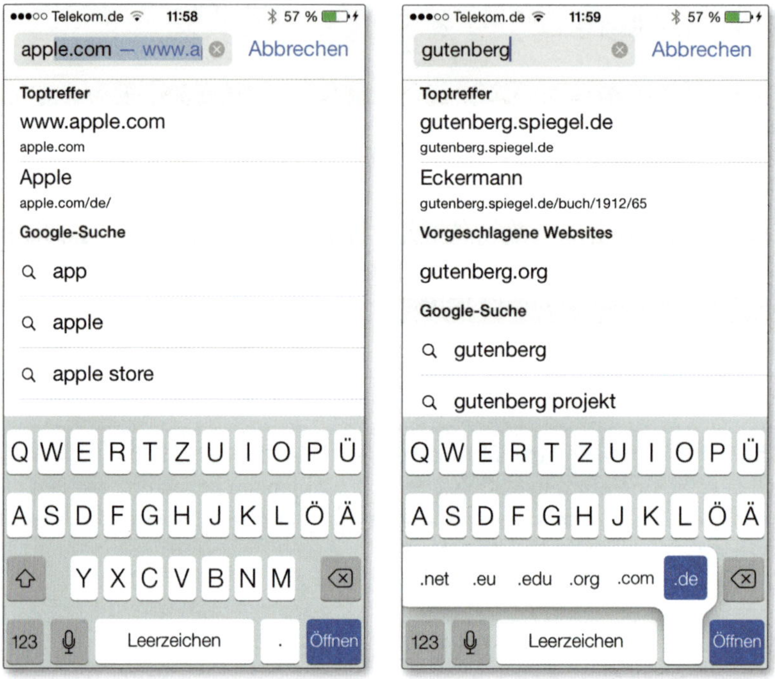


*Bei der Eingabe einer URL oder eines Suchbegriffs blendet Safari automatisch Suchergebnisse ein. Bei der Eingabe einer konkreten URL nimmt Ihnen der Browser ein wenig Tipparbeit ab, indem er die gängigen TLDs auf Fingertipp zur Verfügung stellt.*

Wenn Sie eine Webseite aufgerufen haben, stellt sie Safari zuerst möglichst vollständig dar. Das führt bei der begrenzten Fläche des Displays dazu, dass Sie zwar einen guten Eindruck von der Webseite bekommen, aber praktisch kaum etwas erkennen.

Doch keine Sorge – tippen Sie doppelt auf den Teil der Webseite, den Sie genauer betrachten wollen (also zum Beispiel einen Artikel oder ein Foto). Safari zoomt dann so weit heran, bis das gewünschte Element bildschirmfüllend dargestellt wird.

Wenn das nicht funktioniert, ziehen Sie die Seite mit den Fingern auf. Außerdem können Sie das iPhone auch um 90 Grad nach rechts oder links drehen und die Webseite im Querformat betrachten.

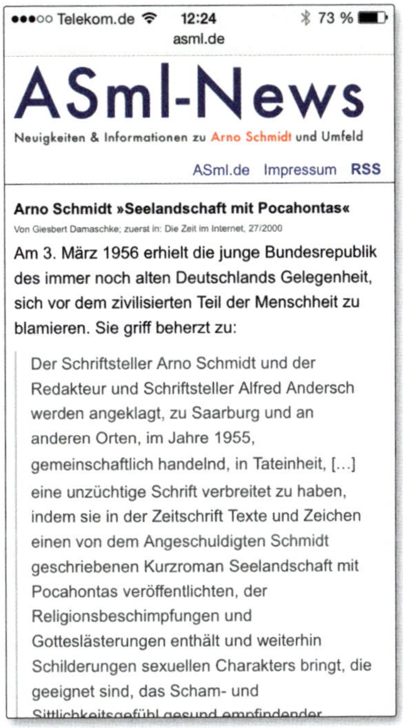


*Bei etwas klein geratenen Inhalten genügt ein Doppeltipp aufs Display, um den gewünschten Bereich lesefreundlich zu vergrößern.*

## TIPP

Manche Webseiten öffnen ungefragt weitere Fenster, die Werbung oder Ähnliches enthalten. Da es sich hier in aller Regel um unerwünschte Aufdringlichkeiten handelt, werden solche Pop-ups von Safari standardmäßig unterdrückt. In einigen Fällen sind Pop-ups aber notwendig, damit eine Webseite so funktioniert wie gedacht. In diesem Fall schalten Sie unter **Einstellungen** > **Safari** die Unterdrückung von Pop-ups vorübergehend aus.

Manchmal möchte man eine Seite aktualisieren, den Ladevorgang abbrechen oder natürlich auch eine neue Adresse eintippen:

- **Neu laden:** Um die aktuelle Adresse erneut anzusteuern und den Seiteninhalt zu aktualisieren, tippen Sie auf den kreisförmigen Pfeil rechts im Adressfeld.
- **Abbrechen:** Während eine Webseite geladen wird, verwandelt sich der kreisförmige Pfeil in ein X. Mit einem Tipp auf dieses X wird der Ladevorgang abgebrochen.
- **Neue Adresse:** Eine neue Adresse geben Sie ein, indem Sie in die Adresszeile tippen und den aktuellen Inhalt durch einen Tipp auf das X rechts am Rand löschen.

Viele Webseiten enthalten nicht nur Text, sondern auch zahlreiche Bilder, Werbebanner und andere Elemente, die bei der Lektüre eines Textes eher stören. Hier bietet Safari mit der **Reader**-Funktion eine pfiffige Lösung. In diesem Modus extrahiert Safari den eigentlichen Text aus einer Webseite und stellt ihn in gut lesbarer Form dar. Zwar gibt es Webseiten, vor deren Struktur auch der Reader kapituliert, aber im Großen und Ganzen arbeitet er zuverlässig.

Um eine Webseite im Reader-Modus angezeigt zu bekommen, tippen Sie in der Adressleiste auf die Listentaste links außen. Mit einem erneuten Tipp auf die nun markierte Listentaste verlassen Sie diesen Modus.

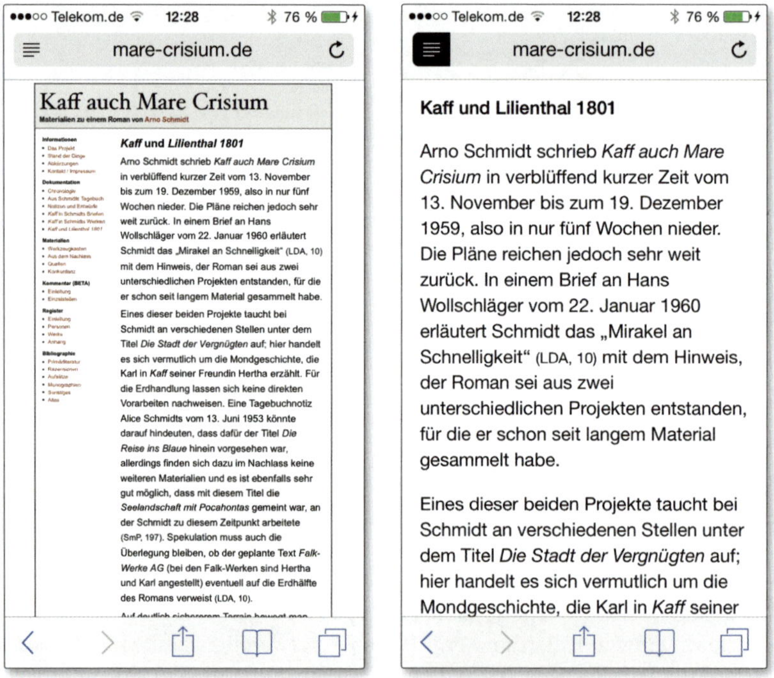


*Die Reader-Funktion greift nicht bei allen Webseiten, aber wenn sie zur Verfügung steht, sind Texte auf Webseiten deutlich besser lesbar.*

## GRUNDLAGEN

Viele Webseiten setzen heute JavaScript voraus, weshalb diese Option in Safari standardmäßig aktiviert ist. Aber natürlich können Sie JavaScript auch ausschalten. Nämlich unter **Einstellungen > Safari > Erweitert**.

## Mehrere Seiten öffnen

Wer eine neue Webseite öffnen, die aktuelle aber nicht verlieren möchte, der öffnet auf dem Computer die neue Webseite in einem neuen Tab oder Fenster. Das geht auch mit Safari auf dem iPhone.

Um eine neue, leere Seite zu öffnen, tippen Sie auf das Symbol mit den beiden übereinanderliegenden Quadraten rechts unten (die unschwer als Symbolisierung mehrerer Seiten zu erkennen sind). Safari kippt die aktuelle Seite nach hinten und blendet unten neue Tasten ein. Tippen Sie auf das Pluszeichen, um eine neue Seite zu öffnen.

Um zwischen verschiedenen geöffneten Seiten zu wechseln, tippen Sie erneut auf das Seitensymbol unten rechts. Wieder kippt Safari die aktuelle Seite nach hinten, alle anderen geöffneten Seiten werden leicht gekippt hinter der aktuellen Seite gezeigt. Mit einem Fingerwisch nach oben bzw. unten blättern Sie durch alle geöffneten Seiten, zu denen Sie mit einem Tipp auf die gewünschte Seite wechseln.

Ab und an sollten Sie ein wenig aufräumen und die nicht mehr benötigten Seiten wieder schließen. Wechseln Sie dazu über das Seitensymbol in die Stapelansicht aller Webseiten und tippen Sie auf das x, um eine Seite zu schließen. Einfacher geht es, wenn Sie Sie entsprechende Seite einfach nach links aus dem Bilschirm schieben.

*Safari kann beliebig viele Webseiten gleichzeitig geöffnet halten, zwischen denen Sie problemlos wechseln. Um eine Webseite zu schließen, tippen Sie auf das »x« in der Titelzeile einer Seite oder schieben die Seite einfach heraus.*

## Links auf Webseiten

Möchten Sie einem Link auf einer Webseite folgen, machen Sie genau das, was Sie auch am Computer tun: Klicken Sie ihn an. Auf dem maus- und stiftlosen iPhone heißt das natürlich: Tippen Sie ihn mit dem Finger an.

Dabei kennt Safari neben den üblichen Links zu anderen Webseiten noch einige Sonderfälle:

- **E-Mail:** Bei einer als Link ausgeführten E-Mail-Adresse auf einer Webseite öffnet ein Tipp auf die Adresse das Mailprogramm (mit dem wir uns in Kapitel 7 beschäftigen), in das die Adresse bereits als Empfänger übernommen wurde.
- **Telefonnummern:** Sobald Safari in einer Webseite eine Telefonnummer erkennt, wird sie als Link dargestellt. Tippen Sie diesen Link an, können Sie zum Telefon wechseln und die Nummer wählen. Das funktioniert recht zuverlässig, allerdings hält Safari gelegentlich auch normale Ziffern für eine Telefonnummer und stellt sie als Link dar.
- **Andere Apps:** Zudem gibt es spezielle Links, die eine Applikation auf dem iPhone öffnen. Bei einem Tipp auf diesen Link verlassen Sie Safari und wechseln zu dieser Applikation. Ein Beispiel sind etwa Links zum App Store.

Wenn Sie einen Link berühren und halten, öffnet Safari ein Kontextmenü zu diesem Link, das Ihnen weitere Möglichkeiten bietet. Der Inhalt des Kontextmenüs hängt dabei von der Art des Links ab.

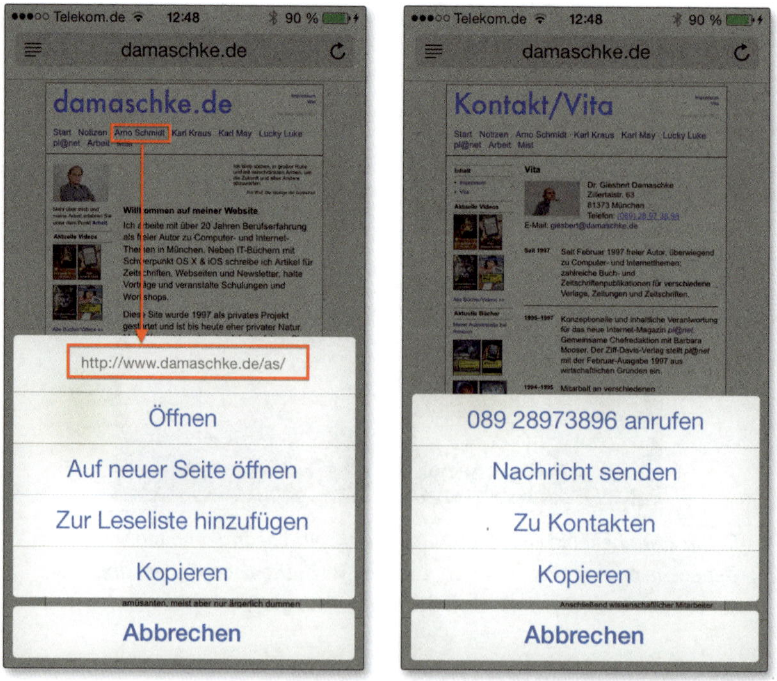


*Berühren und halten Sie einen Link, erscheint ein Kontextmenü, das Ihnen unter anderem die Zieladresse eines Links verrät (im Beispiel wurde der Link »Arno Schmidt« benutzt). Telefonnummern werden ebenfalls als Link interpretiert, sodass Sie mit einem Tipp auf die Nummer diese anrufen können, berühren und halten Sie den Link, haben Sie weitere Möglichkeiten.*

Ein Link zu einer Webseite bietet Ihnen folgende Optionen:

- **Öffnen:** Die verlinkte Webseite wird wie gewohnt im aktuellen Fenster geöffnet.
- **Auf neuer Seite öffnen/Im Hintergrund öffnen:** Safari öffnet ein neues Fenster und lädt dort die verlinkte Seite. Haben Sie unter **Einstellungen** > **Safari** > **Links öffnen** den Punkt **Im Hintergrund** aktiviert, dann sehen Sie hier als Eintrag **Im Hintergrund öffnen**. Safari lädt dann ebenfalls die verlinkte Seite in einem neuen Fenster, verlässt dabei aber nicht die aktuell angezeigte Seite. So können Sie die aktuelle Seite in Ruhe studieren und anschließend zur verlinkten Seite wechseln, die Safari derweil im Hintergrund geladen hat.
- **Zur Leseliste hinzufügen:** Die verlinkte Adresse wird in die Leseliste eingetragen. Dazu gleich mehr.
- **Kopieren:** Die verlinkte Adresse wird in die Zwischenablage kopiert und kann von dort in eine Notiz oder E-Mail übernommen werden.

### TIPP

Das Kontextmenü eines Links zeigt Ihnen im oberen Bereich zudem die Adresse, zu der ein Link führt, bevor Sie ihm folgen. So lassen sich unter Umständen Betrugsversuche vermeiden.

Das Kontextmenü eines E-Mail-Links bietet Ihnen die folgenden Optionen:

- **Neue Nachricht:** Es wird wie bei einem einfachen Tipp eine neue Mail mit der verlinkten Adresse als Empfänger geöffnet.
- **Zu Kontakten:** Die verlinkte Mailadresse wird in die Kontakte-App übernommen.
- **Kopieren:** Die Mailadresse wird in die Zwischenablage kopiert, von wo aus sie in andere Dokumente übernommen werden kann.

Bei einer Telefonnummer stellt Ihnen das Kontextmenü die folgenden Aktionen bereit:

- **Anrufen:** Die Telefonnummer wird an die Telefon-App übergeben und ohne weitere Rückfrage angerufen.
- **Nachricht senden:** Sie können eine SMS/MMS an die verlinkte Telefonnummer schicken.
- **Zu Kontakten:** Die Telefonnummer wird an die Kontakte-App übergeben.
- **Kopieren:** Die Telefonnummer landet in der Zwischenablage, von wo aus Sie sie in eine Notiz, E-Mail oder ein anderes Dokument übernehmen können.

# Lesezeichen und Leseliste

Beim Surfen im Internet stößt man immer wieder auf wichtige oder interessante Seiten, die man sich merken möchte. Das geht natürlich auch mit dem iPhone. Um ein Lesezeichen zu speichern, tippen Sie auf die Teilen-Taste (das Rechteck mit dem Pfeil nach oben) und wählen **Lesezeichen**.

Sie können dem Lesezeichen nun einen Namen geben und es bei Bedarf in einem Ordner ablegen (zu den Ordnern gleich mehr). Lesezeichen, die Sie schnell im Zugriff haben möchten, legen Sie in den **Favoriten** ab. Tippen Sie dazu auf **Ort** und wählen Sie **Favoriten**. Die hier eingetragenen Lesezeichen werden automatisch eingeblendet, sobald Sie in das obere Eingabefeld für die Adresse tippen oder eine neue Seite in Safari öffnen.

## TIPP

Wenn Sie Ihre Lesezeichen in verschiedenen Ordner/Unterordnern verwalten, können Sie festlegen, welchen Ordner Safari bei den Favoriten anzeigen soll. Rufen Sie dazu **Einstellungen** > **Safari** > **Favoriten** auf und wählen Sie den gewünschten Ordner.

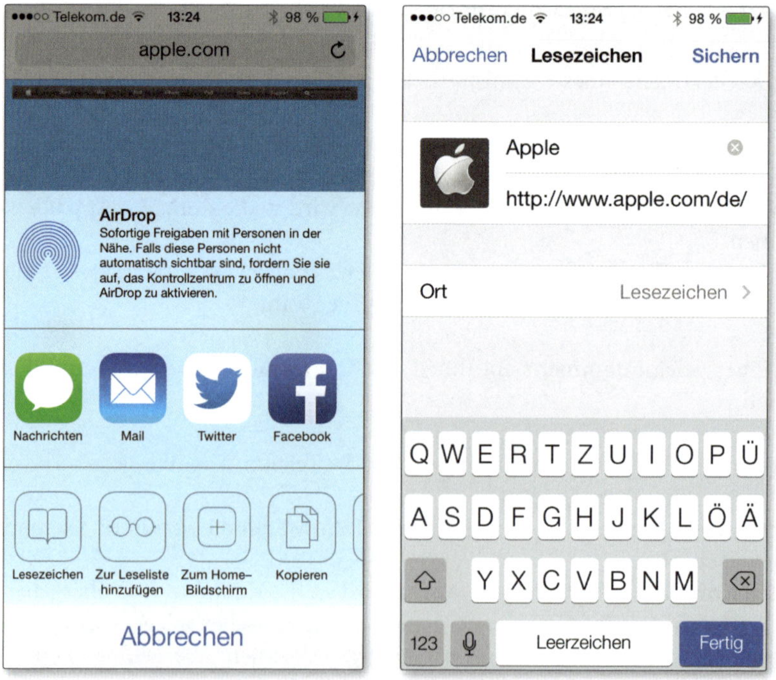


*Webseiten lassen sich schnell und unkompliziert als Lesezeichen speichern und so jederzeit schnell aufrufen.*

Nach einem Tipp auf **Fertig** wird das Lesezeichen gespeichert. Möchten Sie später auf ein gespeichertes Lesezeichen zugreifen, tippen Sie auf das Buchsymbol, um die Lesezeichen zu öffnen, und anschließend auf den gewünschten Eintrag.

Eine besondere Form der Lesezeichen ist die **Leseliste**, in der Sie sich rasch Webadressen notieren können, die Sie sich später noch einmal genauer ansehen, für die Sie aber nicht extra ein Lesezeichen anlegen möchten. Dabei speichert Safari nicht nur die Adresse, sondern die komplette Webseite. Sie können sich Webseiten in der Leseliste also auch dann anzeigen lassen, wenn Sie aktuell offline sind, etwa im Flugzeug.

## TIPP

Da Safari bei Einträgen in der Leseliste komplette Webseiten auf dem iPhone speichert, geht dies im Funknetz zu Lasten Ihres Datenkontingents bei Ihrem Mobilfunkanbieter. Möchten Sie, dass Safari nur dann komplette Seiten speichert, wenn Sie sich in einem WLAN befinden, dann wählen Sie **Einstellungen** > **Safari** und deaktivieren Sie im Abschnitt **Leseliste** den Schalter **Mobile Daten verwenden**.

- **Aktuelle Seite aufnehmen:** Um die aktuelle Webseite in die Leseliste aufzunehmen, tippen Sie unten auf die Teilen-Taste und wählen anschließend **Zur Leseliste hinzufügen**.
- **Verlinkte Seiten aufnehmen:** Möchten Sie eine verlinkte Seite in die Leseliste eintragen, tippen Sie etwas länger auf den Link und wählen im Kontextmenü den Eintrag **Zur Leseliste hinzufügen**.
- **Leseliste aufrufen:** Um auf die gespeicherten Seiten der Leseliste zuzugreifen, rufen Sie zuerst mit einem Tipp auf das Buchsymbol Ihre Lesezeichen auf und tippen anschließend auf die Brille.

Für mehr Ordnung in den Lesezeichen sorgen **Ordner** und Unterordner, in denen sich die verschiedenen Lesezeichen nach Themen gruppieren lassen. Um einen neuen Ordner anzulegen, rufen Sie zuerst mit einem Tipp auf das Buchsymbol die Lesezeichen auf. Anschließend wählen Sie **Bearbeiten** > **Neuer Ordner**. Geben Sie dem Ordner einen Namen und legen Sie mit einem Tipp auf **Ort** fest, auf welcher Ebene er angelegt werden soll (es sind auch Ordner in Ordnern möglich). Mit **Fertig** speichern Sie den neuen Ordner.

Lesezeichen und Ordner können Sie jederzeit ändern, verschieben oder auch löschen. Rufen Sie dazu das **Bearbeiten**-Menü der Lesezeichen auf und tippen Sie auf den Eintrag (Lesezeichen oder Ordner), den Sie ändern möchten. Die Reihenfolge der Einträge ändern Sie mit der Griffmarkierung rechts, gelöscht wird ein Eintrag durch einen Tipp auf die rote Markierung.

Die Lesezeichen in der Leseliste löschen Sie, indem Sie sie von rechts nach links durchstreichen und auf **Löschen** tippen. So lassen sich übrigens auch alle anderen Lesezeichen und Ordner löschen, ohne dass Sie das **Bearbeiten**-Menü aufrufen müssen.

## GRUNDLAGEN

Falls Sie einen Twitter-Account haben und dessen Daten in den Einstellungen eingetragen haben, bietet Lesezeichen eine dritte Kategorie, die mit einem @-Zeichen symbolisiert wird. Hier finden Sie **Gesendete Links**, womit die Links gemeint sind, die Ihre Kontakte bei Twitter veröffentlich haben.

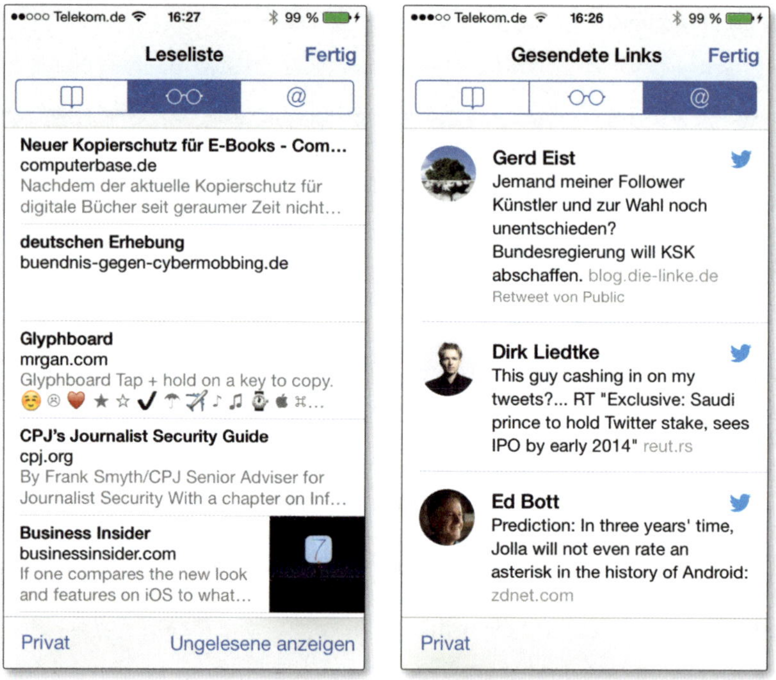


*Neben den üblichen Lesezeichen bietet Safari auch noch eine »Leseliste«, in der Sie komplette Webseiten für die spätere Lektüre ablegen können, und die »Gesendeten Links« mit den Hinweisen Ihrer Twitter-Kontakte.*

Eine besondere Form von Lesezeichen sind die **Lesezeichen auf dem Home-Bildschirm**. Dabei handelt es sich um Verknüpfungen zu bestimmten Webseiten, die Sie direkt vom Home-Bildschirm aus aufrufen können.

Um ein solches Lesezeichen anzulegen, tippen Sie in Safari auf die Teilen-Taste (das Rechteck mit dem Pfeil nach oben) und wählen **Zum Home-Bildschirm**. Sie können nun noch den Namen des Lesezeichens eingeben, mit **Hinzufügen** wird das Lesezeichen auf dem Home-Bildschirm angelegt.

Um ein solches Lesezeichen wieder vom Home-Bildschirm zu entfernen, versetzen Sie Ihr iPhone zuerst in den im ersten Kapitel erläuterten Wackelmodus, indem Sie ein beliebiges Symbol auf dem Bildschirm berühren und halten. Anschließend löschen Sie das Lesezeichen durch einen Fingertipp auf das kleine x, das links oben am Symbol eingeblendet wird. Um den Wackelmodus zu beenden, drücken Sie ein Mal die Home-Taste.

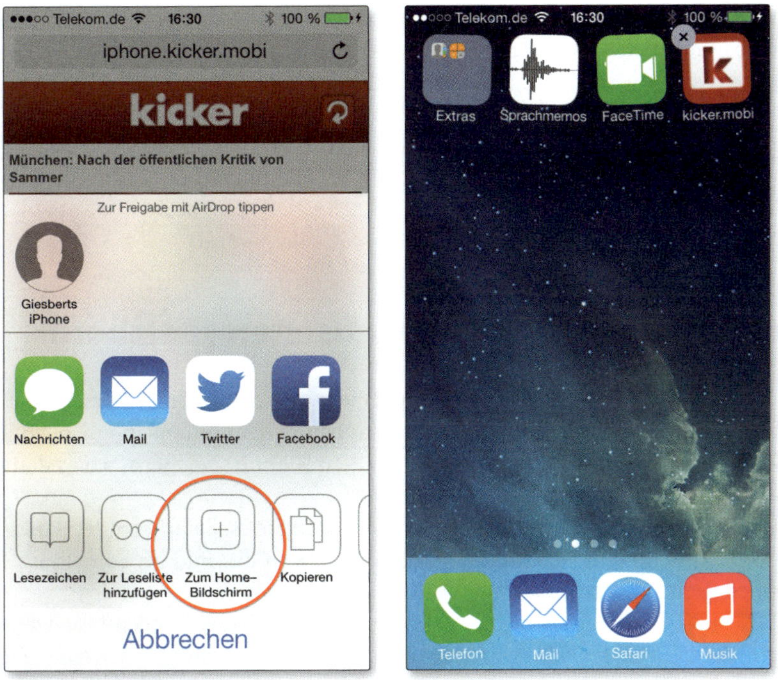


*Für den schnellen Zugriff lassen sich Lesezeichen auch auf dem Home-Bildschirm ablegen. Dort werden sie wie Apps behandelt, lassen sich verschieben und natürlich auch wieder löschen.*

Vermutlich haben Sie schon auf Ihrem Computer viele Lesezeichen angelegt, die Sie auch gern auf Ihrem iPhone dabei haben möchten. Auch das ist natürlich problemlos möglich. Dabei gibt es wieder zwei Möglichkeiten:

- **Sync via iCloud:** Aktivieren Sie im iCloud-Programm auf Ihrem Computer und auf dem iPhone unter **Einstellungen** > **iCloud** den Sync der Lesezeichen. In Zukunft haben Sie sowohl auf dem iPhone als auch auf Ihrem Computer immer die gleichen Lesezeichen dabei.
- **Sync via iTunes:** Schließen Sie Ihr iPhone an Ihren Computer an, wählen Sie es aus und aktivieren Sie auf der Registerkarte **Infos** den Punkt **Lesezeichen synchronisieren**.

### TIPP

Wenn Sie Ihre Lesezeichen mit iCloud syncen, stehen Ihnen auch die iCloud-Tabs zur Verfügung. Hier werden die Adressen aller Webseiten angezeigt, die Sie auf anderen Geräten mit aktiviertem iCloud-Sync geöffnet haben. So können Sie etwa auf Ihrem Computer daheim eine Webseite öffnen und sie unterwegs in Safari auf dem iPhone weiterlesen, ohne die Adresse einzutippen oder ein Lesezeichen anzulegen. Die iCloud-Tabs sehen Sie, wenn Sie auf die beiden Rechtecke rechts unten in Safari tippen und die angezeigten Seiten nach oben ziehen.

## Bilder und Dateien von Webseiten speichern

Oft stößt man im Internet auf Fotos und Bilder, die man gern seiner eigenen Bildersammlung einverleiben möchte. Auch das ist mit dem iPhone möglich, können Sie doch jedes Bild von einer Webseite auf dem iPhone speichern, wo es dann so behandelt wird wie alle anderen Fotos auch.

Um ein Bild zu speichern, berühren und halten Sie es. Safari blendet daraufhin ein Kontextmenü ein, bei dem Sie über **Bild sichern** das Bild im Fotoalbum **Aufnahmen** speichern (zur Foto-Applikation s. Kapitel 8).

PDF- und Office-Dateien kann Safari zwar in aller Regel problemlos anzeigen – aber nicht speichern. Tippen Sie einen entsprechenden Link an, wird das Dokument also geöffnet und angezeigt, aber Sie haben von Haus aus keine Möglichkeit, diese Datei dauerhaft auf dem iPhone zu speichern.

Bei anderen Dateitypen wie etwa ZIP-Archiven sieht es noch schlechter aus – deren Inhalt kann das iPhone von Haus aus nur in der App Mail anzeigen und öffnen – vorausgesetzt, es handelt sich dabei um bekannte Formate.

Doch das Problem lässt sich leicht lösen: Installieren Sie eine App, die mit diesen Dateitypen umgehen kann. In diesem Fall nämlich ist es möglich, die Datei an die entsprechende App zu übergeben. Für PDF und ePub genügt etwa die kostenlose App iBooks von Apple (mit der wir uns in Kapitel 13 ausführlicher beschäftigen). Bei allen anderen Dateitypen bietet der App Store eine reiche Auswahl an kostenlosen und auch kostenpflichtigen Apps.

Tippen Sie zum Beispiel den Link zu einer PDF-Datei an, öffnet Safari die Datei und zeigt ihren Inhalt an. Haben Sie iBooks installiert, erscheint gleichzeitig eine Taste I**n „iBooks" öffnen**, über die Sie die Datei an iBooks übergeben können, wo sie angezeigt und gespeichert wird. Haben Sie mehrere Apps installiert, die mit PDF etwas anfangen können, lässt sich über das Berühren und Halten auf **Öffnen in** die Liste der Apps anzeigen, aus der Sie die gewünschte App wählen.

*Bilder auf Webseiten kann Safari von Haus aus an die Fotos-App durchreichen. Bei anderen Dateien – hier: PDF – muss eine passende App installiert sein, an die Safari die Datei für die dauerhafte Speicherung übergeben kann.*

## Formulare ausfüllen

Webseiten, bei denen Sie individuelle Angaben eintragen können – etwa Ihre Adresse für eine Bestellung, eine Suchanfrage in der Wikipedia oder die Zugangsdaten zu einem Onlinedienst –, stellen dafür Formulare bereit. Normalerweise füllen Sie ein Formular aus, indem Sie die einzelnen Eingabefelder der Reihe nach antippen. Dabei blendet Safari eine erweiterte Tastatur ein, die Sie beim Ausfüllen des Formulars unterstützt.

Zum einen können Sie sich über die beiden Pfeiltasten von Eingabefeld zu Eingabefeld bewegen, zum anderen kann Safari nach einem Tipp auf **Autom. ausfüllen** versuchen, die Felder weitgehend automatisch zu füllen. Diese Felder werden gelb markiert.

Auf welche Daten Safari beim automatischen Ausfüllen zugreift, legen Sie in den **Einstellungen** fest. Rufen Sie hier den Eintrag **Safari** > **Autom. Ausfüllen** auf. Hier aktivieren Sie den Eintrag **Kontaktinfo benutzen**. Im Feld **Meine Infos** wählen Sie aus Ihren Kontakten den Eintrag, dessen Daten Safari benutzen soll. Möchten Sie die Funktion ausschalten, deaktivieren Sie den Eintrag **Kontaktinfo benutzen**.

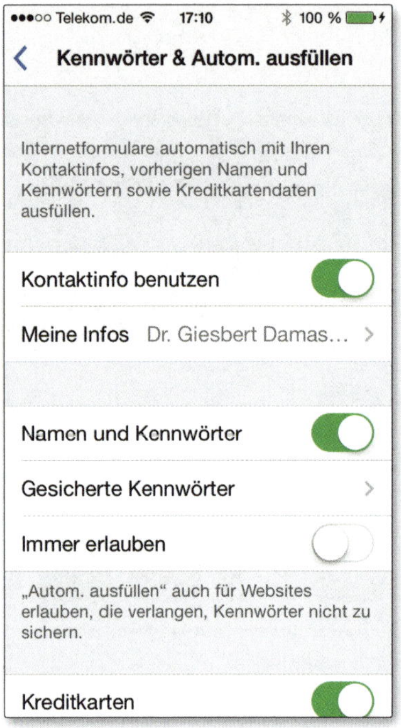

*Wenn Sie in den Einstellungen von Safari die »Kontaktinfo« aktivieren, kann Ihnen Safari beim Ausfüllen von Formularen auf Webseiten die Arbeit erleichtern. Doch Vorsicht! Diese Funktion ist nicht standardisiert und produziert mal mehr, mal weniger gute Resultate.*

## AUFGEPASST

Das automatische Ausfüllen eines Formulars ist ein kleines Glücksspiel, das nur dann aufgeht, wenn die Feldbezeichnungen im HTML-Code des Formulars von Safari korrekt erkannt werden können. Da es hier leider keine verbindlichen Standards gibt, muss Safari mitunter raten, welche Information in welches Feld gehört. Das gelingt mal mehr, mal weniger gut. Bevor Sie ein automatisch ausgefülltes Formular abschicken, sollten Sie es also noch einmal überprüfen.

# Kennwörter speichern

Der Zugang zu Webforen, Online-Shops und ähnlichen Angeboten im Web wird in der Regel durch die Eingabe von Benutzername und Kennwort geschützt. Wenn Sie nicht ständig diese Daten eingeben möchten, kann Safari Ihre Eingaben auch speichern und beim nächsten Aufruf einer Seite das entsprechende Formular automatisch ausfüllen.

Diese Funktion schalten Sie unter **Einstellungen** > **Safari** > **Autom. ausfüllen** über den Schalter **Namen und Kennwörter** ein bzw. wieder aus. Füllen Sie nun ein Anmeldeformular aus, fragt Safari beim ersten Mal nach, ob die Eingaben gespeichert werden sollen. Je nachdem, wie Sie diese Frage beantworten, wird das Formular in Zukunft automatisch – oder gar nicht ausgefüllt.

Haben Sie einmal Ihre Zugangsdaten vergessen, können Sie sie in den Einstellungen zum automatischen Ausfüllen über **Gesicherte Kennwörter** jederzeit nachschlagen. Möchten Sie gespeicherte Kennwörter löschen, tippen Sie hier auf **Bearbeiten**, markieren die entsprechenden Einträge und wählen **Löschen**.

Neben den üblichen Kennwörtern kann sich Safari auch die Daten Ihrer Kreditkarte merken und entsprechende Formulare automatisch mit den Basisdaten der Karte ausfüllen. Aktivieren Sie dazu den Schalter **Kreditkarten** und geben Sie die Daten unter **Gesicherte Kreditkarten** > **Neue Kreditkarte** ein. Um einen Eintrag zu löschen, streichen Sie ihn einfach von rechts nach links durch.

Manche Webseiten wie etwa die Zugangsseiten zum Online-Banking verbieten dem Browser, die eingegebenen Daten zu speichern. Aktivieren Sie in den Einstellungen den Schalter **Immer erlauben**, setzt sich Safari über dieses Verbot hinweg und speichert die Daten trotzdem. Diese Funktion sollte aus Sicherheitsgründen allerdings deaktiviert bleiben.

## AUFGEPASST

So bequem die automatische Speicherung von Zugangsdaten auch ist, so problematisch ist sie. Jeder, der Zugriff auf Ihr iPhone hat, kann sich nicht nur unter Ihrem Namen auf Webseiten anmelden und dort allerlei Allotria treiben, er kann auch über die Option **Gesicherte Kennwörter** Ihre komplette Kennwortsammlung einsehen. Sie sollten es sich also gut überlegen, welche Kennwörter Sie in Safari speichern und welche nicht. Außerdem sollte Ihr iPhone über eine Codesperre gesichert sein. Dieser Code muss etwa eingegeben werden, bevor das iPhone ein gespeichertes Kennwort im Klartext anzeigt. Mehr zur Datensicherheit auf dem iPhone in Kapitel 14.

## Suchen und finden mit Safari

Das Tolle am Internet ist, dass Sie hier Informationen zu allen, aber wirklich allen Themen finden. Vorausgesetzt, Sie wissen, wie Sie suchen müssen. Dafür gibt es die Suchmaschinen. Hier ist der Zugriff auf Bing, Google und Yahoo bereits fest eingebaut. Welche Suchmaschine Safari nutzen soll, legen Sie unter **Einstellungen > Safari > Suchmaschine** fest.

### GRUNDLAGEN

Je nachdem, welche Tastatur Sie zusätzlich aktiviert haben (siehe dazu Kapitel 3), stehen Ihnen auch andere Suchmaschinen von Haus aus zur Verfügung. So sorgt die russische Tastatur etwa dafür, dass Sie neben Bing, Google und Yahoo auch Yandex wählen können, bei Aktivierung einer chinesischen Tastatur wird die Liste um Baidu erweitert.

Um im Internet zu suchen, geben Sie den Suchbegriff in das Eingabefeld von Safari ein und tippen auf **Öffnen**.

Dabei unterstützt Sie die Suche mit Suchvorschlägen aus der eingestellten Suchmaschine und einem **Top-Treffer**. Dabei handelt es sich um Webseiten, die Sie etwa in Ihren Lesezeichen gespeichert haben oder die Sie in letzter Zeit häufiger aufgerufen haben. Standardmäßig wird die entsprechende Seite schon während der Eingabe eines Suchbegriffs im Hintergrund geladen, damit die Seite beim Aufruf möglichst zügig angezeigt werden kann.

Das ist zwar häufig sehr praktisch, kann aber auch dazu führen, dass Ihr Datenkontingent bei Ihrem Mobilfunkanbieter unnötig belastet wird. Schließlich wird der Top-Treffer auch dann geladen, wenn Sie die Seite überhaupt nicht aufrufen. Falls Sie diesen unnötigen Datenverkehr vermeiden möchten, deaktivieren Sie unter **Einstellungen > Safari > Intelligentes Suchfeld** die Option **Toptreffer vorab laden**.

Doch Safari kann nicht nur im Internet, sondern auch auf der aktuell angezeigten Webseite suchen. Auch dafür benutzen Sie das Eingabefeld. Tippen Sie dort den Begriff ein, den Sie auf der Webseite suchen.

Unterhalb der Liste mit den Suchvorschlägen erscheint der Punkt **Auf dieser Seite** und die Anzahl der Treffer. Ziehen Sie die Trefferliste mit dem Finger nach oben. Daraufhin wird die Tastatur ausgeblendet, und Sie können nun auf **„{Ihr Suchbegriff}“ suchen** tippen.

Die Treffer auf der Webseite werden gelb markiert, gleichzeitig erscheint am unteren Rand eine weitere Leiste. Hier können Sie über die Pfeiltasten von Fundstelle zu Fundstelle springen. Mit **Fertig** beenden Sie die Suche.

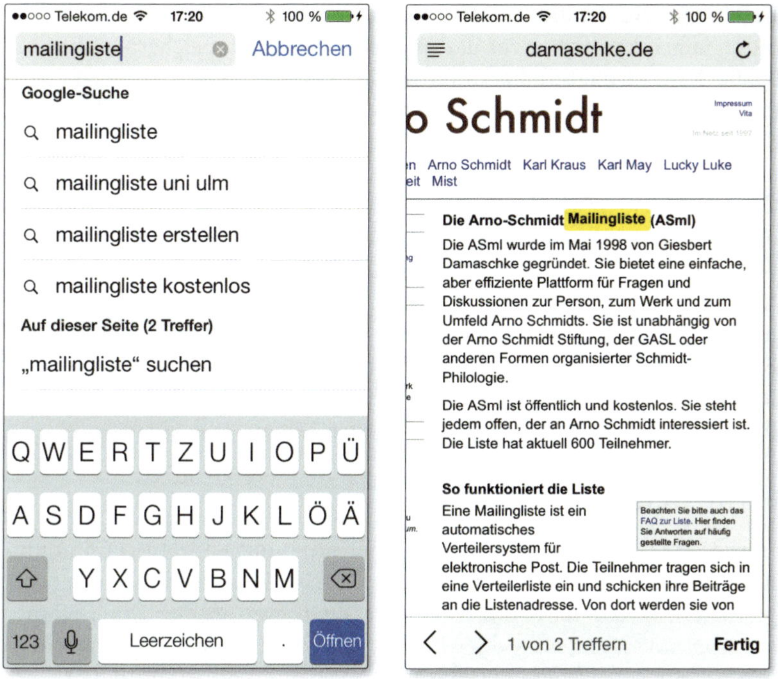


*Mit der Suchfunktion von Safari lässt sich nicht nur das Web nach Stichwörtern durchsuchen, sondern auch die aktuell angezeigte Webseite.*

## Verlauf, Cookie & Co

Wenn Sie mit Safari im Internet unterwegs sind, hinterlassen Sie zwangsläufig Spuren im Netz und auf dem iPhone. Hier werden etwa die Adressen aller von Ihnen besuchten Webseiten gespeichert, viele Webseiten hinterlegen eine kleine Datei (Cookie), mit deren Hilfe sie beim nächsten Besuch der Seite erkannt werden können, Anzeigenserver können Ihren Weg durchs Web verfolgen und Ähnliches mehr. Welche Daten Safari speichern soll, lässt sich unter **Einstellungen** > **Safari** ein wenig steuern. Vor allem aber lassen sich sämtliche gespeichert Daten problemlos löschen.

### TIPP

Wenn Sie nicht möchten, dass sich Safari überhaupt etwas merkt oder speichert, dann aktivieren Sie den privaten Modus. Hier werden Daten nur für die aktuelle Sitzung im Speicher gehalten, aber nicht dauerhaft gespeichert, weder im Verlauf noch als Cookie. Um diesen Modus zu aktivieren, rufen Sie in Safari die Lesezeichen oder die Übersicht über alle geöffneten Seiten auf und tippen auf **Privat.**

- **Kein Tracking:** Ist diese Option aktiviert (was sie standardmäßig ist), dann bittet Safari den Webserver darum, keine Daten zu speichern, anhand derer Sie im Netz verfolgt und erkannt werden können. Ob ein Server dieser Bitte allerdings auch nachkommt, steht in den Sternen. Beim aktuellen Stand ist dieser Schalter eher ein frommer Wunsch, der vermutlich nicht viel ausrichtet. Aber auch nicht schadet.
- **Cookies blockieren:** Hier haben Sie die Wahl zwischen **Immer**, **Von Dritten oder Werbeanbietern** und **Nie**. Standardmäßig blockiert Safari die Cookies von Dritten und Werbeanbietern, da über diese Datenschnipsel Ihr Weg im Netz verfolgt werden kann. Hier sollten Sie nur in Ausnahmefällen und auch nur vorübergehend etwa ändern.
- **Betrugswarnung:** Diese Option sollte immer aktiviert sein. Damit fängt Safari sogenannte Phishing-Sites ab, also Webseiten, die es darauf anlegen, Ihnen Ihre Zugangsdaten zu kennwortgeschützten Seiten abzuluchsen.

## GRUNDLAGEN

»Phishing« ist ein Kunstwort aus »Password« und »fishing« und könnte mit »Passwort angeln« übersetzt werden. Beim Phishing werden in betrügerischer Absicht vermeintlich echte Mitteilungen großer Unternehmen wie Apple, Amazon, eBay oder PayPal per E-Mail mit dem Ziel verschickt, von arglosen Anwendern Kennwörter, Zugangsdaten und ähnliche sensible Daten zu erfahren. Eine typische Phishing-Mail fordert den Empfänger dazu auf, sich umgehend auf einer bestimmten Webseite anzumelden, um Schäden oder finanzielle Verluste zu verhindern. Die verlinkten Webseiten liegen meist auf Servern in eher exotischen Gegenden und überraschen mit mehr oder weniger echt aussehenden Formularseiten. Wer hier seine Daten einträgt, übermittelt sie an die Betrüger, die nun versuchen, aus diesen Daten möglichst schnell Kapital zu schlagen.

- **Verlauf löschen:** Mit diesem Punkt entfernen Sie die Liste aller bisher besuchten Webseiten. Sie können den Verlauf auch löschen, indem Sie in den Lesezeichen von Safari den **Verlauf** öffnen und mit **Löschen** leeren.
- **Cookies und Daten löschen:** Viele Webseiten hinterlassen einen kleinen Codeschnipsel auf dem iPhone, an dem Sie die Webseite beim nächsten Besuch wiedererkennt. Diese Schnipsel heißen Cookies. Ein Cookie besitzt ein Verfallsdatum, ab dem es ungültig wird. Manche Anbieter platzieren allerdings ausgesprochen langlebige Cookies, was aus Datenschutzgründen ein wenig problematisch ist. Es kann also eine gute Idee sein, hier von Zeit zu Zeit aufzuräumen.
- **Website-Daten:** Neben den Cookies legen Websites mitunter weitere Daten und Informationen auf dem iPhone ab, um etwa das Laden einer Seite zu beschleunigen oder um Ihre persönlichen Einstellungen besser verwalten zu können. Welche Webseiten dabei wie viele Daten gespeichert haben, erfahren Sie nach einem Tipp auf **Erweitert** > **Website-Daten**. Hier können Sie diese

Daten auch löschen, indem Sie einen Eintrag von rechts nach links durchstreichen oder auf **Bearbeiten** tippen.

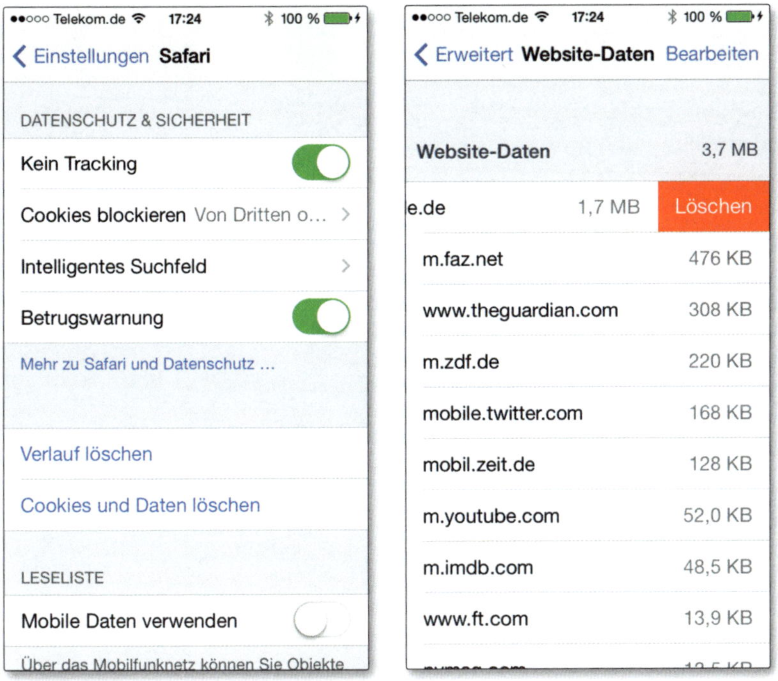


*In den Einstellungen von Safari gibt es wenige, aber wichtige Optionen zu »Datenschutz & Sicherheit«. Hier lassen sich auch gezielt die Daten löschen, die ein Anbieter auf dem iPhone hinterlegt hat.*

# Mail

Kapitel

7

Mit der Mail-App auf Ihrem iPhone haben Sie auch unterwegs jederzeit vollen Zugriff auf Ihre elektronische Post. Sie können Mails empfangen, verwalten und schreiben – also unterwegs all das tun, was Sie auch am Computer erledigen. Mail unterstützt alle gängigen Standards und kann mit mehreren Accounts umgehen. Wie Sie das Programm für Ihre Zwecke einsetzen, erfahren Sie in diesem Kapitel.

# Die Postfächer

Mail verwaltet Ihre gesamte elektronische Post in verschiedenen Postfächern wie **Eingang**, **Papierkorb** oder **Archiv**.

Je nachdem, ob Sie einen oder mehrere Account(s) eingerichtet haben, präsentiert sich Mail beim Start unterschiedlich (wie Sie einen Account auf dem iPhone einrichten, erfahren Sie in Kapitel 2).

- **Ein Account:** Mail zeigt Ihnen im oberen Bereich die beiden wichtigsten Postfächer: **Eingang** und **VIP**. Im **Eingang** landen alle Mails an Ihre Adresse, im **VIP**-Postfach werden Mails von Absendern gesammelt, die Sie als VIP (also als »very important person«) markiert haben. Damit beschäftigen wir uns weiter unten noch etwas ausführlicher. Davon abgesetzt sehen Sie alle anderen Postfächer und Ordner, in denen Sie Ihre Mails verwalten. Postfächer wie **Gesendet** oder **Papierkorb** tauchen unter Umständen erst dann auf, wenn sie benötigt werden.
- **Mehrere Accounts:** Im oberen Bereich sehen Sie das Postfach **Alle**, in dem alle Posteingänge aller Accounts zusammengefasst werden. Es folgen die Posteingänge der verschiedenen Accounts und das Postfach **VIP**. Darunter werden die Accounts aufgeführt. Mit einem Tipp auf einen Account haben Sie Zugriff auf sämtliche Postfächer des Accounts.

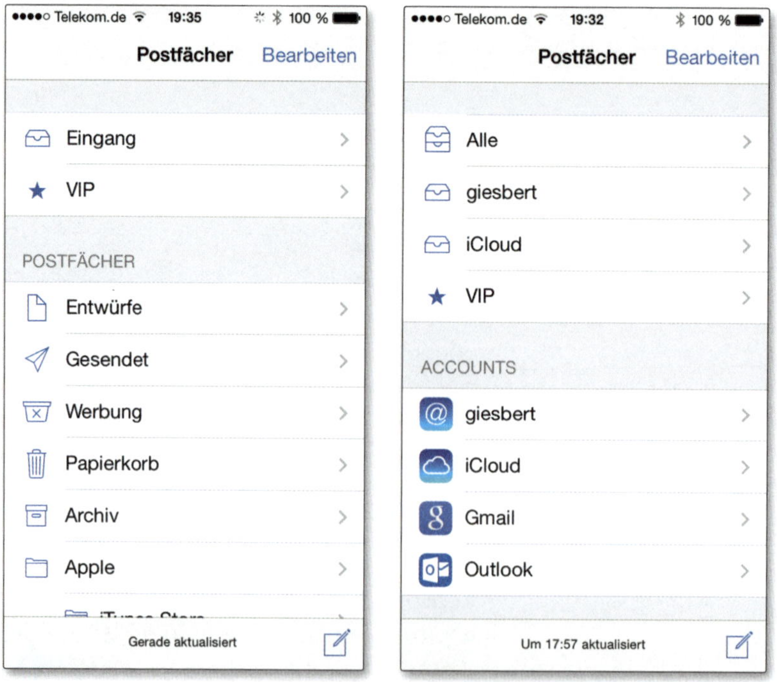


*Je nachdem, ob Sie einen oder mehrere E-Mail-Accounts eingerichtet haben, präsentiert sich die Mail-App ein wenig anders.*

Die Anzeige der Postfächer lässt sich ein wenig anpassen. Tippen Sie dazu auf **Bearbeiten**. Nun können Sie mit einem Fingertipp bestimmen, welche Postfächer angezeigt werden sollen:

- **Ungelesen:** In diesem Postfach landen alle ungelesenen Mails aller Accounts. So haben Sie jederzeit Zugriff auf neu eingetroffene Nachrichten.
- **Markiert:** Hier werden alle Mails aufgeführt, die Sie mit einer Markierung versehen haben (dazu weiter unten mehr).
- **An/Kopie:** Dieses Postfach versammelt alle Mails, bei denen Ihre Adresse im An- oder im Kopie-Feld der Mail steht. So lassen sich Massenaussendungen wie Newsletter ausblenden. Denn bei solchen Mails steht die Adresse im Feld für Blindkopie und taucht ansonsten in der Mail nicht auf, diese Mails werden also nicht in diesem Postfach angezeigt.
- **Anhänge:** alle Mails, die einen Dateianhang haben.
- **Gesendet:** Über dieses Postfach haben Sie raschen Zugriff auf alle gesendeten Mails aller Accounts.
- **Papierkorb:** In diesem Postfach werden schließlich alle gelöschten Mails aller Accounts gesammelt.
- **Postfach hinzufügen:** Mit einem Tipp auf diesen Eintrag lassen sich zusätzliche Postfächer bestimmen, die hier angezeigt werden sollen. Haben Sie etwa bei einem Account ein eigenes Postfach angelegt, das Sie im schnellen Zugriff haben möchten, können Sie es hier hinzufügen.

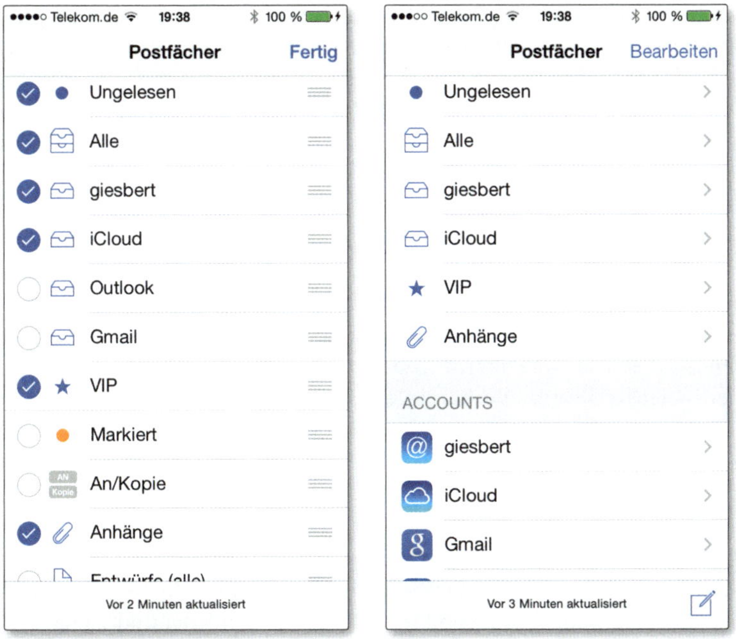


*Welche Postfächer angezeigt werden sollen, legen Sie selbst fest. Dabei stehen Ihnen auch einige ausgewählte intelligente Postfächer wie »Ungelesen« oder »Anhänge« zur Verfügung.*

Wie in Kapitel 2 erläutert, werden neue Mails standardmäßig in regelmäßigen Abständen oder über Push abgerufen. Um den Mailabruf manuell zu starten, öffnen Sie die Mail-App mit einem Fingertipp auf das Mail-Symbol im Dock. Ist die Mail-App bereits gestartet, ziehen Sie die Liste der Postfächer und Accounts einfach nach unten.

Wie Sie Mail über neu eingetroffene Mails informieren soll, legen Sie unter **Einstellungen** > **Mitteilungen** > **Mail** fest. Wenn Sie mehrere Accounts eingerichtet haben, können Sie hier für jeden Account individuelle Einstellungen wählen.

Unter **Einstellungen** > **Töne** wählen Sie das akustische Signal, mit dem Sie Ihr iPhone auf neu eingetroffene oder den Versand von Mails hinweisen soll.

## E-Mails anzeigen und Anhänge speichern

Im Posteingang zeigt Ihnen Mail eine kleine, dreizeilige Vorschau auf den Inhalt der Mails. Um eine Mail zu lesen, tippen Sie auf den gewünschten Eintrag. Möchten Sie mehr (oder weniger) Vorschau gezeigt bekommen, rufen Sie **Einstellungen** > **Mail, Kontakte, Kalender** auf und tippen im Abschnitt **Mail** auf **Vorschau**. Hier legen Sie fest, wie viele Zeilen die Vorschau umfassen soll. Wählen Sie **Keine**, belegt jeder Eintrag im Postfach zwei Zeilen: eine für den Absender, eine für den Betreff.

Mitunter bekommt man E-Mails, die eine Datei im Gepäck haben, etwa ein Bild, ein PDF-Dokument, eine Excel-Tabelle oder ein ZIP-Archiv. Auch diese Dateien können Sie auf dem iPhone empfangen und lesen. Bilder werden in der Regel sofort angezeigt, alle anderen angehängten Dateien erreichen Sie über ein kleines Symbol am Ende der Mail. Mit einem Tipp auf dieses Symbol lädt Mail den Anhang und zeigt die Datei an. Dabei unterstützt das iPhone neben PDF und TXT auch die gängigen Formate von Microsoft Office und die der Apple-Bürosoftware iWork. ZIP-Archive werden nach einem Tipp entpackt, anschließend können Sie durch die einzelnen Dateien des Archivs blättern.

Damit Sie eine Datei nicht nur anzeigen, sondern auch dauerhaft speichern können, muss eine App installiert sein, die mit der Datei etwas anzufangen weiß. Von Haus aus steht hier nur die **Fotos**-App zur Verfügung, an die Sie Bilder durchreichen können, die via E-Mail aufs iPhone gekommen sind. Für alle anderen Dateien muss eine entsprechende App zuerst installiert werden.

Hier bietet Apple eine Reihe von Programmen an. PDF- und ePub-Dateien können etwa mit der kostenlosen App iBooks gespeichert werden, für Office-Dokumente stehen die Apps der iWork-Suite bereit. Dazu gehören die Textverarbeitung Pages, die Tabellenkalkulation Numbers und das Präsentationsprogramm Keynote. Diese drei Apps sind nur für neue iPhone-Kunden kostenlos.

Um ein Foto zu speichern, tippen Sie auf den geschwungenen Pfeil rechts unten und wählen Sie **Bild sichern**. Falls eine E-Mail mehrere Bilder enthält, können Sie hier auch alle Bilder auf einen Streich sichern. Berühren und halten Sie einen Dateianhang öffnet sich das vertraute Teilen-Menü, über das Sie den Dateianhang an eine passende App übergeben oder auch via AirDrop teilen können.

*Bilder kann das iPhone von Haus aus in der Fotos-App sichern, für alle anderen Dateiformate muss eine passende App installiert sein.*

### TIPP

Standardmäßig lädt das iPhone bei jeder eintreffenden Mail alle grafischen Elemente wie Hintergründe, Verzierungen und natürlich auch Fotos. Das ist normalerweise so gewünscht, allerdings kostet das Laden von Grafiken Bandbreite. Obendrein gerät bei einer schlechten Funkverbindung das Laden von Bildern zur Geduldsprobe. Daher kann es mitunter empfehlenswert sein, das automatische Laden von Bildern zu unterbinden und Bilder nur bei Bedarf nachträglich zu laden. Dann sehen die Mails zwar nicht mehr so hübsch aus, doch der Text der Nachricht ist natürlich weiterhin lesbar. Wählen Sie dazu **Einstellungen** > **Mail, Kontakte, Kalender** und deaktivieren Sie den Schalter **Entfernte Bilder laden**. Möchten Sie bei einer Mail die Bilder nachträglich laden, tippen Sie am Fuß der Mail auf **Alle Bilder laden**.

## Das VIP-Postfach

Im Postfach **VIP** können Sie Mails von besonders wichtigen Kontakten – Ihrer Familie, Ihren Kunden, Ihrem Vorgesetzten … – sammeln. Dazu definieren Sie den entsprechenden Kontakt als VIP, den Rest übernimmt das iPhone. Sobald nun eine

Mail von einem so markierten Kontakt eintrifft, taucht sie nicht nur im Posteingang auf, sondern wird gleichzeitig im Postfach VIP angezeigt. So fallen wichtige Mails auch bei vollgestopftem Posteingang ins Auge.

Um einen Kontakt als VIP zu kennzeichnen, gibt es verschiedene Möglichkeiten:

- **Postfach:** Lassen Sie sich das VIP-Postfach anzeigen, tippen Sie auf **VIP hinzufügen** und wählen Sie die gewünschten Einträge aus Ihren Kontakten.
- **Mail:** Tippen Sie in einer Mail auf den Absender- oder einen Empfängernamen und wählen Sie **Zu VIP hinzufügen**.

Um den VIP-Status eines Kontakts zu löschen, wählen Sie in Mail das VIP-Postfach, lassen sich mit einem Tipp auf das blaue »i« die aktuelle VIP-Liste anzeigen, streichen den entsprechenden Eintrag von rechts nach links durch und tippen auf **Löschen**.

Alternativ dazu können Sie sich eine Mail des zu löschenden VIPs anzeigen lassen, auf den Absendernamen tippen und schließlich **Von VIP entfernen** wählen.

Sobald Sie mindestens einen VIP-Kontakt definiert haben, können Sie dem VIP-Postfach einen eigenen Mitteilungsstil zuweisen, um Mails von wichtigen Kontakten sofort zu erkennen. Dazu wählen Sie **Einstellungen** > **Mitteilungen** > **Mail** > **VIP**. Alternativ dazu können Sie in der **VIP-Liste** auch auf **VIP-Hinweise** tippen.

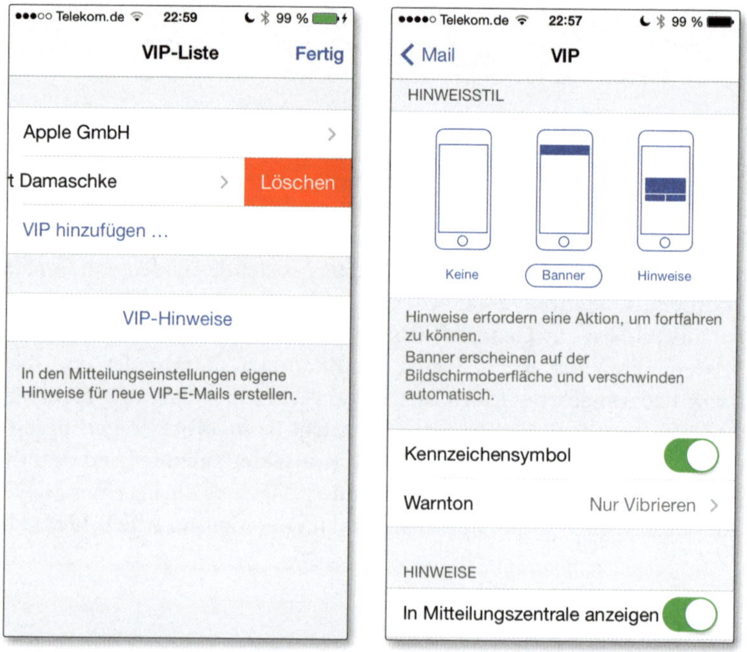


*Das VIP-Postfach sammelt Mails von Absendern, die Ihnen besonders wichtig sind. Hier lassen sich jederzeit neue Absender hinzufügen oder natürlich auch löschen. Damit Sie sofort Bescheid wissen, wenn eine VIP-Mail eintrifft, können Sie für diese Mails einen eigenen Mitteilungsstil definieren.*

# E-Mails schreiben, speichern und senden

Um eine neue E-Mail zu schreiben, starten Sie Mail und tippen unten rechts auf das stilisierte Blatt Papier mit einem Stift. Es öffnet sich ein neues Mailformular, in dem Sie den bzw. die Adressaten, die Betreffzeile und Ihre Nachricht eintippen. Mit einem Tipp auf **Senden** schicken Sie Ihre Mail auf die Reise.

Den Empfänger Ihrer Mail können Sie entweder eintippen oder, was natürlich sehr viel bequemer ist, aus Ihren Kontakten wählen. Tippen Sie dazu auf das blaue Pluszeichen rechts. Es ist möglich, mehrere Empfänger einzutragen.

Beim Schreiben einer Mail können Sie auch mit Formatierungen wie kursiv, fett und unterstrichen arbeiten. Das verlangt allerdings ein wenig Tipparbeit:

1. Tippen Sie in den Text, den Sie formatieren wollen, und wählen Sie **Auswählen**.
2. Markieren Sie den gewünschten Textausschnitt und tippen Sie anschließend auf den Pfeil nach rechts.
3. Tippen Sie nun auf die Taste **BIU**. Dabei steht **B** für das englische Wort »bold« (das in diesem Kontext »fett« bedeutet), **I** für »italic« (kursiv) und **U** für »underline« (unterstrichen).
4. Wählen Sie die gewünschte Formatierung.

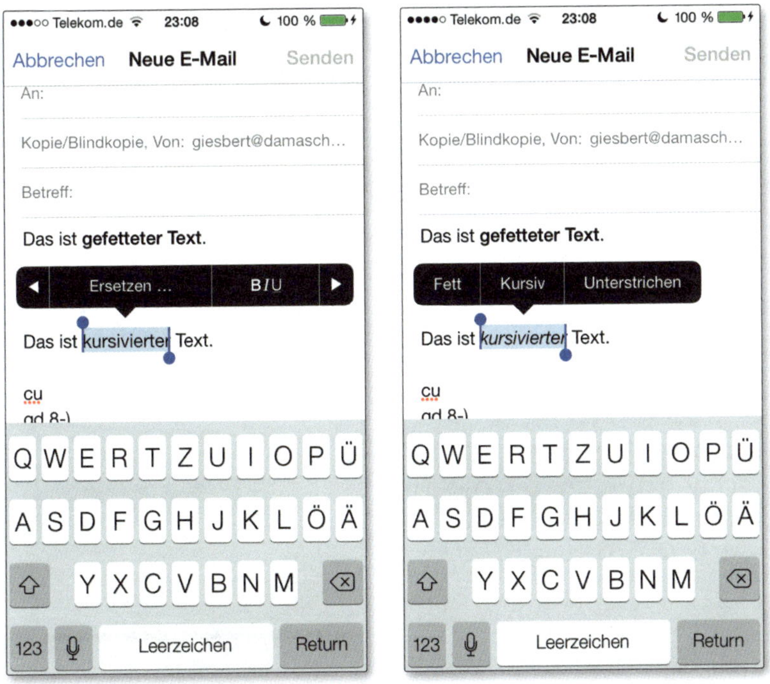


*Sie können Text fetten, unterstreichen und kursivieren. Allerdings ist diese Formatierungsoption ein wenig versteckt.*

Von jeder gesendeten Mail wird automatisch eine Kopie im Postfach **Gesendet** abgelegt. Möchten Sie das Schreiben der Mail unterbrechen, tippen Sie im Mailformular auf den Punkt **Abbrechen**. Es erscheint ein Dialog, in dem Sie den **Entwurf löschen** oder den **Entwurf sichern** können. Falls Sie Ihre Mail sichern, wird sie im Postfach **Entwürfe** abgelegt.

### TIPP

Von Haus aus verschickt das iPhone Mails mit Werbung für sich selbst. Jede Mail bekommt die Signatur »Von meinem iPhone gesendet«. Das können Sie unter **Einstellungen** > **Mail, Kontakte, Kalender** > **Signatur** ändern. Falls Sie mehrere Accounts eingerichtet haben, können Sie hier auch festlegen, ob Sie eine Signatur für **Alle Accounts** oder ob Sie **Pro Account** eine eigene Signatur benutzen möchten.

## Fotos und Videos per Mail verschicken

Fotos und Videos, die Sie auf Ihrem iPhone gespeichert oder aufgenommen haben, lassen sich natürlich problemlos per E-Mail verschicken. Das geht zum einen direkt aus der Fotos-App (mit der wir uns in Kapitel 8 beschäftigen), aber auch aus Mail.

*Fotos und Videos, die Sie auf dem iPhone gespeichert haben, lassen sich direkt in einer Mail einfügen. Vor dem Versand größerer Bilddateien haben Sie die Möglichkeit, die Datei zu verkleinern.*

Um einer Mail ein Foto oder Video als Dateianhang mit auf den Weg zu geben, berühren und halten Sie das Textfeld der Mail und rufen so das **Auswählen**-Menü auf. Hier tippen Sie auf den Pfeil nach rechts und wählen nun **Foto od. Video einfügen**. Nun können Sie Fotos und Videos auswählen, die Sie in der Fotos-App verwalten

Bevor Sie die E-Mail abschicken, werden Sie gefragt, in welcher Größe das Foto verschickt werden soll. Hier können Sie die Auflösung und damit auch die Dateigröße deutlich reduzieren.

## Absender auswählen

Sobald Sie mehrere Accounts auf Ihrem iPhone eingerichtet haben, können Sie festlegen, mit welchem Absender Sie eine Mail verschicken möchten. Befinden Sie sich aktuell in der Anzeige eines bestimmten Accounts, greift das iPhone bei einer neuen Mail auf die Absenderdaten dieses Accounts zu. Ansonsten wählt das iPhone den Account, den Sie als Standardaccount festgelegt haben. Den legen Sie unter **Einstellungen** > **Mail, Kontakte, Kalender** im Abschnitt **Mail** über die Taste **Standardaccount** fest.

Unabhängig davon können Sie auch in jedem Mailformular den Account wählen, von dem aus Sie eine Mail verschicken. Tippen Sie dazu auf die Zeile **Kopie/Blindkopie, Von**. Es wird eine zusätzliche Zeile **Account** eingeblendet, in der Sie den gewünschten Absender festlegen.

## Kopie und Blindkopie

Bei einer Mail an mehrere Empfänger müssen Sie nicht alle Adressen in das Feld **An** schreiben, sondern können sie auch in **Kopie** versenden. Das ist technisch völlig gleichgültig – jeder Empfänger, ganz gleich, in welchem Feld seine Adresse steht, bekommt die Mail –, ist aber mitunter eine sinnvolle Unterscheidung. Zum Beispiel dann, wenn Sie eine Mail vor allem an einen bestimmten Adressaten schicken möchten und andere Empfänger diese Mail lediglich »zur Kenntnisnahme« erhalten sollen.

Mail unterstützt auch **Blindkopien**. Anders als bei einer Kopie tauchen die Empfänger, die als Blindkopie eingetragen wurden, nicht in den Kopfdaten der Mail auf. Das ist mitunter nützlich, wenn Sie eine Mail an mehrere Empfänger schicken, aber verhindern möchten, dass alle Empfänger die Mailadressen der anderen Empfänger zu Gesicht bekommen. Blindkopien werden üblicherweise bei Rundmails oder Newslettern benutzt, im Mailalltag spielt diese spezielle Form ansonsten keine große Rolle.

Um Empfänger für eine Kopie bzw. Blindkopie einzutragen, tippen Sie auf die zweite Zeile im Adressformular, in dem in Grau **Kopie/Blindkopie** steht. Das Mailformular wird um die Felder **Kopie** und **Blindkopie** erweitert.

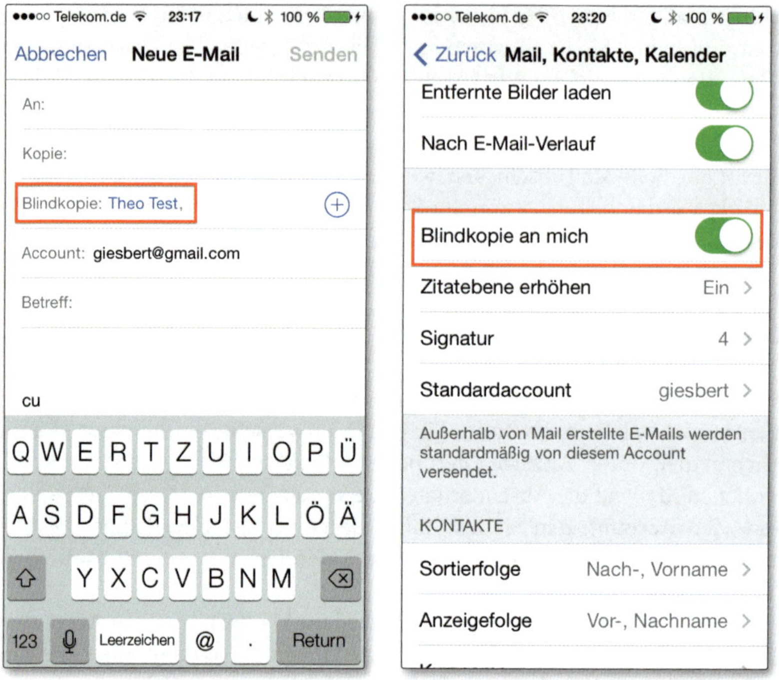


*Mail unterstützt beim Versand auch Blindkopien. Zudem ist es möglich, sich jede Mail, die man über das iPhone verschickt, zur Kontrolle als Blindkopie zuzuschicken.*

Wenn Sie bereits im Posteingang sehen möchten, ob eine Mail direkt an Sie oder in Kopie geschickt wurde, aktivieren Sie unter **Einstellungen** > **Mail, Kontakte, Kalender** den Schalter **An/Kopie anzeigen**. Nun wird bei jeder Mail in der Übersicht ein kleines Feld **An** bzw. **Kopie** eingeblendet. Wird in der Übersicht nichts angezeigt, ist die Mail als Blindkopie bei Ihnen eingetroffen.

### TIPP

Zur Kontrolle können Sie sich jede von Ihnen verschickte Mail als Blindkopie zuschicken. Rufen Sie dazu **Einstellungen** > **Mail, Kontakte, Kalender** auf und aktivieren Sie dort den Schalter **Blindkopie an mich**.

## E-Mails beantworten/weiterleiten

Jede eintreffende Mail lässt sich auf dem iPhone beantworten oder an andere Adressen weiterleiten. Tippen Sie dazu in einer geöffneten Mail auf den Pfeil rechts unten und wählen Sie die gewünschte Option:

- **Antworten:** Sie antworten dem Absender der Mail, dessen Adresse automatisch in das **An**-Feld übernommen wird.
- **An alle:** Ging die Mail nicht nur an Sie, sondern an mehrere Empfänger, erscheint zusätzlich die Taste **An alle**, mit der Sie Ihre Antwort nicht nur an den Absender, sondern auch an alle weiteren Empfänger adressieren.
- **Weiterleiten:** Die Mail wird an beliebige andere Empfänger weitergeschickt.
- **Drucken:** Falls Sie einen AirPrint-fähigen Drucker angeschlossen haben, können Sie die Mail ausdrucken. (Mit der Druckfunktion des iPhones beschäftigt sich Kapitel 2.)

Die Optionen **Antworten** und **Weiterleiten** erreichen Sich auch über die Postfachansicht. Streichen Sie hier die gewünschte Mail von rechts nach links durch und wählen Sie **Mehr**.

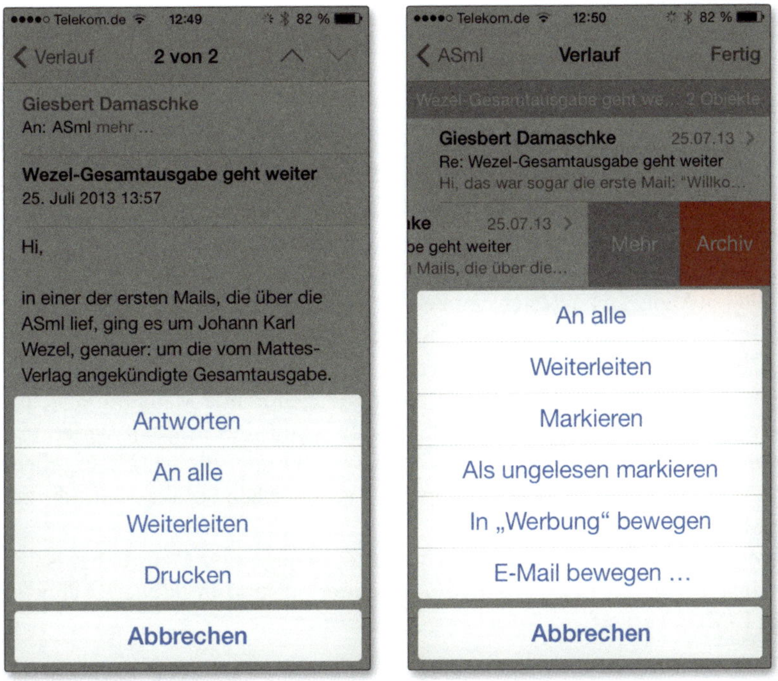


*Eine E-Mail lässt sich nicht nur dann beantworten oder weiterleiten, wenn sie angezeigt wird, sondern auch direkt im Postfach.*

Mails, auf die Sie geantwortet haben, werden in der Übersicht mit einem geschwungenen Pfeil nach links, Mails, die Sie weitergeleitet haben, mit einem Pfeil nach rechts markiert.

Bei einer Antwort oder einer weitergeleiteten Mail wird die Mail, auf die Sie antworten bzw. die Sie weiterleiten, als Zitat übernommen. Um das Zitat von Ihrer Mail abzusetzen, wird es mit blauer Schrift und einem blauen, senkrechten Strich am linken Rand markiert. Enthält die Mail bereits ein Zitat, rückt dieses Zitat im Zitat eine weitere Ebene ein, wird türkis markiert und mit zwei senkrechten Strichen gekennzeichnet. Das kann man beliebig weiter treiben – jedes Zitat wird eine Ebene weiter eingerückt und mit einem senkrechten Strich versehen.

Diese Zitatebene eines Absatzes lässt sich von Ihnen auch manuell bestimmen. Berühren und halten Sie dazu den Absatz, den Sie als Zitat ein- bzw. ausrücken möchten. Es wird ein Menü eingeblendet, in dem Sie auf den Pfeil nach rechts tippen. Hier wählen Sie **Zitatebene** und können nun über die Tasten **Verringern** und **Erhöhen** den markierten Teil weiter ein- oder ausrücken.

**TIPP**

Möchten Sie, dass das iPhone Zitate nicht einrückt und markiert, deaktivieren Sie unter **Einstellungen > Mail, Kontakte, Kalender > Zitatebene erhöhen** die entsprechende Option.

## E-Mail-Verlauf

Viele Mails sind eine Antwort auf eine andere Mail. Ein einfaches Beispiel: Sie fragen bei mehreren Freunden per Mail an, ob man sich nicht einmal wieder treffen sollte, und nehmen als Betreff »Treffen in München?«.

Die Freunde antworten, und Sie klären die Details wie Treffpunkt und Termin in weiteren Mails. In kürzester Zeit befinden sich zahlreiche Mails mit dem Betreff »Re: Treffen in München?« im Posteingang. Mitunter verliert man dann ein wenig den Überblick und läuft Gefahr, andere Mails zu übersehen.

Hier bietet Mail die Möglichkeit, zusammengehörende Mails im Posteingang zu einem Eintrag zusammenzufassen (Apple nennt dies »E-Mail-Verlauf«). Ein Doppelpfeil neben dem Eintrag zeigt an, dass sich hinter diesem Eintrag mehrere Mails verbergen. Ein Tipp auf den Eintrag – schon sehen Sie alle Mails, die zu diesem Mailwechsel gehören.

Wenn Ihnen allerdings eine ungruppierte Anzeige aller Mails lieber ist, rufen Sie **Einstellungen > Mail, Kontakte, Kalender** auf und deaktivieren den Punkt **Nach E-Mail-Verlauf**.

# E-Mails markieren und organisieren

Bei einer großen Zahl an Mails in einem Postfach verliert man schon mal den Überblick. Hier empfiehlt es sich, wichtige Mails zu markieren oder nach der Lektüre erneut als »ungelesen« auszuzeichnen. Lassen Sie sich die beiden Postfächer **Markiert** und **Ungelesen** anzeigen, haben Sie so wichtige Mails sofort im Blick.

Es gibt verschiedene Möglichkeiten, Mails zu markieren:

- **Einzelne Mail:** Streichen Sie die Mail im Postfach von rechts nach links durch und tippen Sie auf **Mehr** und wählen Sie **Markieren** bzw. **Als ungelesen markieren**. Wird eine Mail aktuell angezeigt, erreichen Sie diese Optionen über einen Tipp auf das Fahnensymbol.
- **Mehrere Mails:** Tippen Sie in der Übersicht eines Postfachs auf die Taste **Bearbeiten**, wählen Sie die gewünschten Mails aus und tippen Sie anschließend auf die gewünschte Option.

Standardmäßig werden markierte Mails mit einem farbigen Punkt versehen. Unter **Einstellungen** > **Mail, Kontakte, Kalender** > **Markierungsstil** können Sie statt dessen auch eine kleine Fahne wählen.

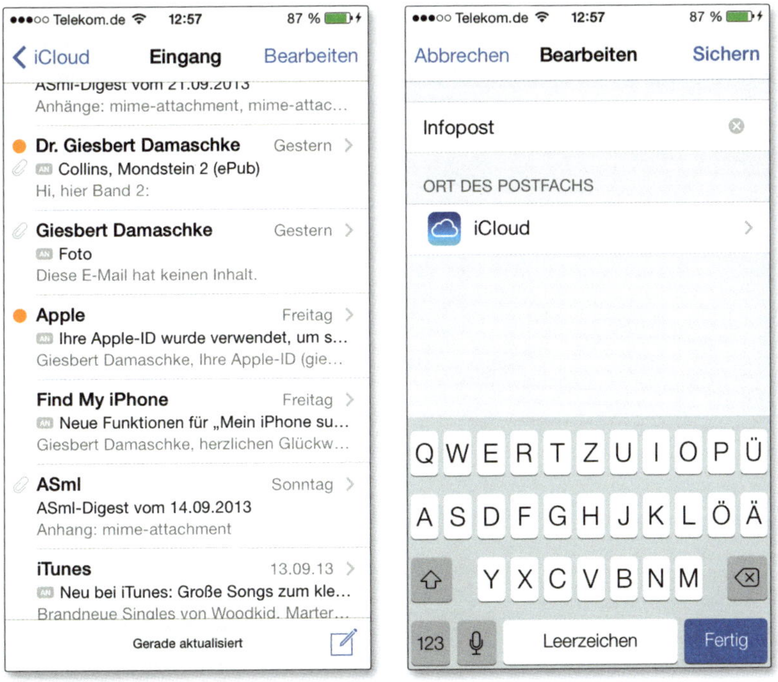


*Wichtige Mails lassen sich entweder durch einen farbigen Punkt oder ein kleines Fahnensymbol markieren. Eigenen Postfächer sorgen zudem für mehr Übersicht bei Ihrer elektronischen Post.*

Für mehr Ordnung im Posteingang sorgen eigene Postfächer, in die Sie zusammengehörende Mails sortieren. Diese Postfächer entsprechen einem Ordner oder Verzeichnis im Finder (Mac) bzw. Windows Explorer. Um ein neues Postfach auf dem iPhone anzulegen, lassen Sie sich in Mail den Account anzeigen und tippen oben rechts auf **Bearbeiten**. Unten rechts erscheint nun die Taste **Neues Postfach**. Nach einem Tipp darauf geben Sie den Namen des neuen Postfachs an und legen fest, wo es angelegt werden soll. Anschließend speichern Sie Ihre Eingaben mit **Sichern**.

Ein Postfach lässt sich einfach umbenennen, verschieben oder löschen. Tippen Sie dazu während der Bearbeitung auf das zu löschende Postfach.

### AUFGEPASST

Beim Löschen eines Postfachs werden auch die darin enthaltenen Mails gelöscht!

Um Mails in ein anderes Postfach zu bewegen, haben Sie zwei Möglichkeiten:

- **Einzelne Mail:** Um eine einzelne Mail zu verschieben, streichen Sie sie im Postfach von rechts nach links durch, tippen auf **Mehr** und anschließend auf **E-Mail bewegen**. Alternativ dazu lassen Sie sich die Mail anzeigen und tippen auf das Ordnersymbol links. Die verfügbaren Postfächer werden eingeblendet. Mit einem Fingertipp verschieben Sie die Mail in das gewünschte Postfach.
- **Mehrere Mails:** Sollen mehrere Mails verschoben werden, tippen Sie im Postfach auf **Bearbeiten**, markieren die gewünschten Mails und wählen anschließend **Bewegen**.

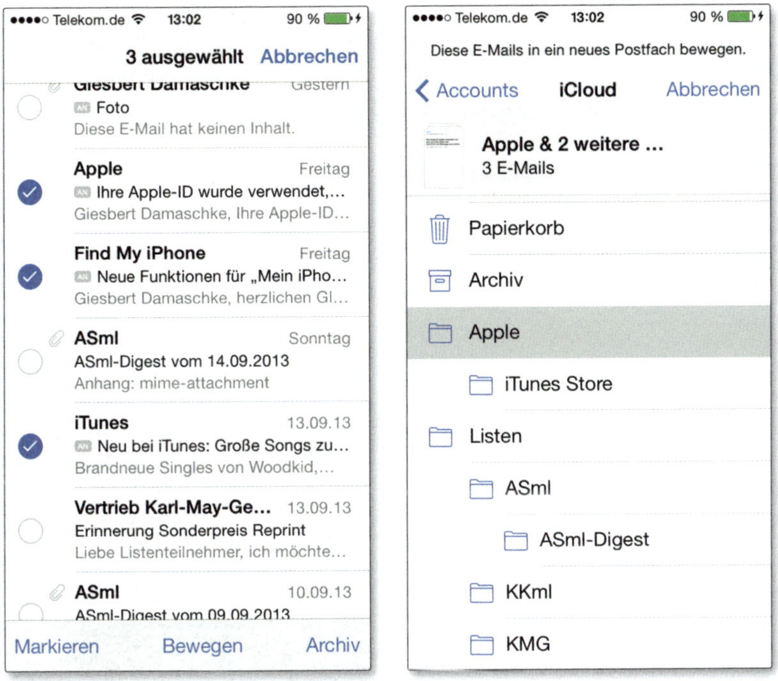


*E-Mails lassen sich einzeln oder geschlossen in ein anderes Postfach verschieben.*

# E-Mails löschen

Nicht alle Mails, die einem so ins Postfach purzeln, möchte man tatsächlich auch haben. Auch benötigt man nicht zwingend von allen gesendeten Mails eine Kopie auf dem iPhone. Da heißt es dann Abschied nehmen und weg damit. Kurz: Mails sollten ab und an auch mal gelöscht werden. Hier haben Sie folgende Möglichkeiten:

- **Papierkorb:** Sie können jede Mail, die Sie aktuell lesen, mit einem Tipp auf den Papierkorb sofort löschen.
- **Durchstreichen:** Mails lassen sich auch im Postfach löschen, indem Sie den Eintrag von rechts nach links durchstreichen und anschließend auf die Taste **Löschen** tippen.
- **Mehrere Mails:** Wenn Sie mehrere Mails löschen möchten, ist es natürlich sehr lästig, jede Mail einzeln auswählen zu müssen. Müssen Sie auch nicht. Tippen Sie im Postfach auf die Taste **Bearbeiten**. Nun markieren Sie jede zu löschende Mail. Mit einem Tipp auf **Löschen** befördern Sie die ausgewählten Mails in den Müll.

Beim Löschen im Posteingang gibt es durch die Notwendigkeit, die **Löschen**-Taste anzutippen, einen gewissen Schutz vor dem versehentlichen Löschen einer Mail.

Löscht man eine Mail durch einen Tipp auf den Papierkorb, fehlt diese Abfrage. Möchten Sie auch hier auf Nummer sicher gehen, können Sie eine solche Abfrage aber problemlos aktivieren. Wählen Sie dazu **Einstellungen > Mail, Kontakte, Kalender** und aktivieren Sie den Punkt **Löschen bestätigen**.

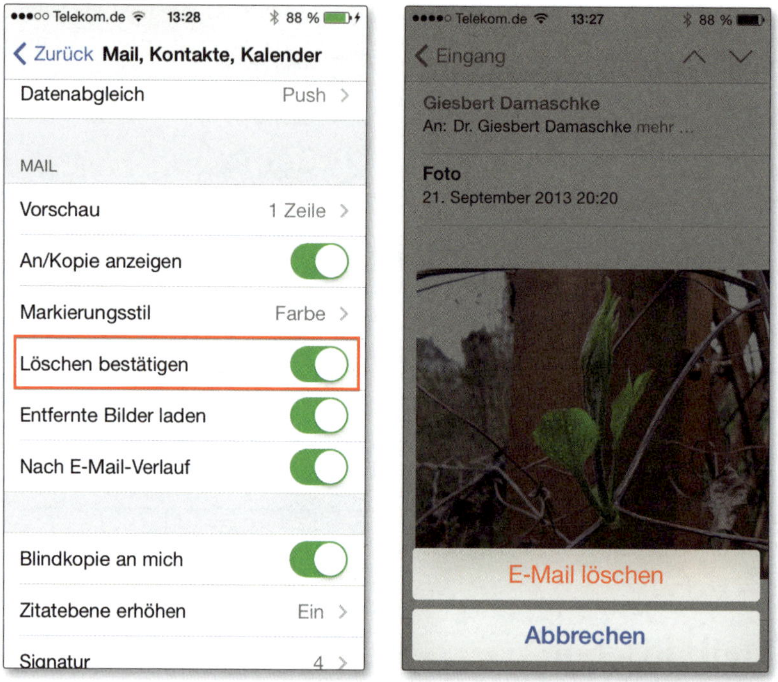


*Als Schutz vor versehentlichem Löschen lässt sich in den Einstellungen eine zusätzliche Sicherheitsabfrage aktivieren.*

Mails, die Sie auf dem iPhone löschen, landen zuerst im Papierkorb. Von dort können Sie sie auch wieder hervorholen. Wechseln Sie dazu zum Papierkorb und tippen Sie auf **Bearbeiten**. Markieren Sie die entsprechende Mail und tippen Sie auf **Bewegen**. Nun können Sie die Mail aus dem Papierkorb holen und zum Beispiel erneut in den Posteingang schieben.

Erst wenn der Papierkorb geleert wird, werden die Nachrichten endgültig gelöscht. Lassen Sie sich dazu das Postfach **Papierkorb** anzeigen und tippen Sie oben rechts auf **Bearbeiten**. Sie können nun die zu löschenden Mails auswählen oder mit einem Tipp auf **Alle löschen** den Papierkorb vollständig leeren.

# E-Mail archivieren

Statt eine Mail zu löschen, können Sie sie auch archivieren – vorausgesetzt, Ihr Mail-Provider bietet Ihnen genügend Speicherplatz für Ihre Mails. So sammeln sich zwar im Archiv-Postfach im Laufe der Zeit ziemlich viele eigentlich überflüssige Mails an, aber dafür können Sie sich sicher sein, dass Sie nicht versehentlich eine wichtige Mail gelöscht haben und diese (mit etwas Geduld) wiederaufzufinden ist.

Um diese Option zu aktivieren, rufen Sie zuerst **Einstellungen** > **Mail, Kontakte, Kalender** auf und tippen auf den gewünschten Account. Nun werden Ihnen die Account-Daten gezeigt, tippen Sie hier auf den Account und anschließend auf **Erweitert**. Hier legen Sie im Feld **Archivieren** das Postfach fest, das als Archiv benutzt werden soll (normalerweise müssen Sie hier keine Änderung vornehmen). Anschließend tippen Sie unter **Gelöschte E-Mails bewegen** nach auf **Archivieren**.

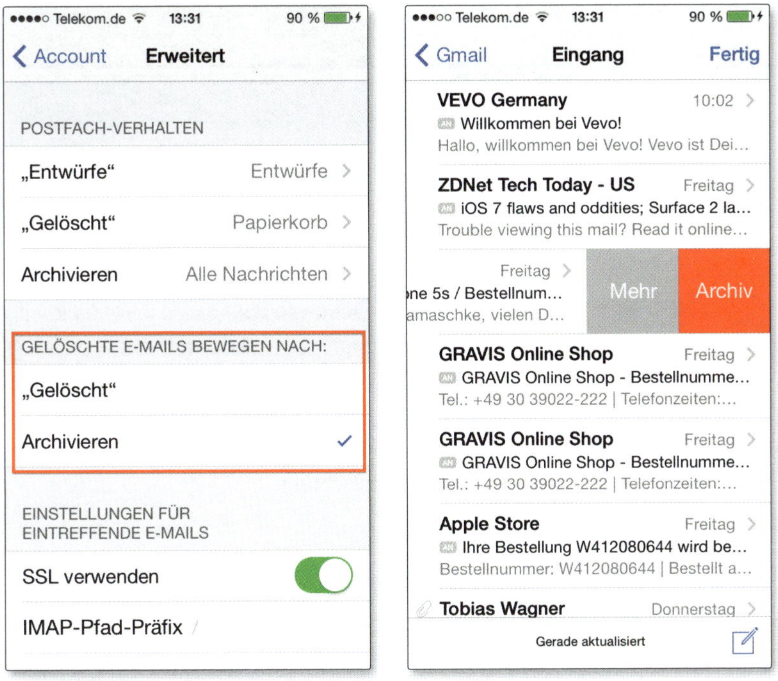


*Statt eine E-Mail kurzerhand zu löschen, können Sie sie auch archivieren. Das braucht zwar mehr Speicherplatz, stellt aber sicher, dass eine E-Mail nicht aus Versehen auf Nimmerwiedersehen verschwindet.*

Bei einem iCloud-Account unterscheidet sich das Vorgehen ein wenig. Wählen Sie **Einstellungen** > **Mail, Kontakte, Kalender** und tippen Sie auf den iCloud-Eintrag. Tippen Sie nun auf das Feld **Account**, anschließend auf **Mail** und dort auf **Erweitert**.

Nachdem Sie die Archivierungsoption aktiviert haben, werden die entsprechenden **Löschen**-Tasten zu **Archiv**-Tasten und aus dem Papierkorb in der Mailanzeige ein Archivkarton. Möchten Sie eine Mail ausnahmsweise doch einmal löschen, verschieben Sie die Mail entweder in den Papierkorb oder Sie berühren und halten den Karton und tippen auf **E-Mail löschen**.

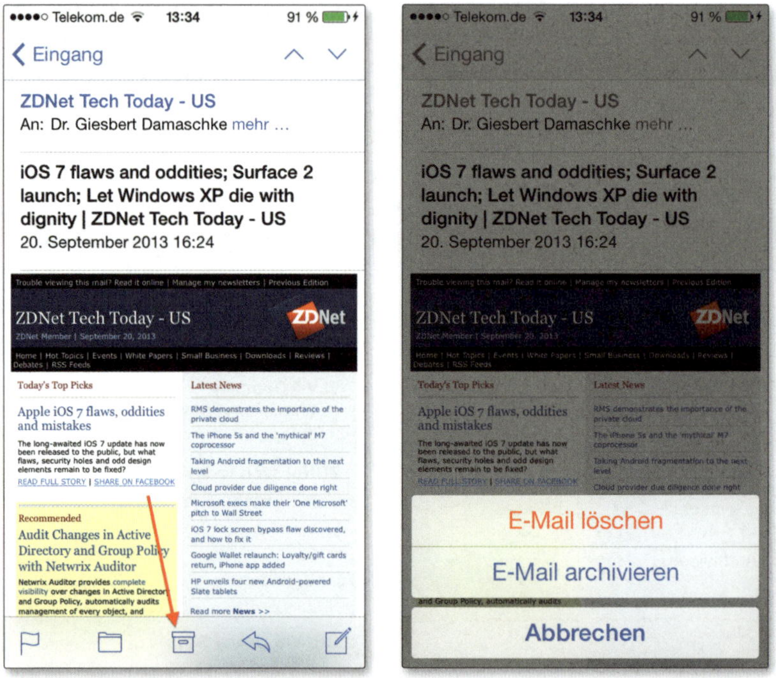


*Auch bei aktivierter Archivierungsfunktion lässt sich eine einzelne Mail immer noch sofort löschen. Berühren und halten Sie das Archivsymbol und wählen Sie die gewünschte Option.*

## E-Mails suchen

Wenn Sie viele Mails auf Ihrem iPhone verwalten, dann kann es schon mal etwas schwieriger werden, rasch eine bestimmte Mail zu finden. Hier unterstützt Sie das Programm mit einer Suchfunktion. Das Eingabefeld für die Suche steht am Kopf der jeweiligen Postfachübersicht. Üblicherweise wird es nicht eingeblendet, aber Sie können es leicht hervorholen. Ziehen Sie die Seite einfach nach unten oder tippen Sie oben auf die Statusleiste, etwa die Uhrzeit.

Geben Sie Ihren Suchbegriff ein und tippen Sie auf **Suchen** oder ziehen Sie das Display nach unten. Über zwei Register können Sie festlegen, ob Sie **Alle Postfächer** (aller Accounts) oder das **Aktuelle Postfach** durchsuchen möchten. Wenn Sie wissen, in welchem Postfach sich eine gesuchte E-Mail befindet, empfiehlt es sich, die Suche auf dieses Postfach zu beschränken, damit das iPhone sich nicht erst mühselig durch Postfächer wühlt, in denen es ohnehin nicht fündig werden wird.

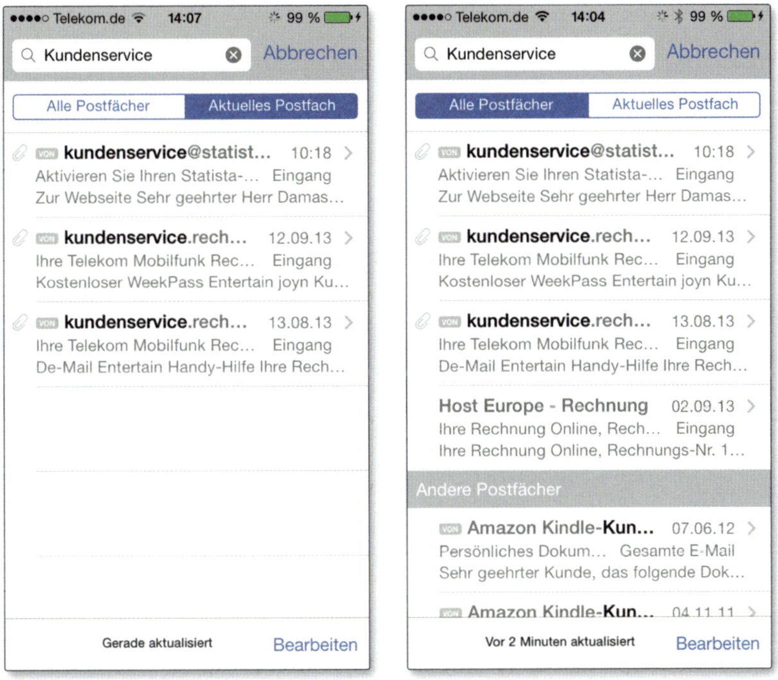


*Sie können jederzeit gezielt nach einer Mail suchen, wobei das iPhone entweder nur im aktuellen Postfach oder in allen Postfächern aller Accounts nach Ihrem Stichwort stöbert.*

## Werbung entsorgen

Nicht jede Mail, die einem in den Posteingang plumpst, ist auch erwünscht. Mitunter handelt es sich dabei um unerwünschte Werbemails (»Spam«), auf die man auch gern verzichtet hätte.

Viele Anbieter analysieren daher alle eintreffende Mails auf typische Werbemerkmale und filtern solche Mails bereits im Vorfeld aus. Mails, die als »Werbung« klassifiziert worden sind, landen in einem eigenen Postfach und können jederzeit überprüft werden. Schließlich arbeitet kein Filter perfekt und gelegentlich wird eine erwünschte Mail fälschlich als Werbung eingestuft.

Mitunter rutscht auch eine unerwünschte Mail durch den Filter und landet im Posteingang. In diesem Fall sollten Sie die unerwünschte Mail nicht einfach löschen, sondern explizit als »Werbung« kennzeichnen, damit die Filter Ihres Mail-Anbieters in Zukunft ähnliche Mails automatisch erkennen und aussortieren.

Dazu verschieben Sie die Mail entweder in das entsprechende Postfach oder Sie streichen sie im Posteingang von rechts nach links durch, tippen auf **Mehr** und anschließend auf **In „Werbung" bewegen**.

Kapitel

# Kamera und Fotos

8

Sowohl mit dem iPhone 5c als auch mit dem iPhone 5s können Sie schnell und einfach sehr gute Fotos und Videos aufnehmen. Allerdings hat hier das 5s dank besserer Kamera und mehr Funktionen deutlich die Nase vorn.

# Die beiden Kameras des iPhones

Das iPhone 5s und das iPhone 5c besitzen sowohl auf der Vorder- als auch der Rückseite eine Kamera. Die Frontkamera wird vor allem für Videotelefonie mit FaceTime (s. dazu Kapitel 4) benutzt, kann aber auch für Foto- und Videoaufnahmen eingesetzt werden.

Die Kamera auf der Rückseite wird von Apple iSight-, die auf der Frontseite FaceTime-Kamera genannt. Zwischen beiden Kameras können Sie beim Fotografieren wechseln.

Beide Kameras unterscheiden sich deutlich in ihren technischen Daten und damit auch in ihrer Leistungsfähigkeit.

- **iSight-Kamera:** Die Kamera auf der Rückseite hat eine Auflösung von 8 Megapixeln (genauer: von 2448 x 3264 Bildpunkten). Videos werden mit 1080p (also mit 1920 x 1080 Bildpunkten) und 30 Bildern pro Sekunde aufgezeichnet. Die Kamera besitzt eine Reihe von Sonderfunktionen wie HDR (High Dynamic Range Image, Hochkontrastbild), einen Autofokus, automatische Gesichtserkennung, einen Panorama-Modus und mehr. Mit diesen Funktionen werden wir uns in diesem Kapitel ausführlicher beschäftigen.
- **FaceTime-Kamera:** Die Vorderseitenkamera ist überwiegend für Videotelefonie gedacht und daher nicht so leistungsfähig wie die iSight-Kamera. Sie besitzt eine Auflösung von 1,2 Megapixeln (960 × 1280 Bildpunkte) und zeichnet Videos lediglich mit 720p (1280 × 720 Bildpunkte) und 30 Bildern pro Sekunde auf. Die automatische Gesichtserkennung funktioniert auch bei dieser Kamera, auf Funktionen wie HDR, Blitz oder Zoom müssen Sie allerdings verzichten.
- **Der Blitz:** Während das iPhone 5c einen normalen, weißen LED-Blitz bietet, wartet das iPhone 5s mit einem variablen Blitz auf, der seine Farbtemperatur dem Umgebungslicht anpassen kann. Apple nennt diese Technologie »True Tone«, da sich mit diesem Verfahren auch bei Blitzlichtaufnahmen Farben deutlich realistischer einfangen lassen als mit einem Standardblitz.

# Ein Foto aufnehmen

Die Kamera des iPhones aktivieren Sie mit einem Tipp auf das Symbol Kamera, das nicht nur auf dem Home-Bildschirm, sondern auch im Kontrollzentrum zu finden ist.

Die Kamera lässt sich auch direkt vom Sperrbildschirm aufrufen. Ziehen Sie dazu das Kamera-Symbol rechts unten auf dem Sperrbildschirm nach oben. Dabei ist lediglich die Kamera zugänglich, alle anderen Funktionen und Apps bleiben gesperrt.

*Die Kamera-App ist auch über den Sperrbildschirm und das Kontroll-zentrum erreichbar.*

Der Einsatz der Kamera ist denkbar simpel. Als Sucher dient das komplette Display. Visieren Sie das gewünschte Motiv an, tippen Sie auf den weißen Auslöser: Fertig. Sie müssen sich um nichts kümmern, nicht um die Beleuchtung, nicht um den Weißabgleich, sondern knipsen fröhlich drauflos. Das aktuelle Foto wird links unten im Display als Miniatur angezeigt. Um zwischen der Kamera auf der Rückseite und der Frontkamera zu wechseln, tippen Sie oben rechts auf das Kamerasymbol.

Die Kamera fokussiert automatisch. Der fokussierte Bereich wird durch ein Quadrat auf dem Bildschirm markiert. Möchten Sie die Kamera stattdessen auf einen anderen Bereich scharfstellen, tippen Sie ihn auf dem Bildschirm an, und das iPhone fokussiert die Kamera nach Ihren Wünschen neu.

*Draufhalten, abdrücken, fertig: Ein Foto ist mit dem iPhone schnell gemacht. Gefällt Ihnen der Autofokus nicht, tippen Sie auf den Bereich, auf den das iPhone fokussieren soll.*

In der linken unteren Ecke zeigt die Kamera immer eine Miniatur der letzten Aufnahme. Tippen Sie auf diese Miniatur, wechseln Sie zur Fotos-App und können durch Ihre aktuell gespeicherten Aufnahmen blättern. Missglückte Aufnahmen entsorgen Sie am besten sofort mit einem Tipp auf den Papierkorb, schließlich belegt jedes Foto auf dem iPhone Speicherplatz, den Sie nicht unbedingt mit missratenen Bildern verschwenden sollten. Sie können die Fotos hier auch sofort bearbeiten (dazu weiter unten mehr). Mit einem Tipp auf **Fertig** kehren Sie zur Kamera zurück.

Sowohl das iPhone 5s als auch das iPhone 5c besitzen eine Serienbildfunktion, mit der Sie rasche Bewegungsfolgen fotografieren und später in der Fotos-App entscheiden, welche Aufnahme(n) Sie benutzen möchten.

Berühren und halten Sie dazu den Auslöser. Das iPhone nimmt nun in rascher Folge mehrere Bilder auf, womit sich etwa rasche Bewegungen optimal einfangen lassen. In diesem sogenannten Burst-Modus schießt das iPhone 5s zehn Bilder pro Sekunde, wobei ein Zähler mitläuft und Ihnen anzeigt, wie viele Fotos Sie aktuell aufgenommen haben. Beim iPhone 5c müssen Sie sich mit zwei Bildern pro Sekunde begnügen und auf einen Zähler verzichten.

*Bei der Serienbildfunktion zeigt ein Zähler an, wie viele Fotos bereits gemacht wurden (nur iPhone 5s).*

Alternativ löst auch ein Druck auf den Plus-Knopf der Lautstärkeregler die Aufnahme aus. So können Sie das iPhone wie eine normale Kamera vor das Auge halten und wie bei diesen Modellen oben rechts einen mechanischen Auslöser drücken.

**TIPP**

Sie können auch den Lautstärkeregler am Headset als Auslöser benutzen und das Headset so als Fernsteuerung für Fotos einsetzen. Drücken Sie dazu auf die Plus-Taste des Headsets.

## Einstellungen

Die aktuelle Einstellung des Blitzlichts sehen Sie oben links. Tippen Sie das Blitzsymbol an, um die gewünschte Einstellung zu wählen. Sie können den Blitz immer ein- bzw. ausschalten oder auf Automatik stellen.

Neben dem Blitzsymbol sehen Sie, ob HDR ein- oder ausgeschaltet ist. Mit einem Tipp wechseln Sie zwischen **HDR ein** und **HDR aus**. Sobald Sie HDR aktiviert haben, wird der Blitz automatisch ausgeschaltet, da die Beleuchtung des Fotos nun vom iPhone gesteuert wird. Beim Einsatz von HDR empfiehlt es sich, neben dem HDR-Foto auch immer die Aufnahme mit normaler Belichtung zu speichern. Wählen Sie dazu **Einstellungen** > **Fotos & Kamera** und aktivieren Sie den Schalter **Foto behalten**.

## GRUNDLAGEN

Im HDR-Modus nimmt das iPhone drei Fotos in sehr rascher Folge mit unterschiedlichen Belichtungen (normal, unter- und überbelichtet) auf. Damit sind auf den Fotos jeweils unterschiedliche Bereiche ausgeleuchtet. Aus diesen drei Aufnahmen setzt das iPhone schließlich ein HDR-Foto zusammen, in dem alle Bereiche gut belichtet sind. Soweit zumindest die Theorie. In der Praxis ist das Ergebnis von HDR nicht immer überzeugend, mitunter wirken die Fotos mit normaler Beleuchtung lebendiger und echter. Doch einen Versuch ist HDR auf jeden Fall wert, besonders bei Gegenlicht oder ungünstigen Lichtverhältnissen entstehen so Fotos, auf denen deutlich mehr Details zu erkennen sind. Da eine HDR-Aufnahme vom iPhone einen erheblichen Rechenaufwand verlangt, verzögert sich die Aufnahme allerdings ein wenig.

Um die Aufnahme möglichst waagerecht bzw. senkrecht auszurichten, können Sie sich ein Raster einblenden lassen. Aktivieren Sie dazu unter **Einstellungen > Fotos & Kamera** den Schalter **Raster**.

*Auf Wunsch lässt sich ein Raster zur Ausrichtung eines Fotos einblenden. Einfache Farbfilter können bereits während der Aufnahme eingesetzt werden.*

Die Kamera bietet einige einfache Farbfilter, die Sie mit einem Tipp auf die drei sich überlappenden Kreise aufrufen. Den gewünschten Farbeffekt wählen Sie dann mit einem Fingertipp aus. Doch Vorsicht! Ein einmal aktivierter Filter bleibt aktiv, bis Sie ihn explizit wieder ausschalten. Da Sie die Farbfilter auch nachträglich in der Fotos-App anwenden können, kann man auf die Farbeffekte der Kamera in der Regel verzichten.

Neben den üblichen Fotos im Format von 2448 x 3264 kann die Kamera auch quadratische Bilder im Format 2448 x 2448 und Panoramen aufnehmen. Welches Format aktuell gewählt ist, sehen Sie in der unteren Textzeile. Um zwischen den Formaten zu wechseln, wischen Sie von rechts nach links über das Display und wechseln Sie die Einstellung so von **Foto** zu **Quadrat** bzw. **Panorama**.

Im Panorama-Modus wird im Hochformat ein Pfeil eingeblendet. Tippen Sie auf den weißen Auslöser und folgen Sie dem Pfeil mit einer gleichmäßigen Kamerabewegung. Üblicherweise wird ein Panorama mit einer Kamerabewegung von links nach rechts aufgenommen. Möchten Sie die Richtung ändern, tippen Sie auf den Pfeil. Mit einem Tipp auf die weiße Taste beenden Sie die Aufnahme.

**TIPP**

Möchten Sie nicht ein vertikales Panorama einer Landschaft fotografieren, sondern zum Beispiel ein hohes Gebäude, also gewissermaßen ein horizontales Panorama, dann drehen Sie das iPhone einfach ins Querformat. Der Panorama-Modus bleibt aktiv, und Sie können das iPhone nun von unten nach oben statt von links nach rechts bewegen.

Die Kamera besitzt einen digitalen Zoom, den Sie aktivieren, indem Sie den gewünschten Bereich mit zwei Fingern aufziehen. Dabei wird automatisch ein Schieberegler im unteren Bereich des Bildschirms eingeblendet, über den Sie den Zoom ebenfalls steuern können. Im Unterschied zu einem optischen Zoom fängt ein digitaler Zoom beim Heranzoomen allerdings nicht mehr Bilddetails ein, sondern vergrößert lediglich die Bildpunkte. So bekommen Sie zwar Details formatfüllend ins Bild, müssen aber Abstriche bei der Bildqualität machen. Normalerweise ist es sinnvoller, ein Bild mit maximaler Qualität aufzunehmen und später in der Fotos-Apps (oder im Fotoprogramm am Computer) den gewünschten Ausschnitt festzulegen.

## Ein Video aufzeichnen

Um ein Video aufzuzeichnen, wechseln Sie mit einem Fingerwisch über das Display von **Foto** zu **Video**. Bei eingeschaltetem Videomodus wird der ansonsten weiße Auslöser rot. Nach einem Tipp auf den Auslöser hören Sie einen Signalton und die Videoaufzeichnung startet.

Die Dauer der Aufzeichnung wird oben im Display eingeblendet. Ein erneuter Druck auf den Knopf wird mit einem doppelten Signalton beantwortet. Die Aufzeichnung stoppt, und das Video wird gespeichert. Es ist also nicht möglich, die Aufnahme zu pausieren.

*Während der Videoaufzeichnung wird die Dauer des Videos eingeblendet. Mit einem Tipp auf den weißen Auslöser nehmen Sie während der Aufzeichnung ein Standbild auf.*

## TIPP

Wie beim Fotografieren können Sie auch bei der Videoaufzeichnung sowohl mit Hoch- wie mit Querformat arbeiten. Doch während Fotos in der Regel im Hochformat geschossen werden, sollten Sie Videos möglichst im Querformat aufzeichnen. Das Ergebnis ist erfahrungsgemäß deutlich besser als ein Hochformatvideo.

Auch während der Videoaufzeichnung können Sie mit Fingertipp den Fokus der Aufnahme verändern. Da Sie dabei aber dem iPhone unweigerlich eine kleine Erschütterung verpassen, die der integrierte Bildstabilisator nur schwer ausgleichen kann, erhalten Sie so fast immer eine kurzfristig verwackelte Aufnahme.

Während der Aufzeichnung wird neben der Aufnahmetaste noch eine etwas kleinere weiße Taste angezeigt. Mit einem Tipp auf diese Taste nehmen Sie während der Video-Aufzeichnung ein Standfoto auf.

Das iPhone 5s besitzt zudem eine Zeitlupenfunktion. Wischen Sie dazu von links nach rechts über das Display, bis unten die Einstellung **Slo-Mo** (für »Slow Motion«, Zeitlupe) erscheint. In diesem Modus nimmt das iPhone 5s ein Video mit 120 Bildern pro Sekunde auf, allerdings wird die Auflösung von 1080p auf 720p gesenkt. In der Fotos-App lässt sich ein Zeitlupen-Video später so bearbeiten, dass nur ein bestimmter Teil in Zeitlupe läuft, während der Rest in normaler Geschwindigkeit angezeigt wird.

*Das iPhone 5s besitzt eine Zeitlupenfunktion, die Videos mit 120 Bildern pro Sekunde aufzeichnet.*

## Das Geo-Tagging von Fotos und Videos

Beim ersten Start fragt die Kamera-App nach, ob sie auf die Ortsinformationen des iPhones zugreifen darf. Sie können dies erlauben oder verneinen, eine spätere Änderung ist jederzeit möglich. Mit den Ortungsdiensten des iPhones beschäftigen wir uns in Kapitel 2.

Wenn Sie den Zugriff erlauben, speichert die Kamera die Position in den Exif-Daten des Fotos. Man spricht hier vom »Geo-Tagging« eines Bildes.

### GRUNDLAGEN

Exif ist die Abkürzung für »Exchangeable Image File Format« und bezeichnet ein standardisiertes Format, in dem Metadaten wie Datum, Uhrzeit, Brennweite oder Belichtungszeit eines digitalen Bildes in der Bilddatei hinterlegt werden.

Zu sehen ist davon auf dem Foto nichts, aber fast jedes Fotoprogramm kann diese Daten auslesen. So ist es etwa möglich, ein Foto über seine Positionsdaten auf einer Karte exakt zu lokalisieren. Genau das macht auf Ihrem iPhone übrigens die Fotos-Applikation, mit der wir uns gleich beschäftigen. Auch Angebote wie der Fotodienst Flickr werten Ortsangaben in Fotos aus und zeigen sie zusammen mit Ihren Fotos an.

Die Speicherung der Ortsdaten können Sie unter **Einstellungen** > **Datenschutz** > **Ortungsdienste** über den Schalter bei Kamera ein- bzw. ausschalten.

# Aufnahmen vom iPhone auf den Computer kopieren

Die mit dem iPhone aufgenommenen Fotos und Videos lassen sich problemlos auf Ihren Computer übertragen (ganz gleich, ob Sie an einem Mac oder einem Windows-PC arbeiten). Sobald Sie das iPhone an den Computer angeschlossen haben, wird es als digitale Kamera erkannt und genauso behandelt wie andere Kameras auch.

Auf dem Mac benutzen Sie Ihr Fotoprogramm (zum Beispiel iPhoto oder Aperture), das Programm Vorschau oder Digitale Bilder, um die Dateien vom iPhone auf Ihren Computer zu kopieren. Auf dem PC greifen Sie ebenfalls zum Fotoprogramm Ihrer Wahl oder benutzen den Explorer, in dem das iPhone als Kamera angezeigt wird.

*Am Computer wird das iPhone wie eine normale digitale Kamera behandelt, Fotos werden sowohl unter OS X wie unter Windows mit den gewohnten Programmen importiert.*

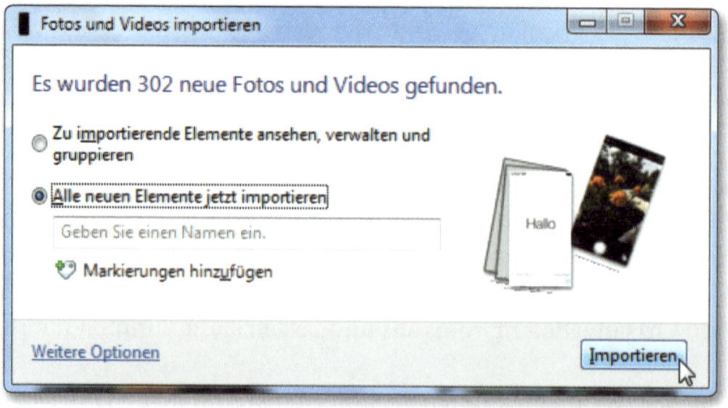

# Aufnahmen vom Computer auf das iPhone übertragen

Sie können auf dem iPhone nicht nur die Fotos mit sich herumtragen, die Sie mit der integrierten Kamera gemacht haben, sondern jedes beliebige Foto auf Ihrem Computer auf das iPhone kopieren.

Dazu dient einmal mehr iTunes. Schließen Sie das iPhone an Ihren Computer an, starten Sie iTunes und wählen Sie das iPhone aus. Wechseln Sie nun zur Registerkarte **Fotos**. Aktivieren Sie den Punkt **Fotos synchronisieren von** und legen Sie eine Quelle fest. Falls Sie auch eventuell vorhandene Videos der Fotos-App zur Verfügung stellen möchten, aktivieren Sie zusätzlich den Punkt **Videos einbeziehen**. Als Quelle kann dabei ein unterstütztes Fotoprogramm (auf dem Mac iPhoto oder Aperture, unter Windows Adobe Photoshop Elements) oder ein Ordner mit Fotos dienen.

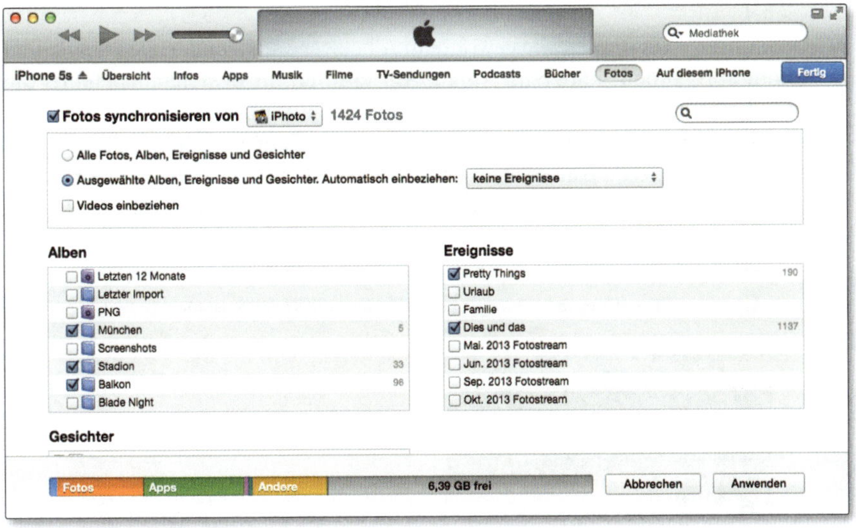


*Fotos auf dem Computer werden mit iTunes an das iPhone übertragen.*

## GRUNDLAGEN

Der Punkt **Videos einbeziehen** im Fotos-Register betrifft Videos, die Sie mit der iPhone-Kamera aufgenommen haben (Dateiformat: MOV). Auf den Registerkarten **Filme** und **TV-Sendungen** werden die Videos verwaltet, die Sie aus anderen Quellen – etwa dem iTunes Store – bezogen haben (Dateiformat: M4V oder MP4). Diese werden mit der Videos-App auf dem iPhone wiedergegeben. Diesem Thema widmet sich das Kapitel 9.

# Die Fotos-App auf dem iPhone

Alle Fotos, ganz gleich, ob es sich um Aufnahmen handelt, die Sie direkt mit dem iPhone gemacht oder um solche, die Sie vom Computer aus übertragen haben, sind über das Programm Fotos zugänglich. Das Programm bietet standardmäßig drei Register.

- **Fotos:** Hier werden Aufnahmen anhand von Aufnahme- und Ortsdaten automatisch nach **Jahren**, **Sammlungen** und **Momenten** sortiert. Das ist etwa für die automatische Gruppierung von Urlaubsaufnahmen recht praktisch, kann bei sehr vielen Fotos aber auch ein wenig unübersichtlich werden. Falls Sie der Kamera den Zugriff auf die Ortsdaten gestattet haben, sortiert das iPhone die Bilder in den Sammlungen und Momenten nicht nur chronologisch, sondern auch geografisch. Mit einem Tipp auf die Ortsangabe werden die Fotos auf einer Karte lokalisiert.
- **Für alle:** Hier finden Sie alle Alben, die Sie über iCloud freigegeben haben. Wie Sie Fotos via iPhone für andere freigeben, erfahren Sie weiter unten in diesem Kapitel.
- **Alben:** Alle Fotos werden wie gewohnt in Alben verwaltet. Bilder, die Sie mit dem iPhone aufnehmen, landen im Album **Aufnahmen**, ansonsten tauchen hier die Alben bzw. Ordner auf, die Sie vom Computer aus aufs iPhone gesynct haben. Panorama- und Video-Aufnahmen werden automatisch in eigenen Alben verwaltet. Falls Sie in iCloud Fotostream aktiviert haben, finden Sie hier ebenfalls einen entsprechenden Ordner (mit Fotostream beschäftigen wir uns gleich ausführlicher).

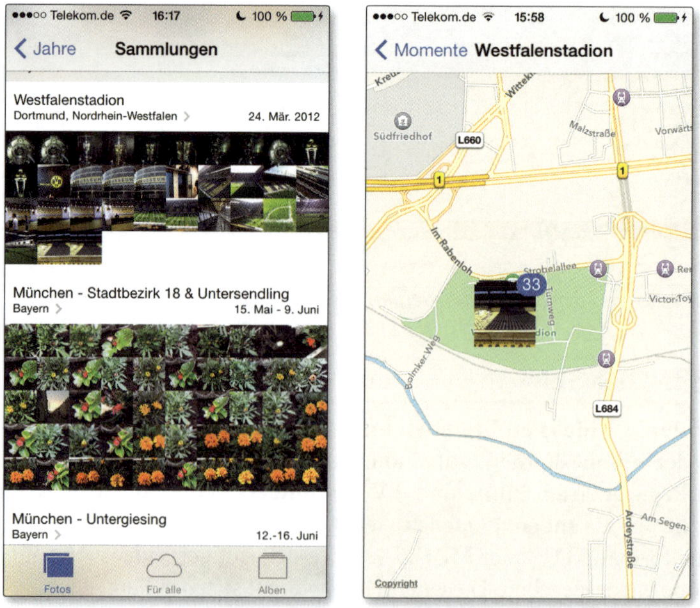


*Die Fotos-App sortiert Bilder automatisch chronologisch und geografisch. Auf Wunsch werden Fotos mit Ortsdaten in einer Karte gezeigt.*

Um sich ein Bild auf dem iPhone anzeigen zu lassen, tippen Sie es an. Tippen Sie das Foto doppelt an und ziehen es mit einer Spreizgeste auseinander, zoomen Sie hinein. Mit einem Tipp auf das Bild blenden Sie das Menü ein bzw. aus. Mit einer horizontalen Wischbewegung blättern Sie durch alle Fotos.

Möchten Sie die Arbeit komplett dem iPhone überlassen, lassen Sie sich die Bilder eines Albums als Diashow vorführen. Tippen Sie dazu auf die Teilen-Taste (das Rechteck mit dem Pfeil nach oben) und wählen Sie **Diashow**. Nun können Sie einen Übergang zwischen den Fotos definieren und mit Musik unterlegen. Nach einem Tipp auf **Präsentation starten** beginnt die Diashow.

Die Bilder werden standardmäßig in chronologischer Reihenfolge für jeweils drei Sekunden angezeigt. Unter **Einstellungen** > **Fotos & Kamera** lassen sich auch eine zufällige Reihenfolge und längere Anzeigedauer wählen.

## Fotos auf dem iPhone organisieren

Normalerweise legen Sie Alben oder Ordner auf dem Computer an und syncen diese Struktur aufs iPhone, wo die entsprechenden Alben in der Fotos-App auftauchen.

Es ist aber natürlich auch möglich, die Fotos direkt auf dem iPhone in Alben zu sortieren. Tippen Sie dazu im Register **Alben** auf **Bearbeiten** und anschließend auf die Plustaste. Geben Sie dem neuen Album einen Namen und wählen Sie nun die gewünschten Fotos aus.

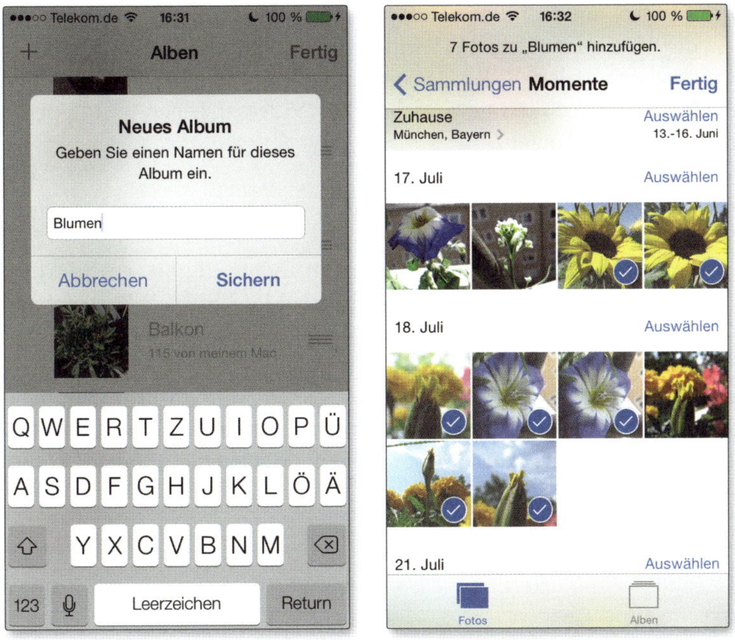


*Fotos lassen sich direkt auf dem iPhone in Alben organisieren.*

Um Fotos nachträglich einem Album zuzuweisen, öffnen Sie das Album und tippen oben rechts auf **Auswählen**. Tippen Sie nun die Fotos an, die Sie einem Album hinzufügen möchten, und wählen Sie **Hinzufügen**. Sie können die markierten Fotos nun einem bestehenden Album zuweisen, aber auch mit den ausgewählten Fotos ein neues Album anlegen.

Da ein auf dem iPhone angelegtes Album nur Verweise auf die Fotos enthält, nicht die Bilder selbst, kann ein Foto in beliebig vielen Alben auftauchen.

Um ein auf dem iPhone angelegtes Album wieder zu löschen, lassen Sie sich das Register **Alben** anzeigen, tippen auf **Bearbeiten** und anschließend auf das rote Minuszeichen neben dem Album, das Sie löschen möchten. Nach einem Tipp auf **Löschen** und der Bestätigung mit **Löschen** entfernen Sie das Album. Die in dem Album enthaltenen Fotos werden nicht vom iPhone gelöscht und sind weiterhin über das Album **Aufnahmen** zu erreichen.

**GRUNDLAGEN**

Alben, die Sie vom Computer aus auf das iPhone kopiert haben, können Sie auf dem iPhone weder bearbeiten noch löschen. Diese Aufgabe erledigen Sie auf dem Computer und übernehmen mit einem Sync Ihre Änderungen aufs iPhone.

## Fotos/Videos teilen

Fotos und Videos auf dem iPhone können schnell und unkompliziert per AirDrop, E-Mail oder MMS verschickt, bei Twitter und Facebook veröffentlicht oder via iCloud freigegeben werden. Videos lassen sich zudem direkt bei YouTube hochladen.

Lassen Sie sich dazu das gewünschte Foto/Video anzeigen und tippen Sie auf die Teilen-Taste links unten.

Sie haben nun verschiedene Möglichkeiten:

- **AirDrop:** Das Foto wird via AirDrop an ein anderes iPhone geschickt.
- **Nachrichten, Mail:** Das Foto/Video wird als MMS bzw. als Dateianhang einer E-Mail verschickt.
- **Twitter, Facebook, Flickr, YouTube, Vimeo:** Falls Sie einen Account bei einem dieser Dienste haben, können Sie ein Foto bzw. Video dort veröffentlichen.
- **iCloud:** Falls Sie iCloud aktiviert haben, können Sie ein Foto über das Teilen-Menü auch für andere Anwender freigeben. Dazu weiter unten im Kontext von Fotostream mehr.

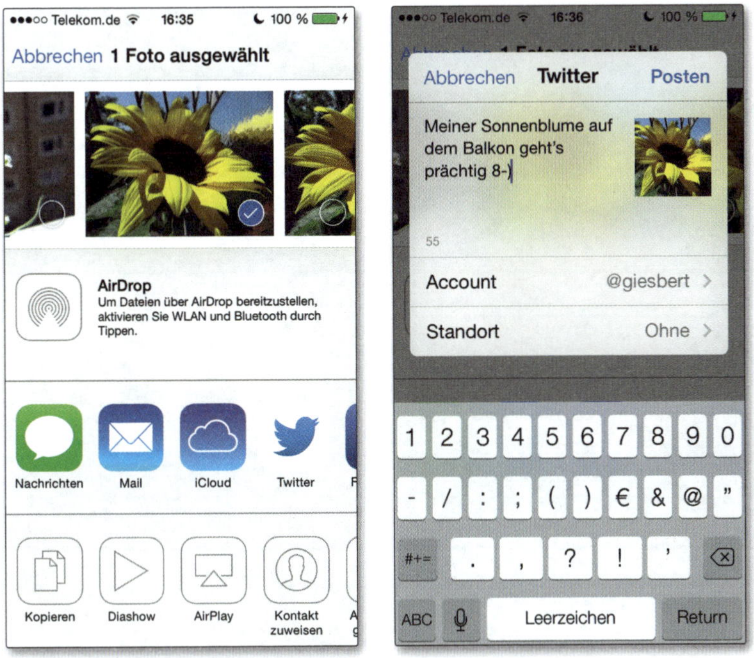


*Alle Bilder auf dem iPhone lassen sich problemlos auf verschiedenen Wege weitergeben oder in sozialen Netzwerken veröffentlichen.*

Was mit einem Foto geht, geht auch mit mehreren. Dazu lassen Sie sich das Album mit den gewünschten Fotos anzeigen. Tippen Sie aus **Auswählen**, markieren Sie die gewünschten Fotos und tippen Sie nun auf die Teilen-Taste.

## Fotos und auf dem iPhone bearbeiten

Die Fotos-App zeigt Ihnen Ihre Bilder nicht nur an, sondern bietet auch die Möglichkeit, Fotos auf dem iPhone direkt zu bearbeiten. So können Sie eine automatische Korrektur von Helligkeit und Kontrast vornehmen, rote Augen entfernen, das Foto drehen, beschneiden oder einen Filter anwenden.

Lassen Sie sich dazu das gewünschte Foto anzeigen und tippen Sie auf **Bearbeiten**. Unten wird nun eine Symbolleiste eingeblendet, über die Sie die verschiedenen Funktionen anwenden:

- **Quadrat mit Pfeil:** Das Foto wird um 90 Grad nach links gedreht.
- **Zauberstab:** Helligkeit und Kontrast des Fotos werden automatisch optimiert.
- **Kreise:** Wählen Sie einen der acht angebotenen Filter.
- **Auge:** Damit lassen sich rote Augen in Porträtaufnahmen entfernen.
- **Rechteck:** Das Foto kann beschnitten werden. Beim Beschneiden eines Fotos können Sie den Ausschnitt mit zwei Fingern drehen und zoomen.

*Fotos können auf dem iPhone auf verschiedene Weise bearbeitet werden, etwa um einen Bildausschnitt zu bestimmen oder einen Farbfilter anzuwenden.*

Mit einem Tipp auf **Sichern** bzw. **Anwenden** speichern Sie Ihre Änderungen. Dabei wird das Originalfoto überschrieben, doch keine Sorge, jede Bearbeitung lässt sich rückgängig machen. Lassen Sie sich dazu das bearbeitete Foto zeigen und tippen Sie auf **Bearbeiten**. Wählen Sie die Bearbeitung, die Sie rückgängig machen möchten, und stellen Sie hier wieder die Ausgangswerte ein.

## Serienaufnahmen bearbeiten (nur iPhone 5s)

Serienaufnahmen, die Sie mit dem iPhone 5s aufgenommen haben, werden in der Fotos-App mit einen einzigen Eintrag repräsentiert. Tippen Sie ihn an, sehen Sie ein Foto, das das iPhone für das gelungenste der Serie hält, oben links wird die Anzahl der Fotos der Serienaufnahme angezeigt, darunter sehen Sie die Bildleiste mit allen Fotos der Serie. Das vom iPhone gewählte Foto wird in dieser Leiste mit einem grauen Punkt markiert. Um ein oder mehrere Aufnahme(n) aus der Serie auszuwählen, tippen Sie auf **Favoriten auswählen**. Nun können Sie per Fingertipp die Fotos wählen, die Sie behalten möchten. Anschließend tippen Sie auf **Fertig**. Die ausgewählten Fotos werden aus der Serie kopiert und als einzelne Aufnahmen gespeichert, innerhalb der Serie bleiben sie vorerst enthalten. Die Serie lässt sich später en bloc löschen, wobei die Favoriten auf dem iPhone bleiben.

*Bei Serienaufnahmen wählen Sie besonders gelungene Bilder als Favoriten aus und können den Rest der Serie später auf einen Streich löschen.*

## Videos auf dem iPhone bearbeiten

Videos, die Sie mit dem iPhone aufgezeichnet haben, können Sie auch auf dem iPhone zurechtstutzen, indem Sie am Anfang und Ende des Clips überflüssige Szenen kürzen.

Um ein Video zu kürzen, lassen Sie es sich zuerst anzeigen. Am oberen Rand sehen Sie einen Filmstreifen des Videos. Ziehen Sie mit dem Finger Anfang und Ende des Streifens an die gewünschte Position. Für eine genauere Bildkontrolle berühren und halten Sie die Ende- bzw. Anfangsmarkierung. Der Filmstreifen zeigt nun eine detailliertere Ansicht, in der Sie die gewünschte Position besser markieren können.

Zur Kontrolle, ob der Ausschnitt Ihren Wünschen entspricht, tippen Sie unten auf die dreieckige Wiedergabetaste. Das Video wird in der gekürzten Version abgespielt. Wenn Sie mit dem Ergebnis zufrieden sind, tippen Sie auf **Kürzen**.

*Videos können Sie direkt auf dem iPhone kürzen, wobei Sie das Original nicht verlieren.*

Sie haben nun zwei Möglichkeiten:

- **Original kürzen:** Das Originalvideo auf dem iPhone wird mit der beschnittenen Version überschrieben und geht verloren.
- **Als neuen Clip sichern:** Die geschnittene Version wird als neues Video gespeichert, das Originalvideo bleibt also erhalten.

Auf dem iPhone 5s bieten Zeitlupenaufnahmen weitere Bearbeitungsmöglichkeiten. Unterhalb des Filmstreifens sehen Sie eine Leiste mit engen und etwas weiter verteilten, senkrechten Strichen. Die etwas weiter verteilten Striche markieren den Teil, der in Zeitlupe wiedergegeben wird. Ziehen Sie mit dem Finger die Anfangs- und Endmarkierung des Zeitlupenteils an die gewünschte Position.

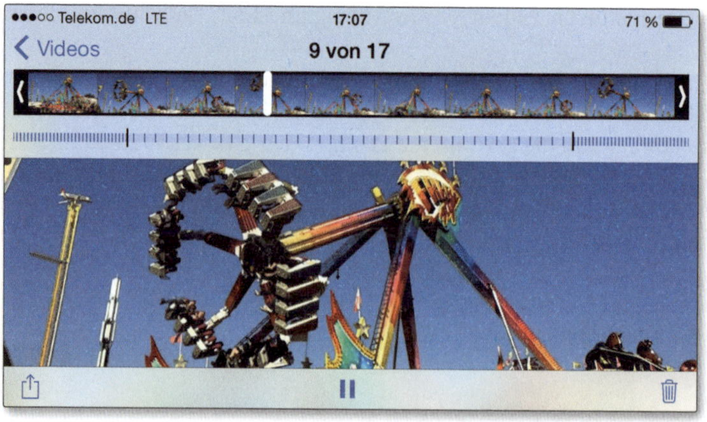


*Bei Zeitlupenaufnahmen können Sie festlegen, welcher Teil des Videos in Zeitlupe und welcher im normalen Tempo abgespielt werden soll. Diese Einstellungen gelten allerdings nur für das iPhone.*

**AUFGEPASST**

Beim Import eines Zeitlupenvideos auf dem Computer scheinen Sie auf den ersten Blick nur ein Video in normaler Geschwindigkeit zu bekommen. Doch das täuscht, auf dem Computer befindet sich das Originalvideo mit 120 Bildern pro Sekunde. Welche Teile in Zeitlupe abgespielt werden sollen, legen Sie dann in Ihrer Videosoftware auf dem Computer fest. Veröffentlichen Sie dagegen das Video direkt vom iPhone aus bei YouTube, zeigt YouTube das Video in Zeitlupe.

## Aufnahmen vom iPhone löschen

Alle Aufnahmen, die Sie mit dem iPhone gemacht haben, können Sie auch direkt auf dem iPhone löschen.

- **Einzelne Aufnahme löschen:** Lassen Sie sich ein Bild/Video anzeigen und tippen Sie auf den Papierkorb. Nach einer Sicherheitsabfrage wird das Foto gelöscht. Doch Vorsicht! Weg ist weg, Sie können ein auf dem iPhone gelöschtes Foto nicht zurückholen.
- **Mehrere Aufnahmen löschen:** Öffnen Sie das Album **Aufnahmen** und tippen Sie auf **Auswählen**. Markieren Sie die zu löschenden Fotos mit einem Fingertipp und tippen Sie auf den Papierkorb. Nach einer Sicherheitsabfrage verschwinden die markierten Aufnahmen auf Nimmerwiedersehen.
- **Serien löschen (nur iPhone 5s):** Wenn Sie eine Serienaufnahme löschen, werden die Aufnahmen, die Sie als Favorit markiert haben, als einzelne Aufnahmen übernommen, alle anderen Fotos der Serie werden en bloc gelöscht. Sie müssen bei einer Serienaufnahme also nicht mühsam jedes einzelne Foto löschen.

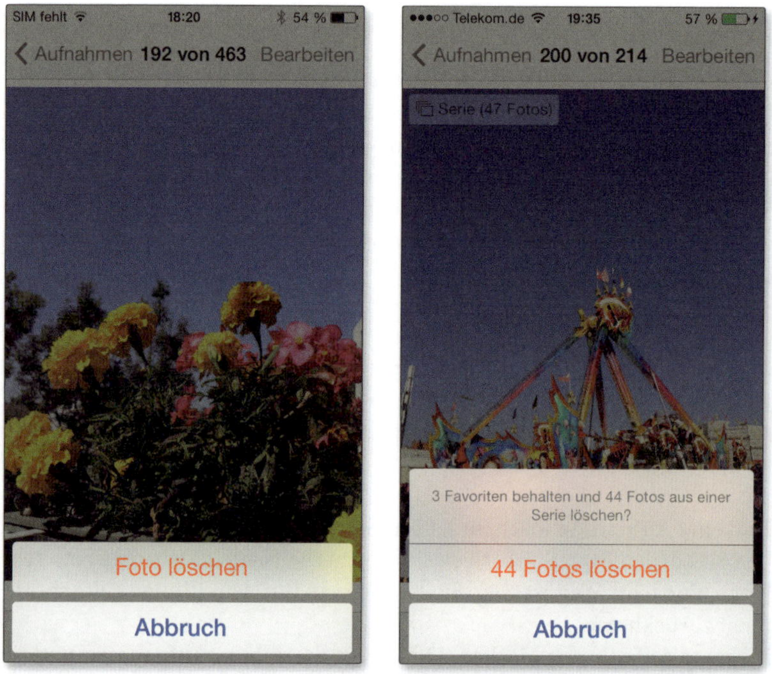


*Fotos, die Sie mit dem iPhone gemacht haben, können Sie auch auf dem iPhone löschen. Serien können mit einem Fingertipp gelöscht werden, die als Favoriten markierten Fotos einer Serie bleiben dabei erhalten.*

Ein Foto, das Sie vom Computer mit iTunes auf das iPhone übertragen haben, kann auf dem iPhone selbst nicht gelöscht werden. Sie entfernen es auf dem Computer aus dem entsprechenden Album oder Ordner und syncen Ihr iPhone erneut. Möchten Sie sämtliche übertragenen Fotos auf dem iPhone löschen, deaktivieren Sie in iTunes den Punkt **Fotos synchronisieren von**.

## So funktioniert Fotostream

Wenn Sie iCloud benutzen, bietet Ihnen Apple noch eine besonders bequeme Funktion, um Fotos zwischen iPhone und Computer auszutauschen: Fotostream.

Fotostream (de)aktivieren Sie entweder unter **Einstellungen** > **iCloud** > **Fotos** > **Mein Fotostream** oder unter **Einstellungen** > **Fotos & Kamera** mit dem Schalter **Mein Fotostream**. Das Register **Alben** der Fotos-App bietet nun einen neuen Eintrag: **Mein Fotostream**.

*Aktivieren Sie Fotostream, werden alle Fotos, die Sie mit dem iPhone machen, automatisch an die Server von Apple geschickt und von dort auf andere Endgeräte wie Ihren Computer oder Ihr iPad kopiert.*

Dabei handelt es im Grunde um Speicherplatz für Fotos auf den Servern von Apple, dessen Inhalt mit verschiedenen Endgeräten (iPhone, PC, Mac, iPad und iPod touch) automatisch abgeglichen wird. Alle Fotos, die hier gespeichert sind, werden automatisch auf alle Geräte kopiert, bei denen Sie Fotostream aktiviert haben.

Auf dem Mac können Sie Fotostream mit iPhoto oder Aperture nutzen. Dort finden Sie die entsprechenden Alben, die die gewünschten Fotos enthalten. Unter Windows wählen Sie in der Systemsteuerung **iCloud** und aktivieren dort **Fotostream**.

Es werden maximal die letzten 1000 Aufnahmen im Stream gespeichert. Kommt ein weiteres Fotos hinzu, wird das älteste aus dem Fotostream gelöscht. Fotos, die älter als 30 Tage sind, werden auf jeden Fall aus dem Stream entfernt. (Es kann zwar passieren, dass Sie deutlich ältere Fotos im Stream finden – aber darauf verlassen sollten Sie sich nicht.)

Das klingt jetzt vielleicht etwas abstrakt, also machen wir uns das Verfahren rasch an einem einfachen Beispiel klar. Nehmen wir an, Sie haben auf Ihrem iPhone und Ihrem Computer Fotostream aktiviert und nehmen nun mit dem iPhone ein Foto auf.

Das Foto landet wie gewohnt im Album **Aufnahmen**. Von dort wird es nun vom iPhone in den Fotostream geladen, also auf einem Server von Apple im Internet hinterlegt.

Nun gleicht das iPhone den Inhalt des Albums Fotostream mit dem Inhalt des Fotostreams auf den Servern von Apple ab. Das heißt, das soeben hochgeladene Foto wird heruntergeladen und auf dem iPhone im Album **Fotostream** gespeichert.

Die Bilddatei liegt nun physikalisch zweimal auf dem iPhone: einmal im Album **Aufnahmen**, einmal im Album **Fotostream**. Beim Download von Fotos aus dem Stream aufs iPhone wird die Größe des Fotos an das iPhone angepasst. Das Foto im Album Fotostream ist kleiner und belegt weniger Platz als das Foto im Album Aufnahmen.

Schalten Sie später Ihren Computer ein, wird dort ebenfalls der Fotostream aktualisiert. Das Foto, das Sie mit dem iPhone hochgeladen haben, wird also automatisch auf Ihren Computer kopiert.

Kopieren Sie auf dem Computer ein Foto in den Stream, wird dieses Foto ebenfalls automatisch vom iPhone heruntergeladen und im Album Fotostream angezeigt.

Dieses Verfahren gilt für sämtliche Geräte, auf denen Sie Fotostream aktiviert haben, also etwa Ihrem iPhone, Ihrem Computer daheim, Ihrem iPad und Ihrem Notebook. Alle Geräte können Fotos in den Stream laden und Fotos aus dem Stream herunterladen.

Wann immer sich der Bilderbestand in Fotostream ändert, werden alle aktivierten Geräte automatisch aktualisiert. Mit anderen Worten: Sie haben auf allen Ihren Geräten immer alle aktuellen Fotos zur Hand, ganz gleich, mit welchem Gerät die Fotos aufgenommen oder in den Stream kopiert wurden.

Der Speicherplatz für Ihre Fotos im Fotostream wird nicht auf den 5-GB-Speicherplatz angerechnet, den Sie mit iCloud kostenlos bekommen, Sie müssen also keine Sorge haben, dass Sie mit Ihren Fotos Speicherressourcen verschwenden.

Sie müssen auch nicht befürchten, dass das iPhone durch den automatischen Up- und Download der Fotos Ihr Datenbudget bei Ihrem Mobilfunkanbieter verschlingt. Denn der Datenaustausch zwischen iPhone und den Apple-Servern startet nur, wenn das iPhone in einem WLAN eingebucht ist.

## Bilder aus Fotostream dauerhaft speichern

Wie erwähnt, werden die Fotos im Fotostream nicht dauerhaft auf den Server von Apple gespeichert. Sobald das 1000er-Kontigent überschritten oder Fotos 30 Tage vorrätig gehalten wurden, werden die entsprechenden Bilder auf dem Apple-Server gelöscht und verschwinden auch aus den Fotostream-Alben und -Ordner auf allen anderen Geräten.

Denken Sie bei Fotostream also nicht an eine Lagerhalle, in der Gegenstände beliebig lang aufgehoben werden, sondern eher an einen Verteiler, der die Dinge nur vorübergehend zwischenlagert.

Um ein Foto aus dem Stream dauerhaft auf einem Gerät zu speichern, kopieren Sie es auf dem Mac aus dem Fotostream in ein anderes Album, unter Windows kopieren Sie es aus dem Download-Ordner in einen anderen Ordner auf Ihrer Festplatte.

Auf dem iPhone können Sie Bilder aus dem Stream in das Album Aufnahmen übernehmen. Dazu lassen Sie sich das gewünschte Bild anzeigen und tippen auf die Teilen-Taste. Hier wählen Sie **In „Aufnahmen" sichern**.

*Um ein Bild, das von einem anderen Gerät aus – etwa Ihrem Computer – im Fotostream gespeichert wurde, dauerhaft auf dem iPhone zu sichern, müssen Sie es in das Album »Aufnahmen« kopieren*

## Fotos mit Fotostream veröffentlichen

In seiner Grundform ist Fotostream eine Funktion, mit der Sie (und nur Sie) Ihre Fotos automatisch zwischen verschiedenen Geräten abgleichen können.

Doch Fotostream kann noch mehr. Es ist auch möglich, Alben zusammenzustellen und sie für andere im Internet zugänglich zu machen. Die freigegebenen Fotos werden im Register **Für alle** der Fotos-App gezeigt.

Dazu aktivieren Sie zuerst unter **Einstellungen > iCloud > Fotos** oder unter **Einstellungen > Fotos & Kamera** den Schalter **Fotofreigabe**.

Um Fotos freizugeben, wechseln Sie in der Fotos-App zum Register **Für Alle** und tippen auf **Neuen Stream erzeugen**. Falls Sie bereits einen Stream erzeugt haben, tippen Sie auf **Neuer freigegebener Stream**. Geben Sie dem Stream einen Namen und tippen Sie auf **Erstellen**. (Sie können bereits jetzt den Stream für andere Personen freigeben, aber das ist aktuell noch nicht notwendig.)

*Sobald Sie die »Fotofreigabe« aktiviert haben, können Sie Bilder für einen eingeschränkten Personenkreis oder auch als Webseite für alle veröffentlichen.*

Um einem freigegebenen Stream Fotos hinzuzufügen, tippen Sie ihn an, wählen das Pluszeichen, markieren die Fotos, die in den Stream aufgenommen werden sollen, und tippen auf **Fertig**.

Alternativ dazu können Sie auch über die Teilen-Taste Fotos in einen freigegebenen Stream kopieren. Dazu lassen Sie sich ein Foto anzeigen, tippen auf die Teilen-Taste und wählen hier **iCloud**. Hier legen Sie nun den Stream fest, in dem Sie das Foto veröffentlichen wollen, und geben dem Bild, wenn Sie möchten, noch einen Kommentar mit auf den Weg. Möchten Sie mehrere Fotos auf einmal in einen Stream verschieben, lassen Sie sich das entsprechende Album anzeigen, tippen auf **Auswählen** und markieren die gewünschten Fotos. Nun können Sie die Fotos über die Teilen-Taste via iCloud veröffentlichen.

Nun ist der Fotostream eingerichtet, allerdings haben bislang nur Sie Zugriff darauf. Um das zu ändern, lassen Sie sich den Stream anzeigen und tippen auf **Personen**. Nun können Sie den Stream entweder für bestimmte Personen freigeben oder als abonnierbaren Fotostream im Internet für alle veröffentlichen.

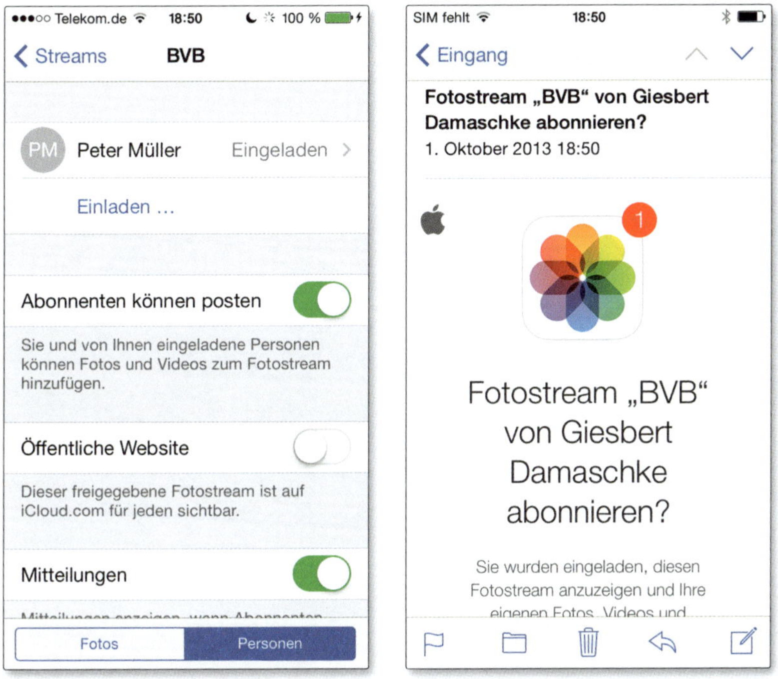


*Personen, die Sie zu einem Stream einladen, benötigen einen iCloud-Account, um die Einladung annehmen zu können.*

- **Zugriff für ausgewählte Personen:** Tippen Sie auf **Einladen** und geben Sie die Mailadressen der Personen an, denen Sie den Zugriff auf das Fotostream-Album ermöglichen möchten. Mit einem Tipp auf das blaue Pluszeichen wählen Sie die Adressen bequem aus Ihren Kontakten. Personen, die Sie einladen, müssen über einen iCloud-Account verfügen und die Fotofreigabe auf ihren Geräten aktiviert haben, um Ihre Einladung annehmen zu können. Alle Beteiligten können Bilder kommentieren, die Kommentare werden ebenfalls über iCloud auf alle Geräte gesynct. Standardmäßig kann jeder Teilnehmer eigene Bilder in den Stream laden. Falls Sie das nicht möchten, deaktivieren Sie den Schalter **Abonnenten können posten**.
- **Zugriff für alle:** Um ein Album für jedermann im Web zu veröffentlichen, aktivieren Sie den Schalter **Öffentliche Website**. Dabei wird ein Link erzeugt, über den das Album aufgerufen werden kann. Tippen Sie nun auf **Link freigeben**. Sie können den Link nun über die üblichen Methoden (AirPlay, Nachrichten, Mail etc.) bekannt geben, zur Leseliste von Safari hinzufügen oder aber kopieren, um ihn etwa in einem Dokument einzufügen.

Um die Zugriffsrechte eines Fotostream-Albums zu ändern oder das Album zu löschen, lassen Sie sich das Album anzeigen, tippen auf **Personen** und wählen die gewünschten Optionen.

Kapitel

# Musik und Videos

9

Mit den beiden Apps Musik und Videos wird das iPhone zu einem leistungsfähigen Mediaplayer, mit dem Sie jederzeit Zugriff auf Ihre Musik, TV-Serien und Videos haben – selbst vom Computer eines Freundes aus.

## Musik und Videos auf dem iPhone

Die beiden Apps **Musik** und **Videos** machen aus Ihrem iPhone einen leistungsfähigen Medienplayer. Dabei gibt es verschiedene Wege, wie die Medien auf Ihr iPhone gelangen:

- **Sync mit iTunes:** Standardmäßig werden sämtliche Inhalte in iTunes auf Ihrem Computer verwaltet und von dort auf das iPhone kopiert.
- **Musik und Videos auf dem iPhone kaufen:** Sie können Inhalte aber auch direkt auf dem iPhone im iTunes Store kaufen oder leihen und haben sie dann ohne Sync in iTunes direkt auf dem iPhone zur Verfügung (s. dazu Kapitel 12). Beim nächsten Sync werden die gekauften Inhalte auch in die Mediathek von iTunes auf Ihrem Computer übernommen. Musik, die Sie im iTunes Store gekauft haben, können Sie jederzeit erneut aufs iPhone laden.
- **Privatfreigabe:** Die Privatfreigabe von iTunes erlaubt es Ihnen, mit Ihrem iPhone auf die Inhalte der Mediathek auf Ihrem Computer zuzugreifen und die dort gespeicherten Songs und Videos auf Ihrem iPhone wiederzugeben, ohne diese Inhalte explizit syncen zu müssen. Mit der Privatfreigabe beschäftigen wir uns weiter unten in diesem Kapitel.

Beim Sync von iTunes-Inhalten auf das iPhone haben Sie zwei Möglichkeiten: Sie können zum einen alles iTunes überlassen und Inhalte (nach Ihren Vorgaben) automatisch synchronisieren. Sie können das aber auch selbst in die Hand nehmen und die gewünschten Dateien manuell aufs iPhone schieben.

- **Musik und Videos automatisch mit iTunes syncen:** Für den automatischen Sync schließen Sie Ihr iPhone an Ihren Computer an, starten dort iTunes und wählen Ihr iPhone aus. In den Registern **Musik**, **Filme** und **TV-Sendungen** aktivieren Sie nun die Synchronisierung und legen fest, welche Inhalte Sie aufs iPhone kopieren möchten. Nach einem Klick auf **Anwenden** beginnt iTunes damit, die ausgewählten Inhalte aufs iPhone zu kopieren. Wenn sich in Zukunft der Inhalt Ihrer Mediathek ändert, wird der Sync entsprechend angepasst. Nehmen wir an, Sie haben auf dem Computer eine Wiedergabeliste »Unterwegs« angelegt, die aufs iPhone gesynct wird. Wenn Sie diese Liste später verändern, also zum Beispiel neue Songs hinzufügen oder Songs aus der Liste löschen, dann werden diese Änderungen beim nächsten Sync mit dem iPhone automatisch auch auf das iPhone übernommen.
- **Inhalte manuell verwalten:** Möchten Sie manuell entscheiden, welche Songs und Videos auf Ihr iPhone kommen und welche nicht, schließen Sie Ihr iPhone an den Computer an, wählen es in iTunes aus und klicken auf die Registerkarte **Übersicht**. Dort aktivieren Sie **Musik und Videos manuell verwalten**. Nun können Sie die gewünschten Titel mit Drag & Drop aus der Mediathek auf das iPhone kopieren.

# Musik- und Videowiedergabe

Möchten Sie Musik hören oder ein Video sehen, ist die Sache nun denkbar einfach: Musik- oder Videos-App aufrufen, gewünschten Titel wählen, fertig.

Die Musik-Inhalte werden auf dem iPhone nach verschiedenen Kriterien geordnet, die Sie sich mit einem Tipp auf **Listen**, **Interpreten**, **Titel** und so weiter anzeigen lassen können. Die Titel werden üblicherweise in der angezeigten Reihenfolge wiedergegeben. Ein Tipp auf die gekreuzten Pfeile rechts oben aktivieren die zufällige Wiedergabe.

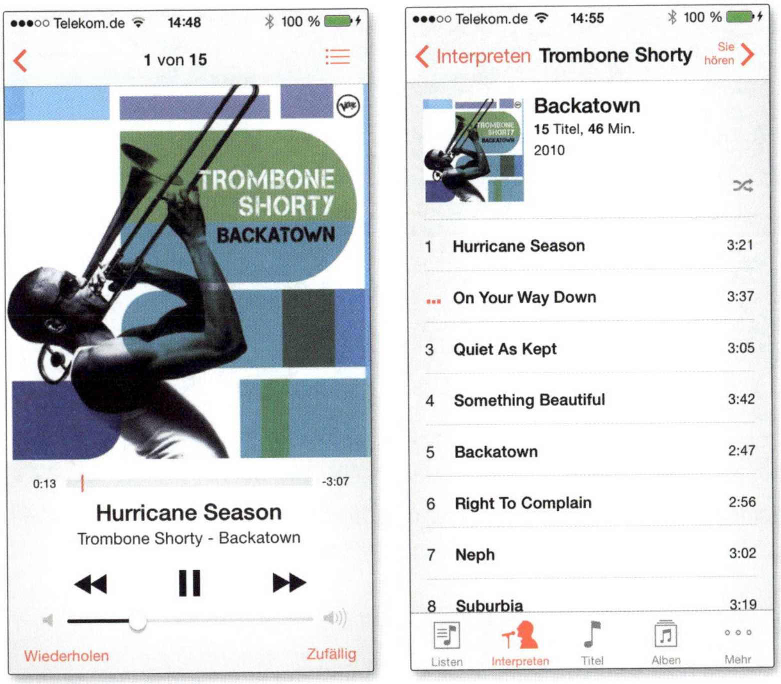


*Die Musikwiedergabe auf dem iPhone startet mit wenigen Maustipps und läuft auch nach Verlassen der Musik-App weiter.*

Drehen Sie das iPhone ins Querformat, sehen Sie die Cover aller Alben, die Sie auf dem iPhone gespeichert haben. Mit einem Tipp auf ein Cover blenden Sie die Titelliste ein und können hier nun die Wiedergabe mit dem gewünschten Song beginnen.

Die Wiedergabe von Musik läuft dabei unabhängig von anderen Prozessen auf dem iPhone. Sie können das Gerät in den Standby-Modus versetzen, im Internet surfen, E-Mails lesen und anderes mehr – die Wiedergabe stoppt erst, wenn ein Stück (oder eine Wiedergabeliste) zu Ende ist oder Sie die Wiedergabe pausieren (wirklich stoppen lässt sich die Musikwiedergabe nur durch manuelles Beenden der Musik-App). Informationen zum aktuellen Song und die Steuerelemente zur

Musikwiedergabe sind nicht nur in der Musik-App, sondern auch im Kontrollzentrum und auf dem Sperrbildschirm zugänglich. Tippen Sie im Kontrollzentrum auf den aktuell wiedergegebenen Titel wechseln Sie zur Musik-App.

*Informationen zur aktuellen Wiedergabe und die Steuerelemente sind auch im Kontrollzentrum und dem Sperrbildschirm zugänglich.*

## TIPP

Die zufällige Wiedergabe lässt sich auch durch ein Schütteln des iPhones aktivieren, wobei Sie mit jedem Schütteln zu einem anderen Song springen. Diese Funktion (»Shake to shuffle«) müssen Sie allerdings erst in den Einstellungen aktivieren. Rufen Sie dazu **Einstellungen > Musik** auf und tippen Sie auf den Schalter **Schüttelfunktion**.

In der Videos-App werden die Inhalte nach **Filme**, **Sendungen** und **Musikvideos** gruppiert. Alle Videos gibt das iPhone im Querformat wieder. Mit einem Tipp auf das Display blenden Sie die Steuerelemente ein bzw. aus.

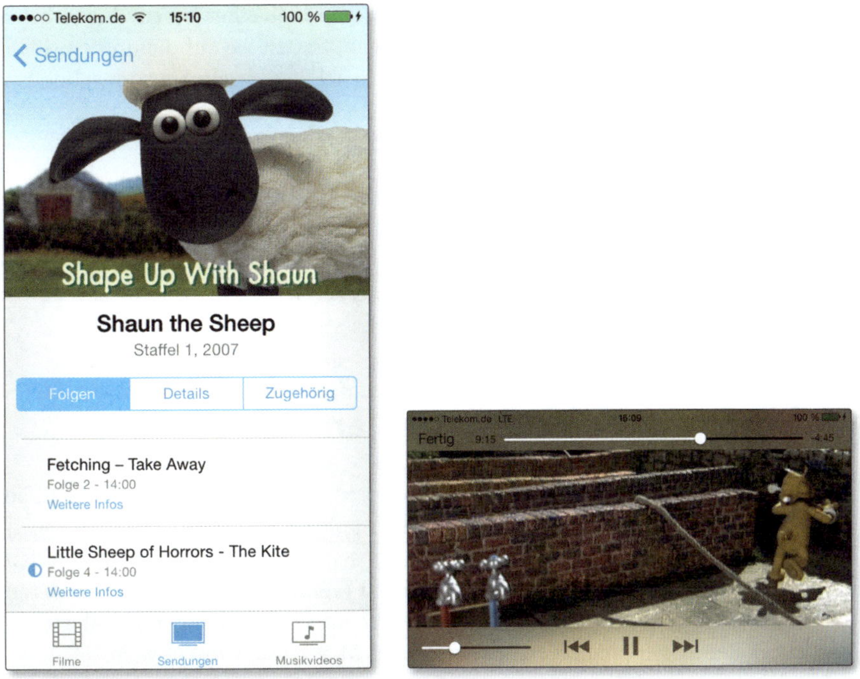


*Videos werden immer im Querformat wiedergegeben. Die Steuerelemente verschwinden nach ein paar Sekunden von selbst, lassen sich aber auch per Fingertipp aus- und wieder einblenden.*

Die Position im Film legen Sie über die obere Leiste fest, indem Sie den Abspielknopf – das ist der Punkt in der Leiste – mit dem Finger an die gewünschte Position bewegen (diese Aktion wird »Scrubbing« genannt). Das geht manchmal etwas zu schnell und macht es schwer, genau die gewünschte Position zu erreichen, aber das lässt sich problemlos ändern. Setzen Sie dazu den Finger auf den Abspielknopf und ziehen Sie den Finger nun nach unten. Bewegen Sie jetzt den Finger nach links oder rechts, spulen Sie langsamer zurück bzw. vor. Je weiter Sie dabei den Finger nach unten ziehen, desto langsamer wird die Scrubbing-Geschwindigkeit.

*Für das langsame Vor- oder Zurückspulen eines Videos berühren und halten Sie den Abspielknopf, ziehen den Finger nach unten und bewegen ihn nun nach rechts bzw. links.*

Um in einem Film von Kapitel zu Kapitel oder innerhalb einer Video-Wiedergabeliste von einem zum anderen Video zu springen, tippen Sie auf die unteren Pfeiltasten. Berühren und halten Sie die Tasten gedrückt, wechseln Sie zum schnellen Vor- oder Rücklauf.

Ein Tipp auf **Fertig** beendet die Wiedergabe.

**GRUNDLAGEN**

Sie können Filme von Ihrem iPhone auch über den Fernseher wiedergeben. Dazu benötigen Sie allerdings ein spezielles AV-Kabel, das Sie im Fachgeschäft oder direkt bei Apple kaufen können.

## Musik aus der Cloud abspielen

Sie müssen die Musik, die Sie auf dem iPhone hören, nicht zwingend auf dem iPhone als Datei gespeichert haben. Musik, die Sie bei Apple im iTunes Store gekauft haben, steht Ihnen jederzeit zur Verfügung. Dazu werden die Daten in Echtzeit von den Apple-Servern via Internet ans iPhone geschickt (»gestreamt«). Musik aus anderen Quellen – etwa gerippte CDs oder Einkäufe bei Amazon und anderen Anbietern – kann über den kostenpflichtigen Service **iTunes Match** gestreamt werden.

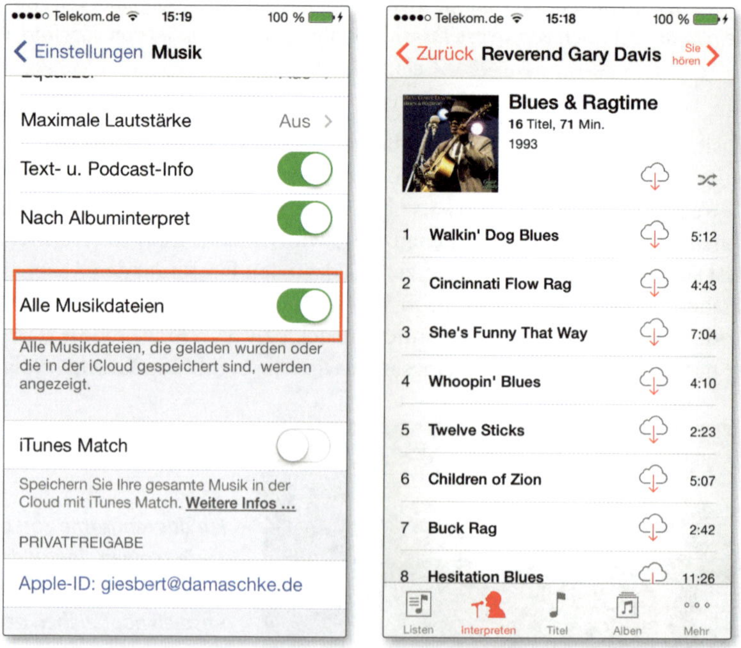


*Aktivieren Sie in den Einstellungen die Option »Alle Musikdateien«, können Sie via iPhone auch auf die Songs zugreifen, die Sie im iTunes Store gekauft, aber aktuell nicht aufs iPhone kopiert haben.*

Um in der Musik-App Zugriff auf Ihre gekaufte, aber aktuell nicht geladene Musik zu bekommen, aktivieren Sie unter **Einstellungen** > **Musik** den Schalter **Alle Musikdateien**. Die gekauften Songs und Alben tauchen nun in der Musik-App auf und werden mit einem Wolkensymbol markiert. Sie können einen gewünschten Song nun wie gewohnt wiedergeben, ohne dass er auf dem iPhone gespeichert wird. Möchten Sie ihn dauerhaft laden, tippen Sie auf das Wolkensymbol.

Mit iTunes Match können Sie sogar Ihre gesamte Musik streamen – also nicht nur die, die Sie im iTunes Store gekauft haben. Diese Dienst ist allerdings kostenpflichtig und kostet 25 Euro im Jahr. Dabei wird der gesamte Inhalt Ihrer Mediathek auf die Server von iTunes kopiert (was mehrere Stunden dauern kann) und steht anschließend auf allen Geräten zur Verfügung, auf denen Sie iTunes Match eingerichtet haben. Auf dem iPhone wählen Sie dafür **Einstellungen** > **Musik** und aktivieren den entsprechenden Schalter.

## Musikwiedergabe mit dem Headset steuern

Normalerweise werden Sie Ihr iPhone wohl in der Tasche haben und über das Headset Musik hören. Da wäre es ein wenig lästig, wenn Sie zur Steuerung der Wiedergabe immer erst Ihr iPhone hervorholen, einschalten und das Programm **Musik** starten müssten. Müssen Sie natürlich nicht, denn dafür haben Sie das Headset.

Sie steuern das iPhone über die Kombination aus Mikrofon und Schalter im rechten Kabel.

- **Lautstärke:** Durch einen Druck auf den oberen Teil des Schalters erhöhen Sie die Lautstärke, durch einen Druck auf den unteren Teil wird's leiser.
- **Pause/Fortfahren:** Ein einfacher Druck auf den mittleren Teil des Schalters stoppt die Musikwiedergabe. Mit einem erneuten Druck geht's weiter.
- **Track vor:** Mit einem Doppelklick auf den mittleren Teil des Schalters springen Sie zum nächsten Song.
- **Track zurück:** Mit einem Dreifachklick auf den mittleren Teil des Schalters springen Sie einen Song zurück.
- **Schneller Vorlauf:** Mit einem eineinhalbfachen Klick starten Sie den schnellen Vorlauf. Drücken Sie dazu zweimal schnell nacheinander auf den Schalter, lassen Sie ihn beim zweiten Druck aber nicht los. Haben Sie die gewünschte Stelle erreicht, lassen Sie den Schalter wieder los.
- **Schnelles Zurückspulen:** Mit einem zweieinhalbfachen Klick spulen Sie schnell zurück. Drücken Sie dazu dreimal schnell nacheinander auf den Schalter, lassen Sie ihn beim dritten Druck aber nicht los. Haben Sie die gewünschte Stelle erreicht, lassen Sie den Schalter los.

# Wiedergabelisten

Üblicherweise werden Wiedergabelisten mit iTunes auf dem Computer zusammengestellt und anschließend auf das iPhone gesynct. Doch was tun Sie, wenn Sie unterwegs bemerken, dass Sie Ihre Musik lieber doch in einer anderen Zusammenstellung hören möchten? Kein Problem: Dann basteln Sie sich Ihre Wiedergabelisten direkt auf dem iPhone zusammen.

Tippen Sie dazu in der Musik-App auf den Eintrag Listen und dort auf **Neue Wiedergabeliste**. Nun werden Sie aufgefordert, der neuen Liste einen Namen zu geben. Anschließend können Sie sich durch Ihre gesamte Mediathek auf dem iPhone tippen und die gewünschten Songs mit einem Tipp auf das rote Pluszeichen der Liste hinzufügen. Mit **Fertig** speichern Sie Ihre Liste.

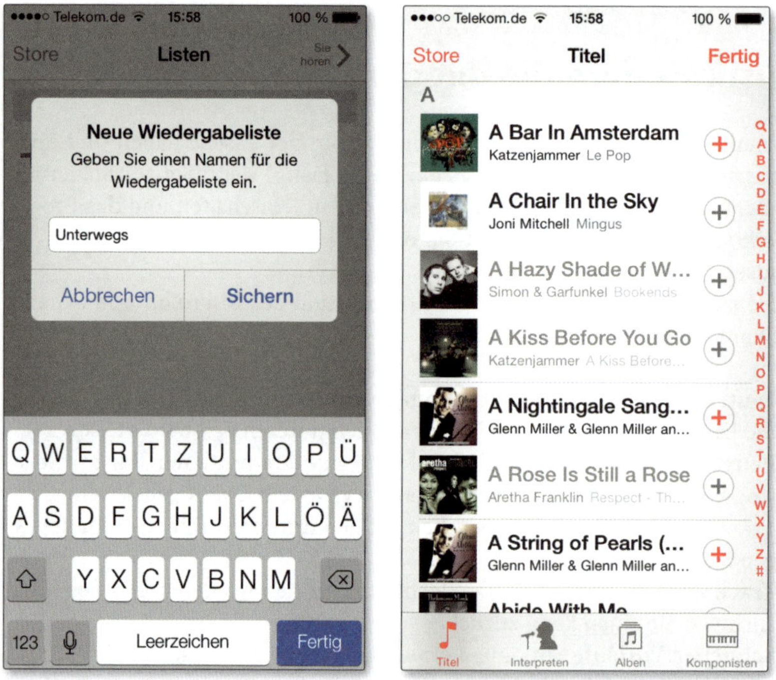


*Wiedergabelisten lassen sich direkt auf dem iPhone erstellen. Beim nächsten Sync mit dem Computer werden diese Listen auch von iTunes auf den Computer übernommen.*

Eine Wiedergabeliste, die Sie auf dem iPhone erstellt haben, wird beim nächsten Datenabgleich mit dem Computer auch in iTunes auf den Computer übernommen.

Jede Wiedergabeliste auf dem iPhone (also auch die, die Sie via iTunes gesynct haben) kann jederzeit bearbeitet, geleert und gelöscht werden. Sämtliche Änderungen werden beim nächsten Sync auch in iTunes übernommen. Lassen Sie sich dazu die gewünschte Liste anzeigen.

Mit einem Tipp auf **Bearbeiten** können Sie weitere Titel hinzufügen, bestehende Titel aus der Liste entfernen und die Reihenfolge der Titel verändern. Mit **Leeren** löschen Sie alle Einträge in der Liste, die Liste selbst aber bleibt erhalten. Mit **Löschen** löschen Sie die gesamte Liste.

**TIPP**

Eine Liste lässt sich zum Löschen auch einfach von rechts nach links durchstreichen. Die Liste wird ohne weitere Rückfrage gelöscht.

Da eine Liste nur die Verweise auf Songs enthält, nicht die Dateien selbst, bleiben die in der Liste gesammelten Titel auf dem iPhone natürlich weiterhin gespeichert und können jederzeit einer neuen Liste hinzugefügt werden.

## Musik suchen (und natürlich auch finden)

Mit bis zu 64 GB Speicher bietet das iPhone genügend Platz für umfangreiche Songsammlungen. Das ist fein, hat aber den Nachteil, dass Sie unterwegs vielleicht nicht so schnell genau den Song finden, den Sie hören möchten.

Hier hilft Ihnen die Suchfunktion des iPhones. Um das Suchfeld anzuzeigen, tippen Sie ein Mal oben auf die Statusleiste oder ziehen den Bildschirminhalt nach unten. Falls Sie aktuell Musik hören und das Cover angezeigt wird, tippen Sie oben links auf den Pfeil, um die Songanzeige zu verlassen.

Geben Sie nun den Namen des Interpreten oder den Titel des gesuchten Songs oder Albums ein.

## Die Privatfreigabe

Manchmal ist es schon ärgerlich: Da sitzt man bequem auf dem Sofa im Wohnzimmer und möchte Musik mit dem iPhone hören oder einen Film sehen – aber just der gesuchte Song oder der gewünschte Film wurde nicht aufs Gerät gesynct und ruht auf der Festplatte des Computers im Arbeitszimmer. Was tun? Keine Sorge, Sie müssen in diesem Fall nicht aufstehen, ins Arbeitszimmer gehen und das iPhone neu syncen. Sie aktivieren lediglich die Privatfreigabe.

Dann wird iTunes auf dem Computer zum Medienserver, der die Inhalte der Mediathek auf dem Computer via WLAN für bis zu drei iOS-Geräte – also etwa für ein iPhone und zwei iPads – zur Verfügung stellt.

Starten Sie dazu iTunes auf dem Computer, klicken Sie auf **Mediathek** und wählen Sie **Privatfreigabe**. Falls Sie die Seitenleiste eingeblendet haben, finden Sie den Eintrag in der Rubrik **Freigaben**. Geben Sie Ihre Apple-ID und Ihr Kennwort ein und klicken Sie auf **Privatfreigabe aktivieren**.

Auf dem iPhone wählen Sie nun **Einstellungen** > **Musik** bzw. **Einstellungen** > **Videos** und tragen im Abschnitt **Privatfreigabe** nun ebenfalls Ihre Apple-ID und Ihr Kennwort ein.

Das war's. Ab sofort können Sie mit Ihrem iPhone via WLAN auf alle Inhalte in Ihrer Mediathek auf dem Computer zugreifen.

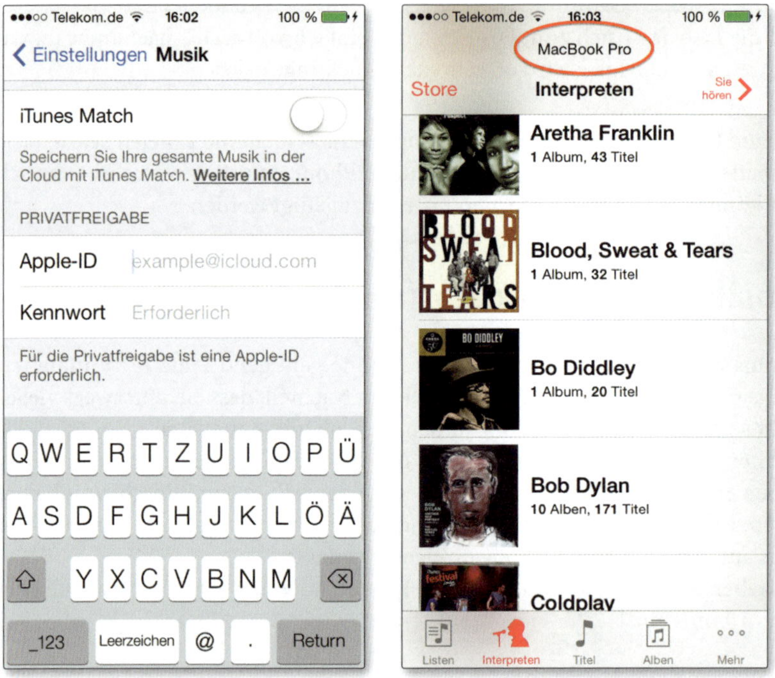


*Über die Privatfreigabe können Sie mit dem iPhone auf die Mediathek von iTunes auf Ihrem Computer zugreifen (in diesem Beispiel auf ein MacBook Pro).*

Um die Freigabe auszuprobieren, starten Sie auf dem iPhone nun die Musik. Über **Mehr** > **Freigaben** wählen Sie die Mediathek auf Ihrem Computer aus (in der Videos-App heißt der Punkt **Freigegeben**). Es dauert ein wenig, bis alle benötigten Informationen auf das iPhone übertragen sind, anschließend haben Sie via iPhone Zugriff auf die freigegebenen Inhalte Ihrer Mediathek auf dem Computer.

Durch die Privatfreigabe wird der Computer übrigens praktisch kaum belastet. Sie können also zum Beispiel die Freigabe aktivieren und an Ihrem Computer problemlos weiterarbeiten, während Ihre Kinder Filme aus Ihrer Mediathek via WLAN auf dem iPhone sehen.

Um wieder auf die auf Ihrem iPhone gespeicherte Musik zuzugreifen, wählen Sie in der Musik-App unter **Mehr** > **Freigaben** Ihr iPhone.

Die Privatfreigabe auf dem iPhone deaktivieren Sie vollständig, indem Sie unter **Einstellungen** > **Musik** bzw. **Einstellungen** > **Videos** den Eintrag unter **Privatfreigabe** antippen und anschließend **Abmelden** wählen.

# Medien vom iPhone auf dem Computer wiedergeben

Was mit der Privatfreigabe in die eine Richtung geht (Computer → iPhone), funktioniert mit iTunes auch in die andere (iPhone → Computer). Dazu benötigen Sie weder eine Privatfreigabe, noch muss das iPhone mit der aktuellen Mediathek gesynct werden. Es ist also möglich, dass Sie Ihr iPhone an den Computer eines Freundes anschließen und Videos und Musik vom iPhone auf dem Computer Ihres Freundes wiedergeben.

Schließen Sie Ihr iPhone mit dem USB-Kabel an den Computer an, wählen Sie es in iTunes aus und klicken Sie **Auf diesem iPhone**. Sie haben nun Zugriff auf die gespeicherten Medien und können diese am Computer wiedergeben.

Falls Sie ein DRM-geschütztes Medium abspielen möchten, müssen Sie sich zuvor mit Ihrer Apple-ID ausweisen und den Computer für die Wiedergabe aktivieren. Da die Zahl der Aktivierungen auf maximal 5 Computer beschränkt ist, sollten Sie nach der Wiedergabe die Aktivierung über **Store** > **Diesen Computer deaktivieren** wieder rückgängig machen.

## GRUNDLAGEN

DRM steht für »Digital Rights Management« und meint eine Technik, die unter anderem dafür sorgt, dass digitale Medien nur nach einer Autorisierung mit Benutzername und Passwort abgespielt werden können. Apple verzichtet bei Musik im iTunes Store vollständig auf DRM. Filme, TV-Sendungen und Hörbücher sind allerdings DRM-geschützt. In der Praxis bedeutet dies, dass Sie Musik vom iPhone in aller Regel problemlos via iTunes auf jedem beliebigen Computer wiedergeben können, während Sie sich für die Wiedergabe von Filmen mit Ihrer Apple-ID ausweisen müssen.

Kapitel

10

# Karten

Die Karten-App kombiniert Straßen- und Landkarten mit einem Routenplaner und mit dem Navi. Mit dieser App finden Sie nicht nur den Weg zu Ihrem Ziel (und zwar weltweit), sondern sie zeigt Ihnen auch Städte und Länder in Satellitenaufnahmen und mitunter in atemberaubender 3D-Darstellung, durch die Sie sich fast wie in einem Computerspiel frei bewegen können. Welche Möglichkeiten Ihnen diese App sonst noch zu bieten hat, erfahren Sie in diesem Kapitel.

## Karten

Mit der Karten-App haben Sie jederzeit den richtigen Stadtplan und die richtige Landkarte dabei. Karten kann Ihnen genau sagen, wo Sie sich aktuell befinden, eine beliebige Adresse im Stadtplan zeigen und Ihnen natürlich auch verraten, wie Sie von einem Ort zu einem anderen kommen. Dabei ist Karten nicht auf Deutschland oder Europa beschränkt, sondern funktioniert weltweit.

Mit der üblichen Zwei-Finger-Geste zoomen Sie in die Darstellung, wobei gleichzeitig ein Maßstab eingeblendet wird. Je näher Sie sich an einen Punkt heranzoomen, desto detaillierter wird die Darstellung. Oben und unten wird ein Menü eingeblendet, das Sie mit einem Fingertipp aufs Display aus- und wieder einblenden können.

Das ist alles sehr nützlich und hilfreich, doch Karten kann noch mehr. Das Programm liefert Ihnen detaillierte Satellitenbilder von praktisch allen Orten dieser Erde und von vielen Großstädten wirklich atemberaubende 3D-Ansichten.

Sie wollten immer schon einmal den Eiffelturm von oben sehen? Die Häuserschluchten von New York City? Oder die Sphinx? Mit Karten ist das kein Problem.

**GRUNDLAGEN**

Die Daten bezieht das Programm aus dem Internet, Sie müssen also online sein, damit Karten funktioniert. Das Programm arbeitet mit vektorbasierten Karten, die nur moderate Datenmengen benötigen, Sie müssen also nicht befürchten, durch intensiven Einsatz von Karten Ihr Datenvolumen zu verbrauchen. Das gilt allerdings nicht für die 3D- und Satellitendarstellung, hier fallen mitunter größere Datenmengen an. Um ein Gefühl für die Datenmenge zu bekommen, die die Karten-App benötigt, empfiehlt es sich, den Verbrauch regelmäßig unter **Einstellungen > Mobiles Netz** zu kontrollieren.

## Wo bin ich?

Um sich von Karten die aktuelle Position anzeigen zu lassen, starten Sie das Programm und tippen auf die stilisierte Kompassnadel links unten. Beim ersten Aufruf der Ortungsfunktion fragt das Programm nach, ob es auf die Ortsdaten zugreifen darf, was Sie ihm sinnvollerweise erlauben sollten. Anschließend können Sie Karten bei der Arbeit zusehen.

In einem ersten Schritt wird die Position grob bestimmt, also etwa die Stadt, in der Sie sich aufhalten. Der blaue Kreis pulsiert und zoomt näher heran, bis er – je nach Empfangslage und benutztem System der Ortsbestimmung – fast hausnummerngenau zeigt, wo Sie sich befinden. Tippen Sie auf den blauen Punkt, blendet Karten die aktuelle Adresse ein.

Doch das ist noch nicht alles. Karten nutzt auch den Kompass und kann die Darstellung auf dem Bildschirm Ihrer Blickrichtung anpassen – damit die Hauptstraße zu Ihrer rechten Seite auch bei der Kartendarstellung rechts zu sehen ist. Tippen Sie dazu nach der Ortung erneut auf die Kompassnadel links unten.

Wenn Sie nun einige Meter gehen oder fahren, wird Karten Ihrer Bewegung folgen und Ihre Position immer exakt auf der Karte anzeigen – natürlich aus Ihrem Blickwinkel. Dabei müssen Sie lediglich beachten, dass Sie Ihr iPhone waagerecht halten und dass der obere Teil des iPhones nach vorn zeigt. Zudem zeigt der kleine Kompass rechts oben die Himmelsrichtungen an, es ist also mit Karten kein Problem, Anweisungen wie »Nach Norden, und dann immer geradeaus« zu folgen.

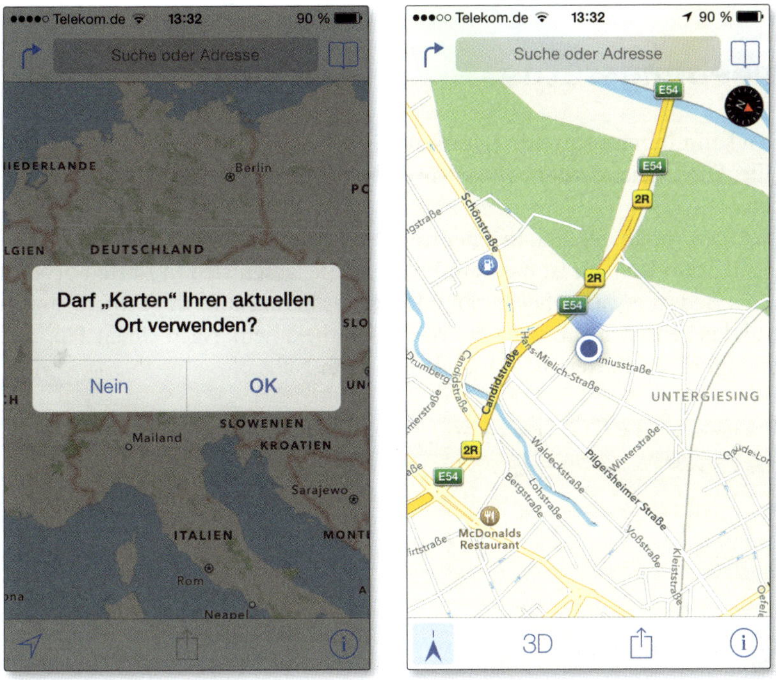


*Damit **Karten** Ihre aktuelle Position anzeigen kann, muss das Programm natürlich Zugriff auf Ihre Ortsdaten haben. Anschließend können Sie mit einem Tipp auf die stilisierte Kompassnadel links unten Ihre Position bestimmen und nach einem weiteren Tipp die Karte auch noch korrekt ausrichten lassen.*

## Adressen suchen

Was mit der aktuellen Position geht, geht natürlich auch mit jeder anderen Adresse. Sie können sich jede Anschrift in Ihren Kontakten anzeigen, aber auch jede beliebige andere Adresse suchen lassen – und zwar weltweit.

- **Einen Kontakt anzeigen:** Um eine Adresse aus der Kontakte-App in **Karten** anzeigen zu lassen, tippen Sie oben rechts auf das Buchsymbol. Es öffnet sich ein Auswahlfenster, in dem Sie unten rechts auf **Kontakte** tippen. Sie haben nun vollen Zugriff auf alle gespeicherten Kontakte. Tippen Sie einen Kontakt an, wird dessen Adresse auf der Karte angezeigt. (Falls Sie zu einem Kontakt keine Adresse gespeichert haben, wird der Eintrag grau dargestellt und kann nicht angetippt werden.)

- **Eine beliebige Adresse anzeigen:** Tippen Sie in das Suchfeld und geben Sie die gesuchte Adresse ein. Bei bekannten Sehenswürdigkeiten oder Gebäuden reichen mitunter schon einige Stichwörter wie „Empire State Building", „Stonehenge" oder „Kölner Dom".

## Umgebungssuche

Karten kann Ihnen nicht nur Adressen zeigen, sondern auch verraten, welche Geschäfte, Dienstleister oder Sehenswürdigkeiten sich an einem beliebigen Ort befinden.

Nehmen wir an, Sie sind in einer fremden Stadt und suchen eine Apotheke. Für Sie als iPhone-Besitzer ist das kein Problem. Sie lassen sich in Karten orten, zoomen bei Bedarf etwas näher heran oder weiter heraus, um Ihr Umfeld abzugrenzen, und geben als Suchbegriff das Wort „Apotheke" ein. Nach einem Tipp auf **Suchen** zeigt Ihnen Karten die Apotheken in Ihrer Nähe.

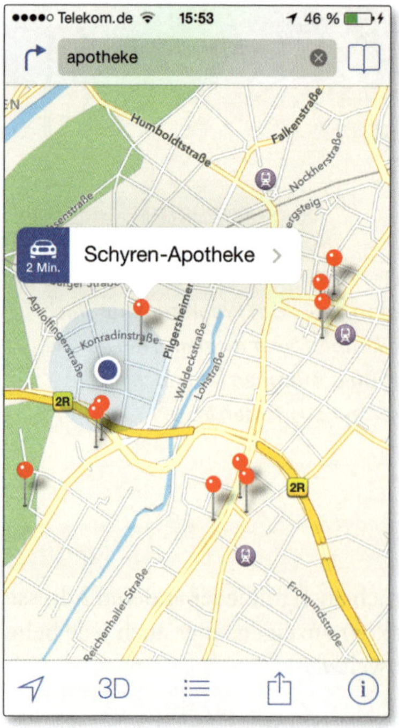


*Mit der Umgebungssuche finden Sie sich auch in fremden Städten rasch zurecht.*

## Karten als Routenplaner

Mit dem Routenplaner von Karten können Sie sich den Weg von einem Ort zu einem anderen anzeigen lassen.

Tippen Sie dazu auf den rechtwinkligen Richtungspfeil links oben, um die Eingabemaske für die Routenplanung aufzurufen. Über die oberen drei Tasten wählen Sie die Routenangaben für Auto, Fußgänger oder den öffentlichen Nahverkehr. In der aktuellen Version (Stand: Herbst 2013) ist die Taste für den Nahverkehr allerdings nur ein Platzhalter. Statt einer Verkehrsverbindung empfiehlt Ihnen Karten die verschiedenen Apps der Verkehrsbetriebe aus dem App Store.

### TIPP

Karten kann Ihnen zur besseren Planung Ihrer Reise auch die aktuellen Verkehrsinformationen anzeigen. Tippen Sie dazu vor der Routenplanung auf das »i« unten rechts und wählen Sie **Verkehr**.

Nach einem Fingertipp auf **Route** zeigt Karten die möglichen Wege. Dabei wird eine Darstellung gewählt, auf der Anfangs- und Endpunkt zu sehen sind. So behält man den Überblick und kennt die Lage der beiden Punkte zueinander. Wollen Sie es unterwegs genauer wissen, zoomen Sie sich wie gewohnt mit den Fingern in die Karte, bis die Straßennamen angezeigt werden. Sollten mehrere Routen möglich sein, können Sie mit einem Fingertipp zwischen den Routen wechseln. Ein Tipp auf das Listensymbol unten in der Mitte zeigt Ihnen Ihre Route in Textform.

### TIPP

In den Lesezeichen haben Sie Zugriff auf die in der letzten Zeit berechneten Routen. Zu den Lesezeichen weiter unten mehr.

## Karten als Navi

Vom Routenplaner ist es nur noch ein kleiner Schritt zu einem Navigationssystem. Tippen Sie dazu nach Eingabe von Start- und Endpunkt Ihrer Route **Start**. Das iPhone wird nun zum Navi, das Sie mit der Kartenanzeige und Sprachführung sicher um jede Kurve und Abzweigung steuert.

### TIPP

Wenn Sie während der Navigation die Sprachführung ausschalten oder deren Lautstärke ändern möchten, müssen Sie nicht die Lautstärkeregler bemühen, was während der Fahrt ja eher lästig ist. Statt dessen tippen Sie unten rechts auf das Lautsprechersymbol und wählen die gewünschte Option.

Um den Bildschirm optimal zu nutzen, werden während der Navigation die Menüelemente am oberen und unteren Bildrand automatisch ausgeblendet. Mit einem Tipp auf das Display holen Sie sie wieder hervor. Ein Tipp auf **Übersicht** bringt Sie zur Kartenansicht samt eingezeichneter Route zurück, mit **Fortsetzen** geht die Reise weiter.

Sie können die Karten-App auch über einen Druck auf die Home-Taste vorübergehend verlassen, um etwa rasch eine Notiz oder eine E-Mail nachzuschlagen, ohne die Routenplanung zu verlieren. In diesem Fall erscheint am oberen Bildschirmrand die Anzeige **Zurück zur Navigation? Hier tippen.**

## TIPP

Standardmäßig zeigt Ihnen Karten die Autoroute an. Möchten Sie statt dessen lieber immer zuerst den Fußweg angezeigt bekommen, wählen Sie **Einstellungen** > **Karten** und tippen bei **Bevorzugte Route** auf **Zu Fuß**.

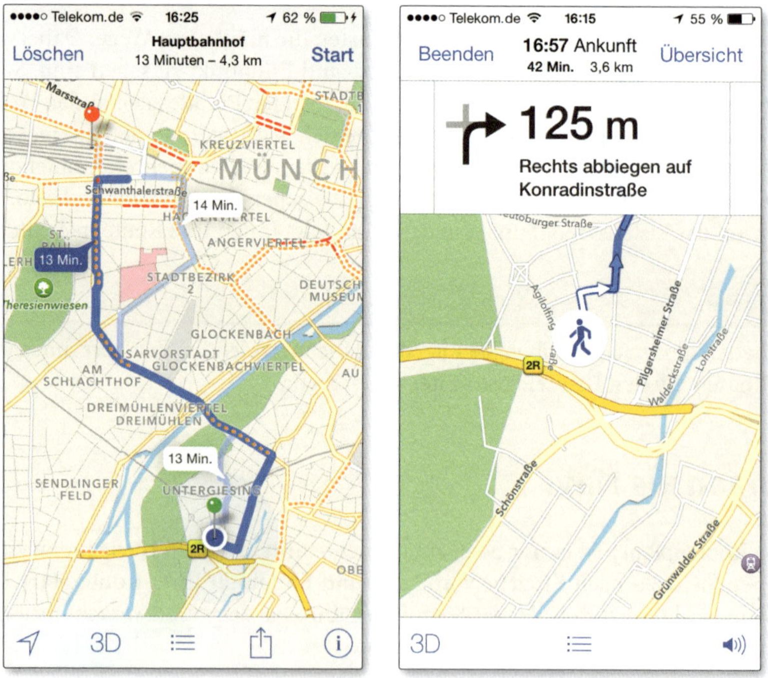


*Die Karten-App kann Ihnen als Routenplaner und als Navi mit Sprachausgabe dienen.*

# Satellitenbilder

Die Karten-App ist als digitaler Straßenatlas eine sehr hilfreiche Applikation. Wirklich faszinierend wird es, wenn Sie sich statt der Karten die Satellitenbilder anzeigen lassen.

Um auf die Satellitendarstellung zu wechseln, tippen Sie auf das »i« unten rechts und wählen Satellit (über den Punkt Hybrid blenden Sie die Straßennamen und andere Bezeichnung in die Satellitendarstellung ein).

Dabei können Sie sich oft fast so nah an die Gegend heranzoomen, dass Sie Menschen und Autos auf den Straßen erkennen. Verschieben Sie den angezeigten Bildschirmausschnitt mit Ihrem Finger, überfliegen Sie fremde Länder und Orte – und zwar in einer erstaunlichen Geschwindigkeit.

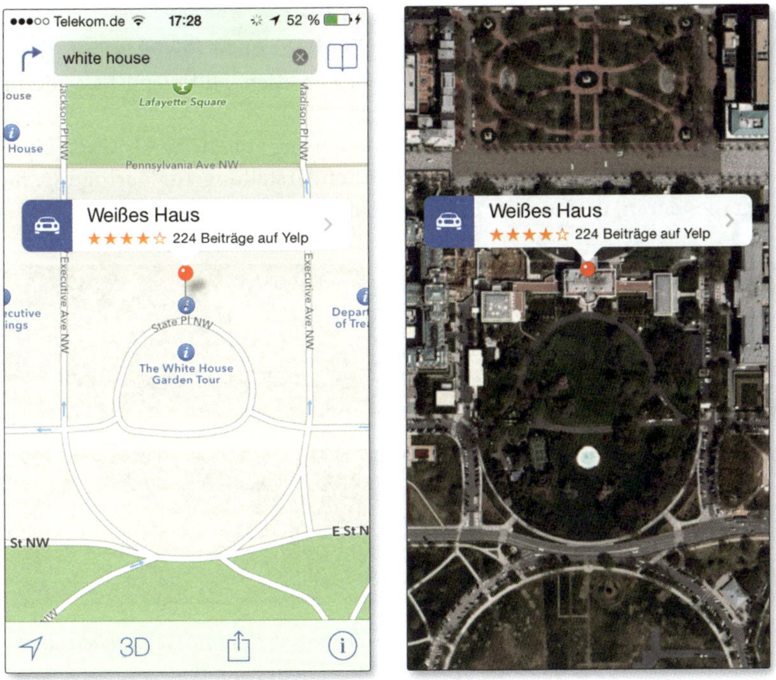


*Das Weiße Haus in Washington – einmal in der Standardansicht von Karten, einmal als Satellitenaufnahme*

# 3D und Fly Over

Noch einen Schritt weiter als die Satellitenbilder geht die Darstellung in 3D und im vom Apple »Fly Over« genannten Modus, bei dem Luftaufnahmen zu einem echten 3D-Modell zusammengesetzt werden, in dem Sie sich fast wie in einem Computerspiel bewegen können.

Um zur 3D-Ansicht zu wechseln, tippen Sie auf die Taste **3D** oder wischen Sie mit zwei Fingern auf dem Display nach oben. Diese Ansicht wird Ihnen auch in der normalen Kartendarstellung angeboten und die 2D-Karte leicht nach hinten gekippt. Die Art der Darstellung kennen Sie vielleicht von Ihrem Navi. In der 3D-Darstellung können Sie den Blickwinkel verändern, indem Sie mit zwei Fingern auf dem Display nach oben bzw. unten wischen. Die Ausrichtung der Karte verändern Sie, indem Sie mit zwei Fingern die Karte drehen.

Von dieser Darstellung sollten Sie sich allerdings nicht zu viel versprechen, oft wirkt die 3D-Darstellung eher flach und sehr künstlich. Hilfreich ist sie allerdings bei der Orientierung in Großstädten.

Wirklich verblüffend ist dagegen die Erweiterung von 3D zu Fly Over. Fly Over steht bei einigen Großstädten in der Satellitendarstellung zur Verfügung. Sie erkennen dies daran, dass aus der 3D-Taste ein Gebäudesymbol wird.

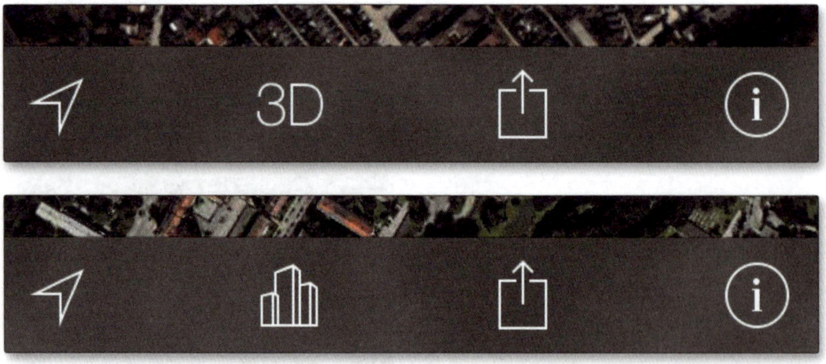


*Falls für eine Region neben 3D auch Fly Over zur Verfügung steht, sehen Sie anstelle der 3D-Taste ein Gebäudesymbol.*

Tippen Sie auf dieses Symbol oder wischen Sie mit zwei Fingern auf dem Display nach oben, wird eine realistische 3D-Darstellung aus der Vogelperspektive gezeigt, in die Sie wie gewohnt hineinzoomen können. Auch hier ändern Sie den Blickwinkel, indem Sie mit zwei Fingern auf dem Display nach oben oder unten wischen. Ebenfalls mit zwei Fingern können Sie die Darstellung drehen und so ein Gebäude von allen Seiten betrachten.

*Die 3D-Darstellung aus der Vogelperspektive funktioniert nicht immer, aber wenn, dann ermöglicht sie erstaunliche Ansichten.*

## Die Stecknadeln

Damit Sie eine gesuchte Adresse schnell lokalisieren können, setzt Karten eine kleine Stecknadel. Dabei wird in einer Sprechblase der aktuelle Ort angegeben und in einer blauen Markierung die Zeit angegeben, die Sie zur Erreichung des Punktes von Ihrer aktuellen Position mit der bevorzugten Routeneinstellung benötigen. Tippen Sie auf diese Markierung, wird automatisch eine Route zu diesem Punkt angezeigt. Ein Tipp auf den Pfeil in der Sprechblase zeigt Ihnen die genaue Adresse und bietet Ihnen weitere Möglichkeiten:

- **Route hierhin/Route von hier:** Damit können Sie den markierten Punkt in Ihre Routenplanung aufnehmen.
- **Neuen Kontakt erstellen/Zu Kontakt hinzufügen:** Die Adresse wird entweder als neuer Kontakt aufgenommen oder einem bestehenden Kontakt als zusätzliche Adresse hinzugefügt.
- **Lesezeichen:** Die Position wird für den späteren schnellen Zugriff als Lesezeichen gespeichert. Auf Ihre Lesezeichen greifen Sie über das Buchsymbol in der Symbolleiste zu.

- **Problem melden:** Wenn die Informationen von Karten nicht korrekt sind, können Sie über diese Taste das Problem an Apple melden und so zur Verbesserung der Kartendaten beitragen.
- **Senden:** Die aktuelle Position kann per E-Mail, Twitter und auf anderen Wegen mit anderen geteilt werden (dazu gleich mehr).

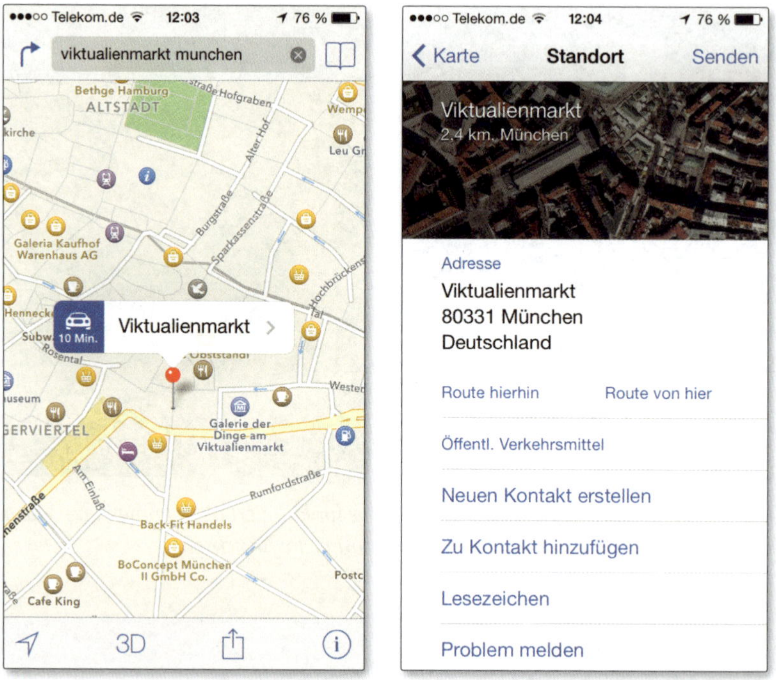


*Über die Stecknadeln können Sie schnell Informationen zu einem bestimmten Ort abrufen oder auch eine Route planen.*

Stecknadeln lassen sich natürlich auch freihändig setzen. Tippen Sie dazu auf das »i« unten rechts und wählen Sie hier **Stecknadel**.

Karten platziert nun eine Stecknadel mit einem lilafarbenen Kopf und zeigt, falls möglich, die Anschrift der markierten Position. Schieben Sie die Nadel an die gewünschte Position. Dazu berühren und halten Sie den Kopf der Nadel. Sobald die Sprechblase zur Nadel verschwindet, lässt sie sich mit dem Finger auf dem Display verschieben.

## Die Lesezeichen

In den Lesezeichen legen Sie Adressen und Orte ab, die Sie im schnellen Zugriff haben möchten. Die Lesezeichen rufen Sie mit einem Tipp auf das Buchsymbol in der Adressleiste auf.

Um eine Adresse in die Lesezeichen aufzunehmen, gibt es zwei Möglichkeiten:

- **Teilen:** Tippen Sie auf das Teilen-Menü (also das Rechteck mit dem Pfeil), wählen Sie, ob Sie entweder den mit einer Stecknadel markierten Ort oder Ihre aktuelle Position als Lesezeichen teilen möchten, und wählen Sie anschließend **Lesezeichen**.
- **Stecknadel:** Tippen Sie bei der Sprechblase einer Stecknadel auf den Pfeil und wählen Sie anschließend **Lesezeichen**.

Als Name schlägt Ihnen Karten die aktuelle Adresse vor, Sie können diesen Namen aber natürlich auch ändern. Mit **Sichern** wird die Adresse den Lesezeichen hinzugefügt. Als ersten Eintrag der Lesezeichen sehen Sie immer die Adresse, die Sie mit einer Stecknadel markiert haben.

Möchten Sie die Reihenfolge der Lesezeichen ändern, den Namen eines Lesezeichens anpassen oder ein Lesezeichen löschen, tippen Sie auf **Bearbeiten**. Nun können Sie ein Lesezeichen über die Grifffläche rechts verschieben, mit einem Tipp auf das rote Minuszeichen löschen oder den Namen über einen Tipp auf den Pfeil ändern.

Neben den eigentlichen Lesezeichen haben Sie hier auch Zugriff auf die zuletzt gesuchten Adressen und Routen und natürlich auch auf alle Adressen, die Sie in den Kontakten gespeichert haben.

## Orte und Routen teilen

Alle Adressen und Routen können Sie mit anderen teilen. Dazu tippen Sie entweder auf das Teilen-Symbol oder im Stecknadelmenü auf **Senden**.

Es stehen Ihnen nun verschiedene Möglichkeiten zur Verfügung:

- **AirDrop:** Die Adresse wird drahtlos an andere iOS-7-Geräte in Ihrer Nähe geschickt. Mit AirDrop beschäftigen wir uns ausführlicher in Kapitel 2.
- **Nachrichten/E-Mail:** Die aktuelle Position wird als Visitenkartendatei im VCF-Format (VCF steht für »vCard File«) als MMS/iMessage oder als Anhang zu einer E-Mail verschickt. Der Empfänger kann die Datei mit einem Klick in seine Adressdatenbank aufnehmen und über den Link auf dem Computer Google Maps bzw. – unter OS X – Apples Karten-App starten, wo ihm die Adresse auf einer Karte angezeigt wird.

- **Twitter/Facebook:** Falls Sie in den Einstellungen Ihren Twitter- oder Facebook-Account eingetragen haben, können Sie die Adresse auch in den sozialen Netzwerken bekannt machen. In diesem Fall wird ein Link verschickt, über den Ihre Freunde und Follower sich die Adresse in Google Maps anzeigen lassen können.

Kapitel

# 11

# Tools & Hilfs-programme

Neben den zentralen Applikationen wie Telefon, Safari oder Mail bietet das iPhone noch eine Reihe kleinerer Tools und Hilfsprogramme. Dazu gehört etwa die kleine App »Erinnerungen« zur Verwaltung von Aufgabenlisten, ein Notizblock, ein Kompass oder ein Taschenrechner. Auch als Diktafon lässt sich das iPhone einsetzen. Diese und andere Apps werden in diesem Kapitel vorgestellt.

# Aktien

Über das Programm **Aktien** haben Sie Zugriff auf die aktuelle Kursentwicklung des Aktienmarkts.

Um Aktien einzutragen oder zu löschen, tippen Sie unten rechts auf das Listensymbol und anschließend auf die Plus-Taste. Nun können Sie nach der Firma suchen, deren Aktienkurs Sie im Auge behalten möchten, und sie mit einem Fingertipp in das Programm aufnehmen.

Die Aktien-Anzeige ist zweigeteilt: Im oberen Bereich sehen Sie die von Ihnen eingetragenen Aktien, darunter wird die Kursentwicklung über einen bestimmten Zeitraum als Diagramm eingeblendet. Beide Anzeigenbereiche können verschiedene Inhalte bieten. So wechseln Sie mit einem Tipp auf den Aktienkurs einer Firma zwischen einer Prozentanzeige, der Kursentwicklung oder der Marktkapitalisierung (also dem aktuellen Gesamtwert aller Aktien eines Unternehmens).

Die Anzeige im unteren Bereich bietet Informationen zum ausgewählten Unternehmen, die grafische Entwicklung des Aktienkurses (wobei Sie verschiedene Zeiträume wählen können) sowie aktuelle Nachrichten. Wischen Sie zum Wechseln der angezeigten Informationen ein Mal über das untere Feld.

Drehen Sie das iPhone um 90 Grad nach links oder rechts, wird die Entwicklung des Aktienkurses als Grafik im Querformat angezeigt, was besser lesbar und informativer ist als im Hochformat. Und nicht nur das: Mit zwei Fingern markieren Sie einen beliebigen Bereich und erhalten so Informationen zur Kursentwicklung im markierten Zeitraum.

## TIPP

Die Aktien-App kann mehr, als ihr Name verspricht – nämlich nicht nur Aktien-, sondern auch Währungskurse anzeigen. Dazu fügen Sie statt einer Firma oder eines Aktienkürzels eine Gleichung nach dem Muster **EURUSD=x** ein. Dabei steht EUR für »Euro« und USD für »US-Dollar«, hiermit wird also der Kurs von Euro zu Dollar angezeigt. Entsprechend liefert Ihnen **USDEUR=x** den Kurs von Dollar zu Euro. Das funktioniert auch mit allen anderen Währungen. Weitere populäre Kürzel sind etwa GBP für das britische Pfund, JPY für japanische Yen, CHF für Schweizer Franken, CAD für kanadische und AUD für australische Dollar. Eine vollständige Liste aller Kürzel finden Sie bei Yahoos Currency Converter (*finance.yahoo.com/currency-converter/*). Klicken Sie hier auf das Dropdown **Browse all**.

*Na, wie stehen die Aktien? Das iPhone verrät es Ihnen.*

## Erinnerungen

Mit der App **Erinnerungen** hat Apple dem iPhone eine kleine App spendiert, mit der Sie anfallende Aufgaben notieren und verwalten können.

Die Erinnerungen (oder Aufgaben) werden in farblich markierten Listen verwaltet. Standardmäßig gibt es eine Liste **Erinnerungen**. Eine neue Aufgabe fügen Sie mit einem einfachen Fingertipp in eine leere Zeile einer Liste hinzu. Bei einem Tipp auf Return wird der aktuelle Eintrag gespeichert, und die Schreibmarke springt automatisch in die nächste Zeile. So können Sie problemlos rasch Ihre Aufgaben eintragen.

Um eine neue Liste anzulegen, schließen Sie zuerst die aktuell geöffnete Liste mit einem Tipp auf ihren Namen und wählen anschließend **Neue Liste**. Geben Sie der Liste einen Namen, legen Sie eine Farbe für die neue Liste fest und tippen Sie auf **Fertig**. Die Listen werden in der Reihenfolge angezeigt, in der Sie sie angelegt haben. Möchten Sie dies ändern, berühren und halten Sie eine Liste und verschieben Sie sie an die gewünschte Position.

Sie können jeder Erinnerung weitere Informationen hinzufügen, indem Sie den entsprechenden Eintrag wählen und das »i« neben dem entsprechenden Eintrag tippen. Etwas schneller geht es, wenn Sie den Eintrag von rechts nach links durchstreichen und den Punkt **Mehr** wählen.

Hier lässt sich eine Erinnerung nun priorisieren, in eine andere Liste verschieben und mit einer Notiz versehen. Aktivieren Sie den Punkt **Tagesabhängige Erin-**

**nerung**, um der Aufgabe ein Fälligkeitsdatum zuzuweisen. Aufgaben, die regelmäßig anfallen, lassen sich über den Punkt **Wiederholen** verwalten. Hier haben Sie die Wahl, ob die Aufgabe **Täglich**, **Wöchentlich**, **Alle 2 Wochen**, **Monatlich** oder **Jährlich** anfällt.

Bei vielen Erinnerungen kann man schon mal den Überblick verlieren, welche Aufgabe aktuell erledigt werden muss und was in Zukunft noch so auf dem Programm steht. Einen Eintrag wie »Heute« oder Ähnliches sucht man allerdings vergebens. Doch keine Sorge, die kleine App lässt Sie nicht im Stich. Ziehen Sie den Bildschirm nach unten, erscheint oben zum einen ein Feld zur Eingabe eines Suchbegriffs, mit dem Sie die Erinnerungen durchstöbern können. Zum anderen wird ein Wecker-Symbol angezeigt. Ein Tipp auf den Wecker blendet die Liste **Planmäßig** ein, in der alle aktuell und demnächst fälligen Aufgaben eingetragen sind.

Haben Sie eine Aufgabe erledigt, tippen Sie in den leeren Kreis vor dem entsprechenden Eintrag. Möchten Sie den Eintrag sofort löschen, streichen Sie ihn von rechts nach links durch und wählen **Löschen**.

Erinnerungen kann auch auf die Ortungsdienste des iPhones zugreifen. So ist es möglich, Erinnerungen in Abhängigkeit Ihres Aufenthaltsorts einzurichten. Wenn Sie sich zum Beispiel beim Verlassen Ihres Büros daran erinnern lassen möchten, dass Sie auf dem Weg nach Hause noch einkaufen müssen, dann geht das so:

1. Legen Sie über das Pluszeichen eine neue Aufgabe mit dem Titel **Einkaufen** an und tippen Sie auf das »i«.
2. Aktivieren Sie hier **Ortsabhängige Erinnerung** und wählen Sie **Ort**.
3. Tragen Sie nun den gewünschten Ort ein, falls Sie sich aktuell in Ihrem Büro befinden, tippen Sie dazu einfach auf **Aktueller Ort**.
4. Aktivieren Sie nun **Beim Verlassen** und speichern Sie die Erinnerung, indem Sie oben mit einem Tipp auf **Details** zu den Details des Eintrags zurückkehren.

Sobald Sie nun Ihr Büro verlassen, meldet sich Ihr iPhone und erinnert Sie daran, dass Sie noch einkaufen wollten. Wie genau sich das iPhone meldet, legen Sie unter **Einstellungen** > **Töne** > **Erinnerungshinweise** und **Einstellungen** > **Mitteilungen** > **Erinnerungen** fest.

## TIPP

Standardmäßig reagiert das iPhone bei ortsabhängigen Erinnerungen, sobald Sie sich 100 Meter vom gewählten Ort befinden. Sie können diese Distanz vergrößern, indem Sie den schwarzen Punkt im Kreis um den gewählten Ort nach außen ziehen.

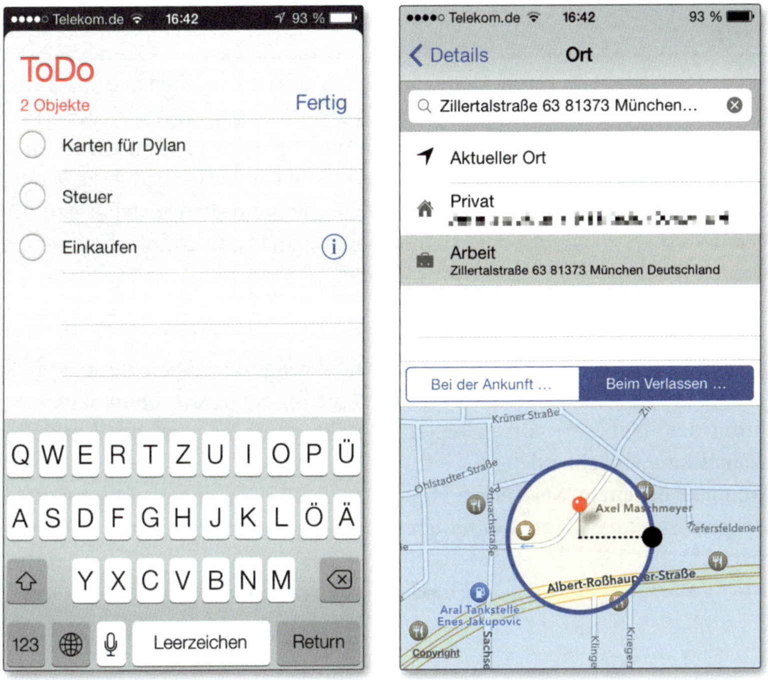


*Erinnerungen kann Sie nicht nur zu einem bestimmten Termin an eine Aufgabe erinnern, sondern auch dann, wenn Sie einen bestimmten Ort verlassen oder erreichen.*

## Game Center

Ein kleines Spielchen zwischendurch auf dem iPhone macht Spaß. Noch mehr Spaß macht es, wenn Sie mit anderen spielen oder sich mit anderen messen können. Mit **Game Center** ist das kein Problem. Über Game Center können Sie Ihre erreichten Erfolge und Highscores publizieren oder sich etwa mit anderen Spielern via Internet ein heißes Rennen liefern. Voraussetzung dafür ist, dass ein Spiel das Game Center unterstützt, was aber sehr viele Spiele tun.

Beim ersten Start des Game Centers melden Sie sich mit Ihrer Apple-ID an und wählen einen Namen, unter dem Sie im Game Center zu finden sind. Das muss nicht unbedingt Ihr realer Name sein. Wenn Sie nicht möchten, dass andere wissen, was Sie auf dem iPhone so spielen, sollten Sie sich mit einem Pseudonym anmelden. Anschließend entscheiden Sie, ob Ihr Game-Center-Profil öffentlich sein soll (standardmäßig ist es dies nicht), wobei Ihr echter Namen für andere Teilnehmer sichtbar wird. Anschließend können Sie noch eine Statusmeldung eintragen und ein Foto für Ihren Account wählen.

## TIPP

Sobald Sie sich beim Game Center angemeldet haben, greifen alle Spiele, die das Game Center unterstützen, automatisch darauf zu und speichern Ihre Spielstände, Highscores und Ähnliches. Wenn Sie das nicht möchten, müssen Sie entweder darauf verzichten, das Game Center einzurichten – oder Sie melden sich mit Ihrem Account wieder ab. Um die Einstellungen des Game Centers zu ändern oder sich komplett vom Game Center abzumelden, wählen Sie **Einstellungen** > **Game Center**.

Das Game Center selbst stellt keine Spiele zur Verfügung. Haben Sie aber ein Spiel installiert, das das Game Center unterstützt, verbindet es sich beim Start automatisch mit dem Netzwerk. Bei erfolgter Kontaktaufnahme wird eine kurze Begrüßungsmeldung eingeblendet.

Wenn Sie bei einem Spiel einen Highscore erzielt oder einen Erfolg errungen haben, wird dies an das Game Center übermittelt und in Ihren Account eingetragen.

*Im Game Center verwalten Sie Ihre Spielstände und können sich mit Freunden in gemeinsamen Spielen messen.*

Um sich mit Ihren Freunden via Game Center zu vernetzen, wählen Sie die Taste **Freunde** und tippen anschließend auf das Pluszeichen. Nun können Sie eine Kontaktanfrage an Ihre Freunde schicken. Sobald diese Anfrage bestätigt wurde, taucht ein entsprechender Eintrag im Register **Freunde** auf, und Sie können verfolgen, welche Spiele Ihr Freund spielt und welche Erfolge er dabei erreicht hat.

### GRUNDLAGEN

Im Game Center sind Sie für andere Teilnehmer nur unter Ihrem Pseudonym zu sehen. Schicken Sie allerdings an einen Teilnehmer eine Kontaktanfrage, wird Ihr richtiger Name genannt.

## Kompass

Das iPhone verfügt über einen digitalen Kompass, auf den zum Beispiel die Karten-App zugreift.

Der Kompass funktioniert so wie jeder andere Kompass auch und zeigt Ihnen an, in welche Himmelsrichtung Sie gerade blicken. Es sei denn, ein nahes Magnetfeld macht sich störend bemerkbar. Dafür genügt übrigens schon ein Computer oder ein Monitor. Bei einer Störung muss der Kompass durch eine kreisende Bewegung des iPhones kalibriert werden.

Bei der Richtungsbestimmung müssen Sie das iPhone möglichst waagerecht halten und den großen, weißen Strich auf dem Display nach vorn zeigen lassen. Dabei hilft Ihnen ein doppeltes Fadenkreuz in der Mitte. Sind die beiden Kreuze deckungsgleich, halten Sie das iPhone waagerecht.

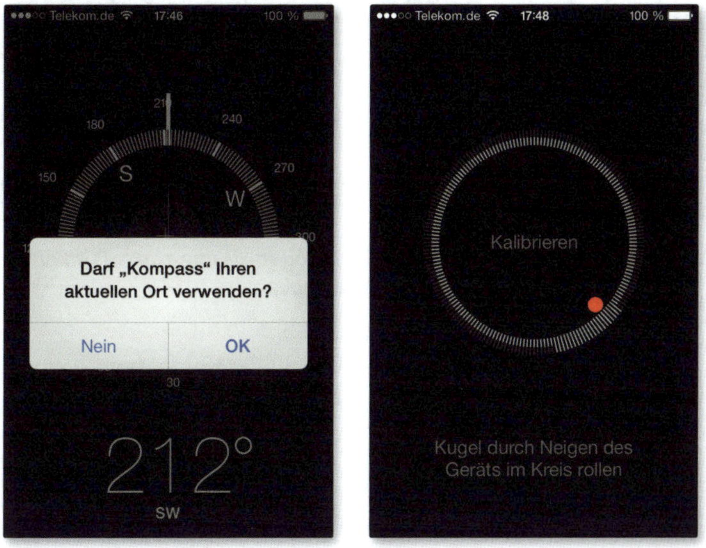


*Bevor der Kompass auf Ihre Ortsdaten zugreifen kann, müssen Sie es der App ausdrücklich erlauben. Bei Störungen – etwa durch Magnetfelder – muss der Kompass zuerst kalibriert werden.*

Haben Sie dem Kompass den Zugriff auf Ihren aktuellen Ort erlaubt, erscheinen am unteren Bildschirmrand Ihre exakten Koordinaten. Tippen Sie darauf, übergibt die Kompass-App Ihre Position an die Karten-App, die Ihren Standort auf einer Karte anzeigt (auch hier müssen Sie der Karten-App zuerst den Zugriff auf die Ortsdaten erlauben).

Der Kompass lässt sich auch als Gradmesser benutzen. Tippen Sie dazu ein Mal auf die Gradskala. Es wird ein kleiner, roter Strich bei der aktuellen Position eingeblendet. Drehen Sie nun den Kompass, wird der Winkel von der Ausgangsposition bis zur aktuellen Position durch einen roten Balken markiert und der Winkel angegeben. Ein erneuter Tipp auf die Markierung schaltet diese Funktion wieder aus.

*Der Kompass zeigt Ihnen die Himmelsrichtung sowie Ihre exakte Position und kann auch als Gradmesser eingesetzt werden.*

Neben der waagerechten Gradanzeige beherrscht der Kompass auch eine Anzeige des Neigungswinkels. Dazu wischen Sie in der Kompass-App einmal von rechts nach links. Nun sehen Sie zwei sich mehr oder weniger stark überlappende Kreise und den Neigungswinkel des iPhones in Grad. Tippen Sie nun einmal auf den Bildschirm, ändert sich die Hintergrundfarbe von Schwarz nach Rot, und die aktuelle Neigung wird als Nullpunkt benutzt. Neigen Sie nun das iPhone, sehen Sie die Gradanzeige bezogen auf den vorherigen Neigungswinkel des iPhones.

**TIPP**

Standardmäßig orientiert sich die Kompass-App am magnetischen Norden. Benötigen Sie eine Ausrichtung am geografischen Norden, aktivieren Sie den entsprechenden Schalter und **Einstellungen** > **Kompass**.

## Notizen

Die App **Notizen** macht genau das, was ihr Name verspricht: Sie bietet Ihnen einen Block für Notizen und Einfälle aller Art. Über die Taste **Neu** legen Sie sich einen neuen Notizzettel zurecht und können sofort loslegen. Ihre Notiz wird sofort gespeichert, mit **Fertig** blenden Sie die Tastatur aus, mit **Notizen** kehren Sie zur Liste der auf Ihrem iPhone gespeicherten Notizen zurück.

Auf diese Weise lassen sich beliebig viele Notizen anlegen. Jede Notiz wird mit Datum und Uhrzeit der letzten Bearbeitung gespeichert. Als Titelzeile wird die erste Zeile der Notiz benutzt. Da die Notizen in der Übersicht chronologisch sortiert werden, ändert sich die Reihenfolge der Einträge, sobald Sie eine ältere Notiz bearbeiten.

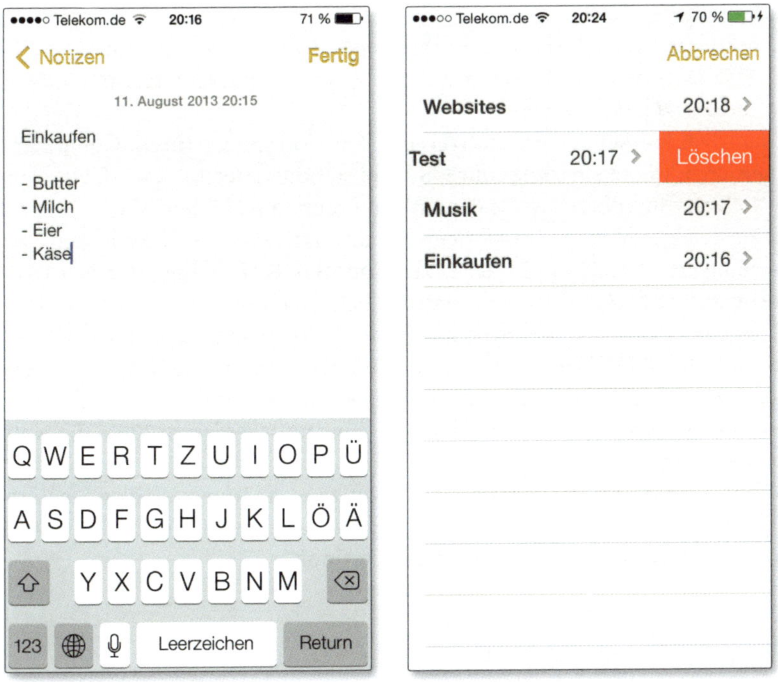


*Eine Notiz ist rasch angelegt und bei Bedarf auch genauso rasch wieder gelöscht.*

Möchten Sie später eine Notiz bearbeiten, tippen Sie in der Übersicht auf den entsprechenden Eintrag und anschließend in die Notiz.

**GRUNDLAGEN**

Die Notizen arbeiten mit »Data Detectors«, die Web- und E-Mail-Adressen, Telefonnummern, Daten oder Adressen erkennen. Diese und ähnliche Einträge werden als Link markiert. Ein Tipp auf diesen Link übergibt die Adresse dann an das entsprechende Programm, also etwa Safari, Mail, Kalender, Karten oder Telefon. Wirklich zuverlässig funktioniert die Erkennung nur bei Web- und Mailadressen, beim Rest ist es häufig ein reines Glücksspiel, das vielfach schiefgeht.

Um eine Notiz zu löschen, lassen Sie sie sich anzeigen und tippen anschließend auf den Mülleimer in der unteren Symbolleiste. Es erscheint eine Sicherheitsabfrage. Nach einem weiteren Tipp auf **Notiz löschen** verschwindet die Notiz auf Nimmerwiedersehen im Mülleimer. Sie können eine Notiz auch in der Übersicht mit dem Finger von rechts nach links durchstreichen und anschließend auf **Löschen** tippen.

Um eine bestimmte Notiz rasch wiederzufinden, ziehen Sie die Liste der Notizen nach unten. Es erscheint ein Eingabefeld, über das Sie alle gespeicherten Notizen durchsuchen können.

Über die Teilen-Taste (also das Rechteck mit Pfeil) lässt sich eine Notiz per E-Mail oder SMS/iMessage verschicken, via AirDrop an ein anderes Gerät mit iOS 7 schicken, ausdrucken oder kopieren.

Natürlich können Sie die Notizen mit den Notizen auf Ihrem Computer synchronisieren, wobei allerdings nur OS X vollständig unterstützt wird. Hier landen alle Notizen vom iPhone im gleichnamigen Programm auf dem Mac. Die Synchronisation erfolgt dabei via IMAP oder iCloud. Aktivieren Sie dazu in den Systemeinstellungen unter **iCloud** oder **Mail, Kontakte & Kalender** (OS X 10.8) bzw. **Internetaccounts** (OS X 10.9) die entsprechende Option.

Unter Windows wird der Sync mit Outlook unterstützt, allerdings nicht so elegant wie unter OS X. Falls Sie mit iCloud arbeiten, tauchen die Notizen in Outlook unter Ihrer Apple-ID auf. Sie können Notizen hier einsehen und lesen, neue Notizen landen allerdings als Mail auf dem iPhone und werden nicht an die Notizen-App übergeben.

Ohne iCloud synchronisieren Sie die Notizen via iTunes. Wählen Sie dort das iPhone aus und aktivieren Sie auf der Registerkarte **Infos** im Abschnitt **Andere** den Punkt **Notizen synchronisieren mit Outlook**.

# Passbook

Immer mehr Anbieter nutzen die Möglichkeit, Flugtickets, Eintrittskarten, Coupons oder Kundenkarten in Form eines digitalen Passes auszugeben. Dabei handelt es sich um einen Barcode, den man ausdrucken muss und etwa am Flughafen, bei der Einlasskontrolle oder der Kasse vorzeigt. Dort wird er eingescannt, und man bekommt seine Bordkarte, wird eingelassen, erhält einen Rabatt oder eine spezielle Vergünstigung.

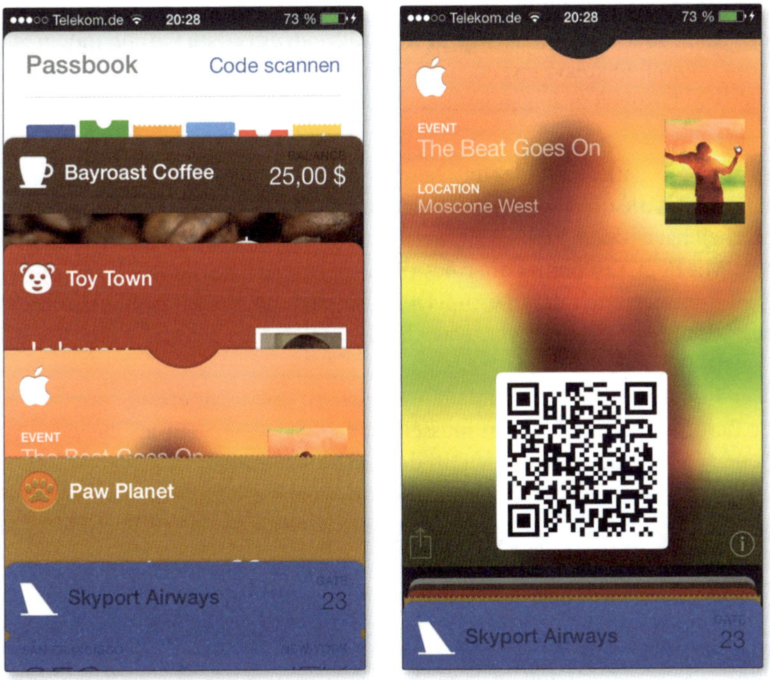


*Mit Passbook verwalten Sie digital Gutscheine, Eintrittskarten, Tickets und Ähnliches mehr.*

Üblicherweise werden solche digitalen Pässe per Mail verschickt, mit **Passbook** auf dem iPhone hat sich das geändert. Viele Anbieter unterstützen diese App und schicken digitale Pässe direkt ans iPhone, wo sie in der App Passbook gespeichert werden. Benötigen Sie später, etwa bei der Einlasskontrolle im Theater, Ihren digitalen Pass, zücken Sie Ihr iPhone, starten Passbook und lassen sich den entsprechenden Pass anzeigen. Auf dem Display wird der Barcode angezeigt, der von einem Barcode-Scanner erfasst werden kann.

# Rechner

Ein Taschenrechner gehört zur Grundausstattung aller elektronischen Geräte. Das Hilfsprogramm **Rechner** des iPhones macht da keine Ausnahme. Es beherrscht, natürlich, die vier Grundrechenarten, besitzt einen Speicher und kann auch bei wissenschaftlichen Berechnungen mithalten.

## TIPP

Für die rasche Berechnung zwischendurch lässt sich der Rechner auch über das Kontrollzentrum starten. Das Kontrollzentrum rufen Sie auf, indem Sie vom unteren Displayrand nach oben wischen, wobei Sie ruhig etwas außerhalb des Displays ansetzen können.

Beim Start präsentiert sich der Taschenrechner des iPhones schlicht und übersichtlich. Er besitzt die üblichen Funktionen ohne Besonderheiten. Das heißt – eine Besonderheit hat er doch: Er zeigt an, welchen Operator (»Rechentaste«) Sie angetippt haben. Mit dem Taschenrechner des iPhones werden Sie nie wieder in die Verlegenheit kommen, sich daran erinnern zu müssen, ob Sie nun schon auf die Plus-Taste getippt haben oder nicht. Das klingt banal, erleichtert die Arbeit im Alltag aber ganz ungemein.

Der Taschenrechner ist ziemlich praktisch, wenn Sie unterwegs rasch eine einfache Berechnung durchführen müssen. Sobald Sie aber mehr als die vier Grundrechenarten benötigen, wird die Luft doch ziemlich dünn.

Doch keine Sorge. Drehen Sie Ihr iPhone einfach um 90 Grad nach rechts oder links – und schon wird aus dem einfachen Taschenrechner ein Rechner mit wissenschaftlichem Anspruch.

## TIPP

Eine falsche Zifferneingabe lässt sich sehr rasch beheben: Wischen Sie einmal über die eingegebenen Zahlen und löschen Sie so die zuletzt eingetippte Ziffer. So wird beispielsweise aus »1235« dann »123«.

Um eine Eingabe oder ein Ergebnis in ein anderes Dokument übernehmen zu können, berühren und halten Sie die Anzeige. Es erscheint das vertraute **Kopieren/Einsetzen**-Menü.

*Aktive Operatoren – hier etwa die Plus-Taste – werden markiert. Drehen Sie das iPhone um 90 Grad, wird der Rechner zu einem wissenschaftlichen Taschenrechner.*

## Sprachmemos

Wenn Sie Ihre Notizen nicht so gern eintippen, sondern lieber diktieren, hilft Ihnen das Programm **Sprachmemos** weiter. Damit verwandeln Sie Ihr iPhone in ein Diktiergerät und können beliebige Tondokumente aufzeichnen. Die so aufgenommenen Dateien tauchen beim nächsten Sync in iTunes in einer eigenen Wiedergabeliste »Sprachmemos« auf und können von dort aus wie jede andere Musikdatei in iTunes abgespielt, auf CD gebrannt oder exportiert werden.

Die Aufzeichnung ist denkbar einfach: Sprachmemos starten, den roten Knopf antippen, fertig. Ab sofort zeichnet das iPhone alles auf, was es über sein Mikro empfängt.

- **Aufnahme pausieren/fortsetzen:** Tippen Sie erneut auf die rote Taste.
- **Aufnahme beenden:** Tippen Sie auf **Fertig.**

### POWER USER

Die Aufzeichnung eines Sprachmemos lässt sich auch über das Headset steuern. Drücken Sie dazu die Taste im rechten Kopfhörerkabel so lange, bis sich Siri mit einem Glockenton meldet. Mit dem Kommando »Starte Sprachmemos« wird die App gestartet. Ein Druck auf die Kopfhörertaste startet die Aufnahme, ein erneuter Druck beendet sie.

Während der Aufzeichnung können Sie mit dem iPhone normal weiterarbeiten, also etwa im Web surfen, Notizen lesen oder eine E-Mail schreiben. Um zum Programm zurückzukehren, tippen Sie oben auf die rote, pulsierende Leiste.

## AUFGEPASST

Die Aufzeichnung läuft auch weiter, wenn das iPhone im Standby-Betrieb ist. Möchten Sie verhindern, dass eine unbeabsichtigte Sprachaufnahme Ihren Akku leer saugt, müssen Sie die Aufzeichnung explizit beenden.

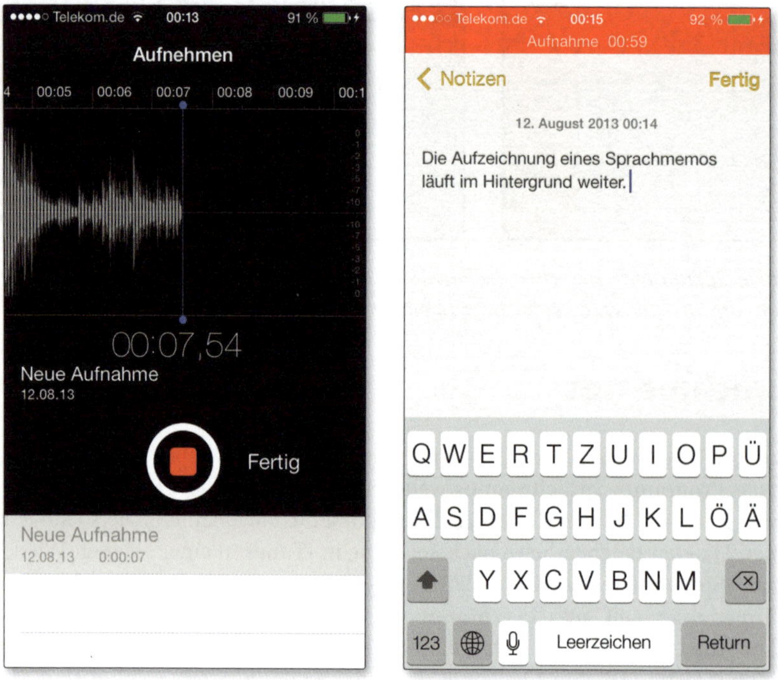


*Die Aufzeichnung eines Sprachmemos kann innerhalb der App jederzeit pausiert werden. Verlassen Sie die App mit einem Tipp auf die Home-Taste, läuft die Sprachaufzeichnung weiter.*

Aufgezeichnete Sprachmemos werden unterhalb der roten Aufnahmetaste als einfache Liste chronologisch verwaltet. Um ein Memo abzuspielen, tippen Sie es an und steuern die Wiedergabe über die Play-Taste links. Über die Teilen-Taste (das Rechteck mit Pfeil) lässt sich ein Sprachmemo als Nachricht oder Mail versenden oder via AirDrop an ein anderes Gerät mit iOS 7 schicken. Mit einem Tipp auf den Papierkorb löschen Sie ein Memo. Alternativ dazu lässt es sich auch einfach in der Liste von rechts nach links durchstreichen.

## AUFGEPASST

Sprachmemos werden im Dateiformat »M4A« gespeichert und auch in diesem Format per Nachricht oder E-Mail verschickt. Bevor Sie also einen Bekannten mit einem Sprachmemo per Mail beglücken, sollten Sie sicherstellen, dass er damit auch etwas anfangen kann.

Als Titel des Memos wird standardmäßig der Zeitpunkt der Aufzeichnung benutzt, aber das können Sie ändern. Tippen Sie dazu das entsprechende Memo an und anschließend auf den Namen.

Nicht immer benötigt man die komplette Aufzeichnung, sondern nur einen Teil davon. In diesem Fall empfiehlt es sich, Anfang und Ende des Sprachmemos so weit zurechtzukürzen, bis nur noch der relevante Teil gespeichert wird.

Tippen Sie dazu auf das Memo und dort auf **Bearbeiten**. Wählen Sie nun das Kürzen-Symbol (das ist das blaue Rechteck mit den beiden Griffpunkten links). Das gesamte Memo wird nun von zwei roten Linien mit Griffpunkten umschlossen. Über diese Griffpunkte verschieben Sie die Linien und legen so Anfangs- und Endpunkt des Memos fest. Sie können sich den markierten Ausschnitt jederzeit zur Kontrolle anhören. Wenn alles passt, tippen Sie auf **Kürzen**. Sie können nun die Originalaufnahme mit der gekürzten Version überspielen oder die gekürzte Fassung als neues Memo speichern.

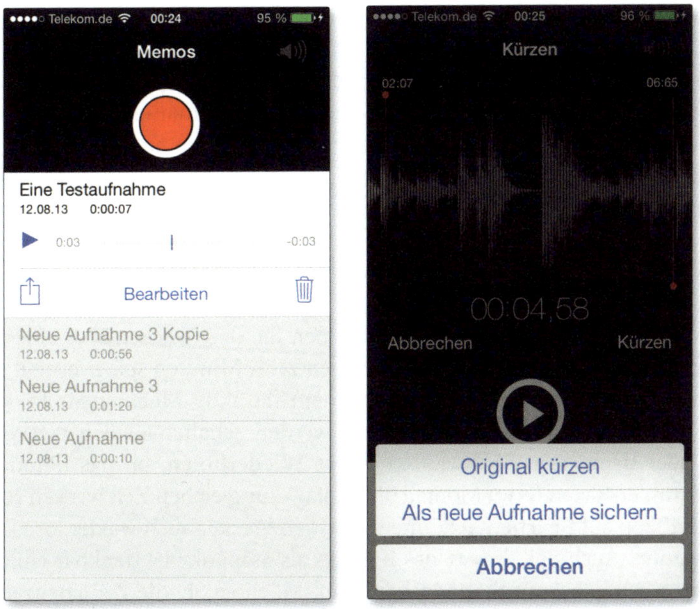


*Sprachmemos lassen sich auf dem iPhone nicht nur abspielen, sondern auch per E-Mail oder MMS verschicken. Bevor Sie das tun, können Sie ein Sprachmemo auch auf den relevanten Teil zusammenkürzen.*

Möchten Sie Ihre Sprachmemos auch auf dem Computer speichern, benutzen Sie dafür iTunes. Schließen Sie Ihr iPhone an den Computer an und wählen Sie es in der Seitenleiste von iTunes aus. Auf der Registerkarte **Musik** müssen Sie darauf achten, dass im Abschnitt **Musik synchronisieren** der Punkt **Sprachmemos einbeziehen** aktiviert ist.

## Uhr

Mit der **Uhr** des iPhones wissen Sie nicht nur, wie spät es bei Ihnen ist, sondern haben immer und überall die Weltzeit im Griff, einen wackeren Wecker zur Hand, eine Stoppuhr parat und einen Timer dabei. Die Uhr lässt sich nicht nur über den Home-Bildschirm, sondern auch im Kontrollzentrum öffnen (das Kontrollzentrum öffnen Sie, indem Sie vom unteren Bildschirmrand nach oben wischen).

### GRUNDLAGEN

Standardmäßig holt sich das iPhone die korrekte Uhrzeit und das Datum aus dem Funknetz, Sie können Zeit und Datum aber auch von Hand einstellen. Rufen Sie dazu **Einstellungen > Allgemein > Datum & Uhrzeit** auf und deaktivieren Sie den Punkt **Automatisch einstellen**. Nun können Sie die gewünschte Zeitzone, das Datum und die Uhrzeit einstellen.

Die Uhr hat aber mehr zu bieten als nur die aktuelle Uhrzeit:

- **Weltuhr:** Um einen Ort einzutragen, dessen Uhrzeit Sie angezeigt bekommen möchten, tippen Sie auf das Pluszeichen. Standardmäßig wird die Uhrzeit in Form eines analogen Ziffernblattes angezeigt. Mit einem Tipp aufs Display wechseln Sie zwischen analoger und digitaler Anzeige. Um die Reihenfolge der verschiedenen Uhren zu ändern oder um einen Eintrag zu löschen, tippen Sie auf **Bearbeiten**.
- **Wecker:** Sie können beliebig viele Wecker einrichten, die sich einzeln ein- und ausschalten lassen. Neue Wecker fügen Sie über das Pluszeichen hinzu. Aktivieren Sie den **Schlummern**-Schalter, können Sie den Wecker über eine **Schlummern**-Schaltfläche abbrechen und werden zehn Minuten später erneut geweckt. Standardmäßig ist ein Wecker nur an einem Tag aktiv. Möchten Sie am nächsten Tag erneut um die gleiche Zeit geweckt werden, schalten Sie den Wecker erneut ein oder definieren Sie über den Punkt **Wiederholen**, ob das iPhone Sie an bestimmten Tagen (etwa Montag bis Freitag) zur gleichen Zeit wecken soll. Nach einem Tipp auf **Bearbeiten** können Sie einen Wecker auch wieder löschen.
- **Stoppuhr:** Auch der Einsatz des iPhones als Stoppuhr ist denkbar einfach: Mit **Starten** geht's los, mit **Stoppen** hört's auf. Möchten Sie die Zwischenzeiten messen, tippen Sie zwischendurch auf **Runde**. Die Runden werden einzeln ausgewiesen, die Stoppuhr selbst zeigt die Gesamtzeit, die aktuelle Rundenzeit steht in kleiner Schrift darüber.

- **Timer:** Möchten Sie, dass Ihr Dreiminuten-Ei auch tatsächlich nur drei Minuten kocht, dann wechseln Sie in der Uhr-App zum Timer, stellen ihn auf **0 Stunden 3 Minuten** und tippen auf **Starten**. Das iPhone beginnt nun einen Dreiminuten-Countdown und meldet sich am Schluss mit dem Signal, das Sie unter **Timer-Ende** eingestellt haben. Während der Timer fleißig zählt, können Sie mit Ihrem iPhone wie gewohnt weiterarbeiten oder es in Standby versetzen – der Timer meldet sich, sobald es an der Zeit ist.

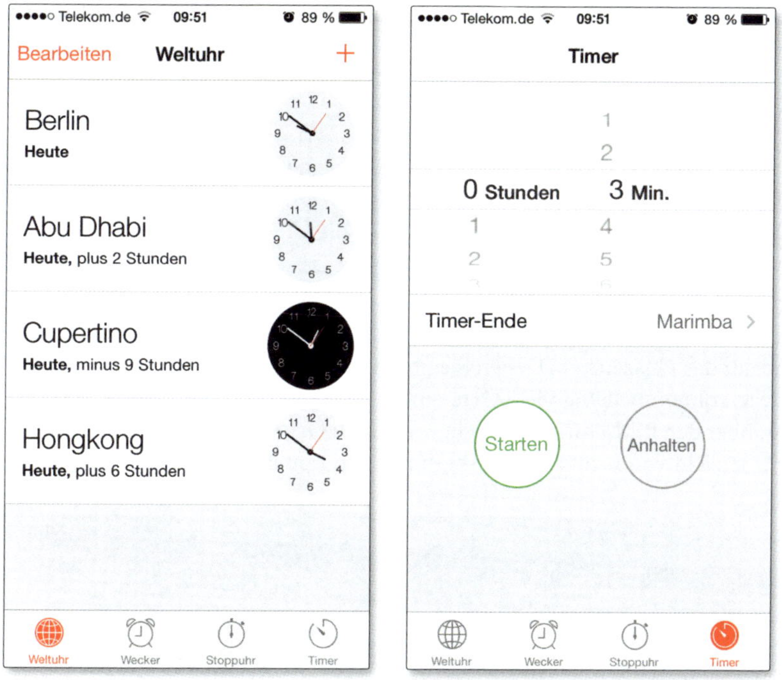


*Die Uhr-App kombiniert Weltuhr, Wecker, Stoppuhr und Timer.*

# Wetter

Wenn der Hahn kräht auf dem Mist, ändert sich das Wetter – oder es bleibt wie es ist: Diese alte Bauernregel hat zwar den Vorteil, dass sie immer stimmt, aber dafür taugt sie auch nicht viel. Ob es ratsam ist, einen Regenschirm einzupacken oder ob an Ihrem Urlaubsort die Sonne scheint, kann das handliche Sprichwort Ihnen leider nicht verraten. Doch Sie haben ja ein iPhone und damit auch das kleine, aber feine Programm **Wetter**. Das gibt Ihnen eine 6-Tage-Wetterprognose für mehr oder weniger jeden Ort der Erde und kann Ihnen auch sagen, wie sich das Wetter in den nächsten Stunden vermutlich entwickeln wird.

Zudem kann die Wetter-App auf die Ortsinformationen des iPhones zugreifen und Ihnen so jederzeit die Wetterprognose für Ihren aktuellen Aufenthaltsort anzeigen (vorausgesetzt, Sie haben der App den Zugriff auf die Ortsdaten erlaubt).

Im oberen Bereich der Wetteranzeige sehen Sie den Ort und die aktuelle Wetterlage. Darunter steht eine Vorhersage über die nächsten zwölf Stunden (wischen Sie mit dem Finger über die Anzeige, um die Vorhersage für die nächsten Stunden zu sehen). Der untere Bereich zeigt die Vorhersage für die nächsten fünf Tage. Nettes Schmankerl am Rande: Der Hintergrund der Anzeige passt sich der aktuellen Wettersituation an. Es ziehen sanft Wolken übers Display, die Sterne leuchten, Regen oder Schnee fallen und gelegentlich blitzt es auch.

Tippen Sie auf den oberen Bereich, wechselt die Anzeige zwischen der Temperatur und den Angaben zur Luftfeuchtigkeit, Regenwahrscheinlichkeit, Windstärke und gefühlten Temperatur.

## TIPP

Standardmäßig zeigt Wetter die Temperatur in Celsius an. Möchten Sie die Werte allerdings in Fahrenheit haben, ist auch das kein Problem. Wechseln Sie mit einem Tipp auf das Listensymbol zur Übersicht aller Städte und tippen Sie dort auf **°C/F**.

Um einen Ort einzutragen, tippen Sie ein Mal auf das Listensymbol und anschließend auf das Pluszeichen. Geben Sie nun den Ortsnamen oder dessen Postleitzahl ein. Sie können beliebig viele Orte eintragen, zwischen denen Sie mit einem Wischer über den Bildschirm wechseln. Um einen Ort zu löschen, streichen Sie ihn in der Übersicht von rechts nach links durch und tippen auf **Löschen**.

*In der Wetter-App können Sie beliebig viele Städte eintragen. Dabei wird der jeweilige Hintergrund den aktuellen Wetterverhältnissen angepasst.*

Kapitel 12

# Inhalte laden, installieren, verwalten

Mit den beiden »Apps iTunes Store« und »App Store« bietet das iPhone Ihnen den unkomplizierten Zugriff auf Apples riesiges digitales Kaufhaus, in dem Sie Musik, Filme, Apps und mehr finden. In diesem Kapitel erfahren Sie, wie Sie die verschiedenen Stores von Apple nutzen, Inhalte auf Ihr iPhone laden, Programme installieren und Apps verwalten.

# Apples digitales Kaufhaus

Apple betreibt mit dem **iTunes Store** das größte digitale Kaufhaus der Welt, in dem Sie Musik, Videos, E-Books, Hörbücher, Podcasts und Apps für Ihr iPhone finden.

Auf Ihrem Computer greifen Sie mit dem Programm **iTunes** auf das gesamte Angebot zu, auf dem iPhone hat Apple das riesige Angebot auf verschiedene Apps verteilt.

- **iTunes Store:** Die App bietet Ihnen Zugriff auf Musik, Filme, TV-Serien und Hörbücher.
- **App Store:** Hier finden Sie alle Apps, die Sie auf Ihrem iPhone installieren können.
- **Zeitungskiosk:** Viele Verlage stellen spezielle Apps zu ihren Produkten kostenlos zur Verfügung, die im Zeitungskiosk abgelegt werden. Über diese Apps können Sie dann einzelne Ausgaben der entsprechenden Zeitungen oder Zeitschriften kaufen oder auch ein Magazin abonnieren. Bei einem Zeitschriftenabo wird die jeweils aktuelle Ausgabe automatisch auf Ihr iPhone geladen.
- **iBookstore:** Die digitale Buchhandlung, in der Sie jede Menge E-Books finden. Der iBookstore ist Bestandteil der kostenlosen App **iBooks** (dazu mehr in Kapitel 13).
- **Podcasts:** Apple ist der wohl größte Anbieter kostenloser Podcasts. Um Podcasts zu laden oder zu abonnieren, benötigen Sie die kostenlose App **Podcasts**.

Alle Inhalte, die Sie mit Ihrem iPhone aus den Stores herunterladen, werden sofort auf dem iPhone installiert und stehen damit direkt nach dem Download zur Verfügung. Wenn Sie Ihr iPhone das nächste Mal mit Ihrem Computer synchronisieren, werden diese Inhalte automatisch in die Mediathek von iTunes auf Ihrem Computer übertragen.

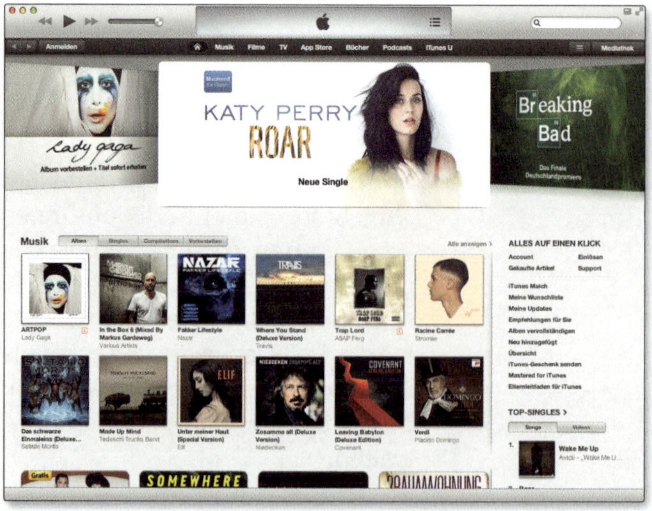


*In iTunes auf dem Computer finden Sie das komplette Angebot im iTunes Store. Auf dem iPhone werden dafür verschiedene Apps eingesetzt.*

Musik, Apps und E-Books, die Sie einmal gekauft haben – ganz gleich, ob auf Ihrem Computer oder Ihrem iPhone –, können Sie jederzeit erneut laden, ohne sie erneut bezahlen zu müssen. Für Filme und TV-Serien gilt dies aktuell nicht (Stand: Oktober 2013), was sich aber in Zukunft wohl ändern wird.

**AUFGEPASST**

So angenehm es ist, unterwegs Musik, Videos oder Apps kaufen zu können, so problematisch können die Konsequenzen sein. Zwar wird auch ein komplettes Musikalbum über das 3G- und erst recht das LTE-Netzwerk sehr zügig geladen – aber das hat seinen Preis. Und damit ist nicht der Preis im iTunes Store gemeint, sondern Ihr Vertrag mit Ihrem Mobilfunkanbieter. Ein komplettes Album kann schon mal über 100 MB groß sein, auch Apps kommen mitunter auf 20, 30 oder mehr MB. Ein solcher Download im Funknetz kann sich also empfindlich auf Ihr mobiles Datenvolumen auswirken. Es ist daher keine schlechte Idee, umfangreiche Downloads unterwegs möglichst nur in einem WLAN vorzunehmen, bei dem die Volumenbegrenzung der Mobilfunkanbieter nicht greift. Wenn Sie sicher sein möchten, dass Downloads aus dem Store nur via WLAN stattfinden, deaktivieren Sie unter **Einstellungen > iTunes & App Store** den Schalter **Mobile Daten verwenden**.

## Die Apple-ID auf dem iPhone

Alle Einkäufe und Downloads via iTunes oder App Store werden mit Ihrer Apple-ID verknüpft. Haben Sie Ihre Daten einmal eingegeben, speichert das iPhone Ihren Accountnamen und fragt vor einem Download nur noch nach dem Kennwort des Accounts.

Falls Sie mit mehreren Accounts arbeiten, müssen Sie also vor dem Einkauf mit einem anderen Account den derzeit aktivierten Account auf dem iPhone abmelden.

Rufen Sie dazu **Einstellungen > iTunes & App Store** auf. Hier sehen Sie, mit welchem Account Sie derzeit angemeldet sind. Um sich abzumelden, tippen Sie den Account-Eintrag an und wählen **Abmelden**. Anschließend geben Sie die Daten des anderen Accounts an und tippen auf **Anmelden**.

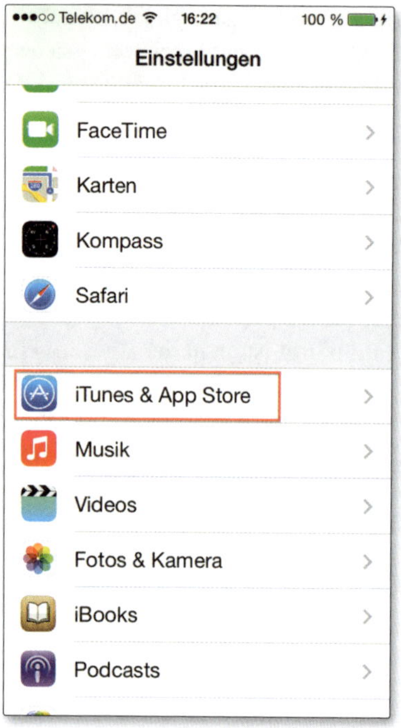

*Ohne Apple-ID geht im iTunes Store nichts. Die ID verwalten Sie in den Einstellungen.*

## Einkaufen mit der Touch ID (nur iPhone 5s)

Auf dem iPhone 5s müssen Sie nicht unbedingt Ihr Kennwort eingeben, sondern können auch Ihren Fingerabdruck zur Authentifizierung benutzen. Diese Funktion müssen Sie allerdings zuerst unter **Einstellungen** > **Allgemein** > **Code & Fingerabdrücke** > **Fingerabdrücke** mit einem Tipp auf den Schalter **iTunes & App Store** aktivieren.

Sobald Sie nun aufgefordert werden, Ihr Kennwort einzugeben, genügt es, Ihren Finger auf den Home-Button zu legen. Natürlich ist es weiterhin möglich, statt dessen das Kennwort einzutippen – schließlich könnte es ja sein, dass der Fingerabdrucksensor defekt ist oder Ihr Fingerabdruck nicht korrekt erkannt wird.

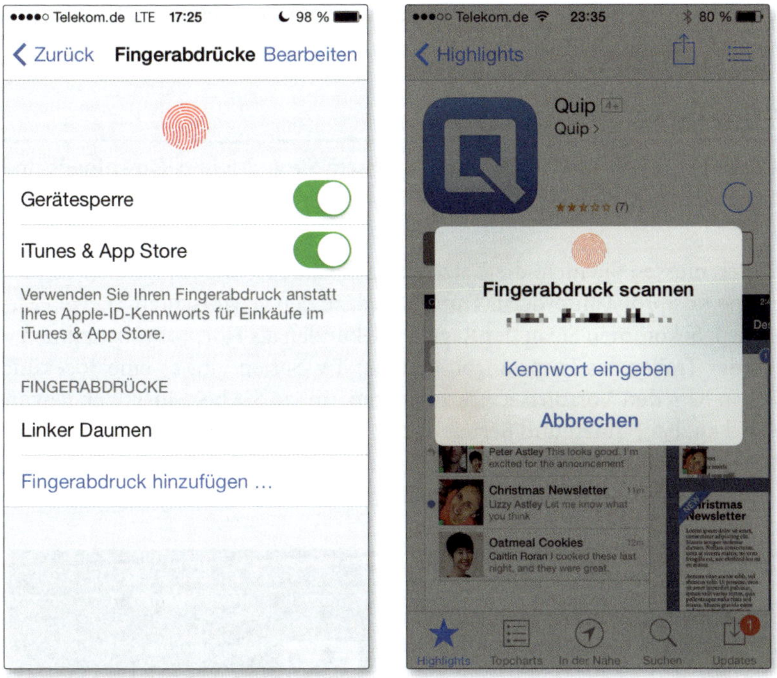


*Beim Download aus Apples digitalem Kaufhaus müssen Sie sich mit Ihrer Apple-ID ausweisen. Auf dem iPhone 5s können Sie dafür auch Touch ID benutzen.*

## Musik, Videos und mehr

Um Musik, Videos oder Hörbücher auf Ihr iPhone zu laden, tippen Sie auf **iTunes Store** auf dem Home-Bildschirm des iPhones.

Über die drei Symbole **Musik**, **Filme** und **TV** wechseln Sie in die entsprechenden Abteilungen des Stores. Jede Abteilung bietet Ihnen die Möglichkeit, den jeweiligen Inhalt nach den Punkten **Genres**, **Im Spotlight** – hier finden Sie Angebote, die Apple für besonders erwähnenswert hält – und **Charts** zu sortieren. Über **Suchen** können Sie im Angebot gezielt nach bestimmten Titeln, Interpreten oder Stichwörtern stöbern. Hinter dem Eintrag **Mehr** finden Sie weitere Menüpunkte (**Hörbücher**, **Töne**, **Genius**, **Gekaufte Artikel** und **Downloads**).

Mit einem Tipp auf ein Cover sehen Sie den Inhalt des jeweiligen Albums, bei Filmen und TV-Serien bekommen Sie hier weitere Informationen wie eine Inhaltsangabe oder Angaben zur Besetzung und Crew. Über die Teilen-Taste rechts oben (das ist das Rechteck mit dem Pfeil nach oben) können Sie den Link zu einem Album, Song oder Film verschicken und so Ihre Freunde auf ein interessantes Angebot im iTunes Store hinweisen.

Um ein Album, einen Song oder ein Video zu kaufen, tippen Sie auf den Preis und weisen sich mit Ihrer Apple-ID aus. Auf dem iPhone 5s können Sie dazu auch

Touch ID benutzen. Der gekaufte Artikel wird automatisch heruntergeladen und steht anschließend in **Musik** bzw. **Videos** zur Verfügung.

## TIPP

Um einen Download zu pausieren, wechseln Sie zu **Mehr** > **Downloads** und tippen den aktuellen Download an. Ein weiterer Tipp setzt den Download fort.

Natürlich müssen Sie nicht die Katze im Sack kaufen, sondern können von jedem Titel eine Kostprobe anfordern. Tippen Sie dazu den gewünschten Titel ein Mal an. Bei Musik bekommen Sie in der Regel 90 Sekunden als Hörprobe, bei Filmen wird Ihnen der Trailer des Films angeboten, bei TV-Serien gibt es eine 30sekündige Vorschau. Um den Vorspielservice zu starten, tippen Sie bei Musik den gewünschten Titel an, bei Filmen und Serien tippen Sie auf das Vorschaubild. Über die Listentaste rechts oben haben Sie Zugriff auf den Verlauf, der Ihnen zeigt, für welche Inhalte Sie bereits den Vorspielservice benutzt haben.

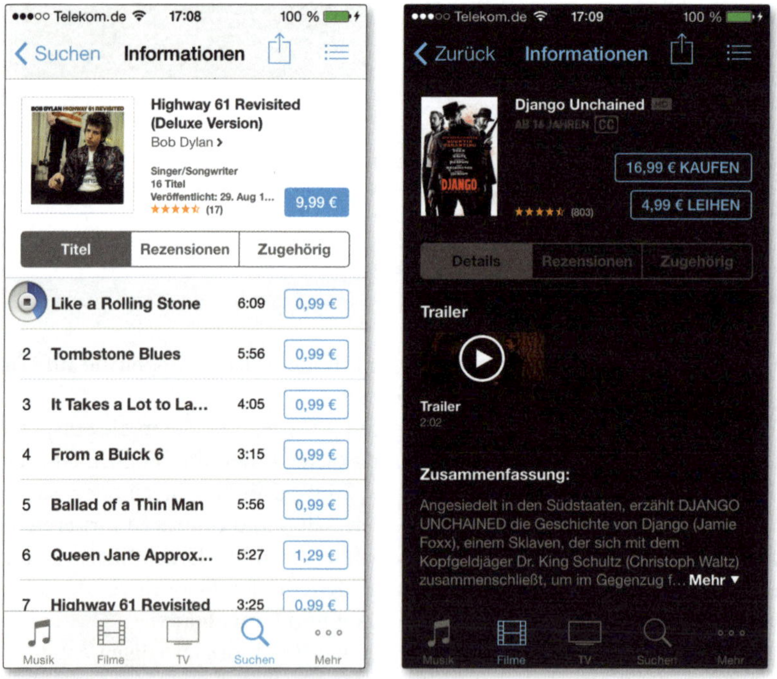


*Über die iTunes-App haben Sie direkten Zugriff auf das riesige Musik- und Video-Angebot von Apple.*

Filme können Sie nicht nur kaufen, sondern auch ausleihen. Nach dem Download des Films haben Sie 30 Tage Zeit, ihn sich anzuschauen. Sobald Sie die Wiedergabe gestartet haben, ist die Datei noch 48 Stunden lang gültig. In diesem Zeitraum können Sie den Film so oft sehen, wie Sie möchten. Nach Ablauf der Leihfrist (30 Tage bzw. 48 Stunden) wird die Datei automatisch gelöscht.

Einen Leihfilm, den Sie via iTunes auf Ihren Computer geladen haben, können Sie sowohl auf Ihrem Computer als auch auf Ihrem iPhone ansehen. Beim Sync wird die Filmdatei aufs iPhone kopiert und anschließend in iTunes gelöscht. Das funktioniert anschließend auch in umgekehrter Richtung. Sie können also einen Film am Computer ausleihen, auf dem iPhone ansehen und innerhalb der 48-Stunden-Frist noch einmal auf den Computer verschieben und dort ansehen. Es existiert dabei allerdings immer nur eine Kopie der Datei, entweder auf Ihrem Computer oder auf dem iPhone. Es ist nicht möglich, den Film sowohl am Computer als auch auf dem iPhone gleichzeitig wiederzugeben.

### TIPP

Um Musik, die Sie bereits einmal gekauft haben, erneut zu laden, tippen Sie auf **Mehr > Gekaufte Artikel**. Hier wählen Sie das gewünschte Album bzw. den gewünschten Song. Mit einem Tipp auf das Wolkensymbol wird der gewählte Inhalt aufs iPhone geladen. Sie können auf gekaufte, aber nicht auf dem iPhone vorhandene Musik auch direkt mit der **Musik**-App zugreifen. Mehr dazu in Kapitel 9.

## Apps laden und installieren

**App Store** ist die Abkürzung für »Application Store«, was man mit »Kaufhaus für Programme« übersetzen kann. Im App Store können Sie sämtliche Apps für Ihr iPhone kaufen – oder genauer: bekommen, denn eine ganze Menge Apps sind kostenlos.

Der App Store ist etwas anders aufgebaut als der iTunes Store, ähnelt ihm aber sehr. Auch hier können Sie über verschiedene Tasten wie **Highlights** oder **Charts** im riesigen Angebot blättern und über **Suchen** gezielt nach einer bestimmten App stöbern.

Den Punkt **In der Nähe** können Sie wörtlich nehmen. Hier werden die Apps gezeigt, die von anderen iPhone-Besitzern in Ihrer Umgebung besonders oft geladen werden. Dazu wertet Apple die Ortsdaten des iPhones anonym aus. Damit das Angebot funktioniert, müssen Sie dem App Store natürlich den Zugriff auf Ihre Ortsdaten erlauben.

Wenn Sie das nicht möchten und auch nicht damit einverstanden sind, dass Apple eine (anonyme) Korrelation aus Ihren Einkäufen und Ihrem aktuellen Standort herstellt, können Sie diese Funktion natürlich auch ausschalten. Dazu sind zwei Schritte notwendig:

1. Öffnen Sie **Einstellungen > Datenschutz > Ortungsdienste** und schalten Sie hier den Eintrag **App Store** aus.
2. Tippen Sie nun auf **Systemdienste** und schalten Sie dort **In der Nähe beliebt** aus.

Jede App wird mit Screenshots und Beschreibung vorgestellt, viele Apps haben zudem eine Bewertung durch die bisherigen Käufer und Kommentare. Eine App kaufen Sie mit einem Tipp auf das Preisschild. Nach Eingabe Ihrer Apple-ID wird das Programm heruntergeladen und installiert (auf dem iPhone 5s können Sie sich via Touch ID ausweisen). Danach ist es sofort einsatzbereit.

*Der App Store bietet Ihnen Zugriff auf ein riesiges Angebot mit Programmen für Ihr iPhone.*

## TIPP

Der Download einer App kann jederzeit pausiert werden. Tippen Sie dazu das Symbol des aktuellen Downloads auf dem Home-Bildschirm an. Mit einem weiteren Tipp setzen Sie den Download fort.

Um Apps, die Sie bereits einmal gekauft, derzeit aber nicht auf dem iPhone installiert haben, erneut zu laden, tippen Sie auf **Updates** > **Einkäufe**. Mit einem Tipp auf das Wolkensymbol neben einer App wird diese erneut geladen und installiert.

## Apps synchronisieren

So wie bei allen anderen Inhalten legen Sie auch bei Apps in iTunes auf Ihrem Computer fest, welche Apps auf das iPhone kopiert werden sollen und welche nicht. Dazu schließen Sie Ihr iPhone an den Computer an, wählen es in der Seitenleiste aus und legen auf der Registerkarte **Apps** fest, welche Apps synchronisiert werden sollen.

Sobald Sie ein paar Dutzend Programme beisammen haben (und das geht schneller, als Sie vielleicht glauben), kann die Auflistung der vorhandenen Apps etwas unübersichtlich werden. Hier hilft die Möglichkeit, die Liste nach **Name**, **Art**, **Kategorie**, **Datum** oder **Größe** zu sortieren. Um eine bestimmte App schnell zu finden, geben Sie deren Namen in das Suchfeld von iTunes oben rechts ein.

*Am einfachsten ist es, Apps via iTunes vom Computer auf Ihr iPhone zu schieben.*

## Musik und Apps automatisch laden

Die Synchronisation neuer Inhalte können Sie auch automatisieren. Dabei werden Musik und Apps, die Sie auf einem Gerät gekauft haben, automatisch auch auf einem anderen geladen. Laden Sie zum Beispiel auf Ihrem Computer eine neue App, erscheint sie automatisch auch auf Ihrem iPhone, ohne dass Sie dazu mehr tun müssen, als auf dem iPhone Ihre Apple-ID einzugeben. Umgekehrt werden Inhalte, die Sie mit Ihrem iPhone laden, beim nächsten Start von iTunes auf Ihrem Computer automatisch der Mediathek hinzugefügt.

Damit das funktioniert, aktivieren Sie auf Ihrem iPhone unter **Einstellungen** > **iTunes & App Store** unter **Automatische Downloads** die beiden Schalter **Musik** und **Apps**. Um zu verhindern, dass der automatische Download Ihr Datenbudget bei Ihrem Mobilfunkanbieter verschlingt und unverhofft Kosten verursacht, sollten Sie den Schalter **Mobile Daten verwenden** ausgeschaltet lassen.

In iTunes auf Ihrem Computer aktivieren Sie den automatischen Download mit **iTunes** > **Einstellungen** (Mac) bzw. **Bearbeiten** > **Einstellungen** (Windows) auf der Registerkarte **Store**.

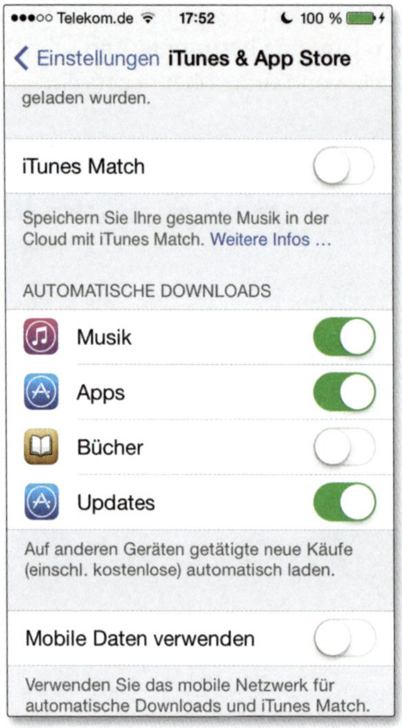


*Aktivieren Sie den automatischen Download, sorgen iTunes und iPhone von allein dafür, dass alle neuen Songs und Apps überall verfügbar sind.*

## Apps aktualisieren

Mit den iPhone-Programmen ist es nicht anders als mit anderen Computerprogrammen. Sie werden immer mal wieder überarbeitet und verbessert. In diesen Fällen gibt es auch beim iPhone ein Update des Programms. Alle Updates sind kostenlos.

Standardmäßig aktualisiert das iPhone Apps automatisch. Nach erfolgtem Update finden Sie eine entsprechende Notiz im Mitteilungscenter. Auch hier empfiehlt es sich, die Verwendung mobiler Daten auszuschalten.

Möchten Sie kein automatisches Update, deaktivieren Sie den entsprechenden Schalter unter **Einstellungen** > **iTunes & App Store** im Abschnitt **Automatische Downloads**. In diesem Fall müssen Sie die Update in der App App Store manuell starten. Tippen Sie dazu auf **Update**, wählen Sie dort die Apps aus, die Sie aktualisieren möchten, oder tippen Sie auf **Alle aktualisieren**.

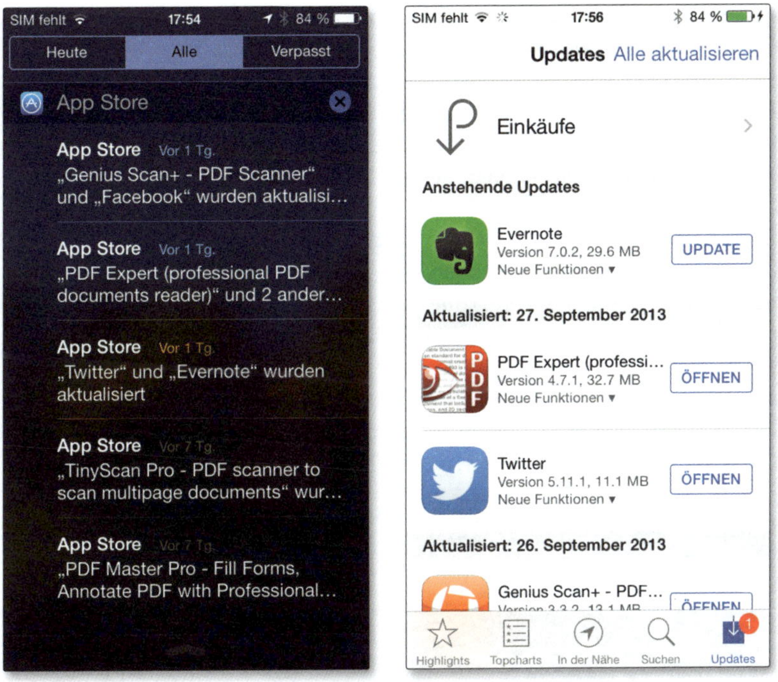


*Standardmäßig installiert das iPhone App-Updates automatisch im Hintergrund und informiert in der Mitteilungszentrale über abgeschlossene Aktionen. Sie können Update aber natürlich auch manuell ausführen.*

Alternativ dazu besteht auch die Möglichkeit, die Apps in iTunes auf Ihrem Computer zu aktualisieren und anschließend aufs iPhone zu synchronisieren. Das ist dann praktisch, wenn sehr viele oder sehr große Apps aktualisiert werden. Dies geht auf dem Computer in der Regel schneller als auf dem iPhone. Außerdem werden beim Update via iTunes alle Programme aktualisiert, also auch die, die Sie vorübergehend nicht auf dem iPhone installiert haben, die sich aber in Ihrer Mediathek befinden.

Normalerweise sucht iTunes auf Ihrem Computer bei jedem Start nach Updates und zeigt Ihnen verfügbare Aktualisierungen automatisch durch eine kleine Zahl im **Apps**-Eintrag der Mediathek in der Seitenleiste an. Falls Sie sicher sein möchten, kein Update zu versäumen, können Sie auch selbst nachsehen. Wechseln Sie dazu in der **Mediathek** zu den **Apps** und anschließend auf **Updates**.

# Apps löschen

Nicht immer hält ein Programm das, was es anfangs zu versprechen schien, und belegt in Zukunft nur noch Platz auf dem iPhone. In diesem Fall ist es kein Problem, ein Programm wieder loszuwerden.

- **Programme vom iPhone, aber nicht aus iTunes löschen:** Berühren und halten Sie eine beliebige App auf dem iPhone, bis die Symbole ihren kleinen Wackeltanz aufführen. Tippen Sie nun bei der App, die Sie entfernen möchten, auf das X.
- **Programme vollständig löschen:** Programme, die nicht zwischen iTunes und iPhone gesynct werden, befinden sich zwar nicht auf dem iPhone, wohl aber noch in der Mediathek von iTunes auf Ihrem Computer und belegen Speicherplatz auf der Festplatte. Um eine App vollständig zu löschen, wechseln Sie in iTunes in den Bereich **Apps**. Markieren Sie das Programm, das Sie löschen möchten, und drücken Sie die Löschtaste. Sie können das Programm nun aus iTunes löschen (die Datei selbst bleibt weiterhin auf der Festplatte) oder komplett in den Papierkorb werfen und mit der nächsten Leerung vollständig entfernen.

*Beim Löschen von Apps werden auch die Daten gelöscht, die eine App auf dem iPhone gespeichert hat.*

**AUFGEPASST**

Wenn Sie ein Programm vom iPhone löschen, das dort Daten abgelegt hat – zum Beispiel die Bestenliste in einem Spiel –, werden diese Daten ebenfalls gelöscht und gehen in der Regel verloren.

## Programme in iTunes organisieren

Wie Sie Ihre Apps direkt auf dem iPhone sortieren, verschieben und in Ordnern organisieren, haben Sie bereits im ersten Kapitel erfahren: Versetzen Sie das iPhone durch Berühren und Halten eines beliebigen Symbols in den Wackelmodus und schieben Sie die Symbole an die gewünschten Positionen.

Das funktioniert allerdings nur dann wirklich gut, wenn Sie lediglich eine Handvoll Symbole ordnen. Sobald Sie Apps großflächig umgruppieren oder komplette Bildschirmseiten vertauschen möchten, wird das Verfahren sehr schnell sehr lästig. Hier bietet iTunes auf Ihrem Computer eine komfortable Lösung.

Schließen Sie Ihr iPhone an, wählen Sie es in iTunes aus. Nun öffnen Sie die Registerkarte **Apps**. Hier sehen Sie nun zum einen eine Liste aller Apps, die sich in der Mediathek befinden, zum anderen sämtliche Bildschirmseiten und Ordner auf Ihrem iPhone samt Inhalt.

Nun haben Sie folgende Möglichkeiten:

- **Verschieben:** Um ein Programm an eine bestimmte Position zu schieben, doppelklicken Sie auf die Bildschirmseite, auf der es sich befindet. Die Seite wird nun etwas vergrößert, mit der Maus schieben Sie die App an die gewünschte Stelle. Soll die App auf eine andere Bildschirmseite geschoben werden, ziehen Sie sie auf diese Seite, warten ein wenig ab, bis die Seite vergrößert wird, und legen die App nun an der gewünschten Position ab. Halten Sie die Shift- bzw. Umschalttaste gedrückt, können Sie mehrere Apps markieren und geschlossen bewegen.
- **Löschen:** Um eine App vom iPhone zu entfernen, doppelklicken Sie auf die entsprechende Bildschirmseite und zeigen auf die App. Es erscheint ein kleines x, über das Sie die App löschen.
- **Ordner:** Um einen neuen Ordner anzulegen, ziehen Sie wie gewohnt ein Symbol auf ein anderes. Den Namen eines Ordners können Sie ändern, indem Sie den Ordner auf der Bildschirmseite doppelt anklicken.
- **Seiten:** Die Reihenfolge der Bildschirm- und Ordnerseiten lässt sich mit der Maus festlegen. Ziehen Sie die Seiten einfach an die gewünschte Position. Um neue Bildschirm- oder Ordnerseiten anzulegen, klicken Sie auf das jeweilige Pluszeichen.

Alle Änderungen, die Sie hier vornehmen, werden beim nächsten Sync automatisch auf das iPhone übertragen.

*Haben Sie sehr viele Apps installiert, können Sie in iTunes schneller für Ordnung auf dem iPhone sorgen als auf dem iPhone selbst.*

## Webapps: Programme im Browser

Neben den Apps, also den Programmen, die Sie aus dem App Store auf Ihr iPhone laden, gibt es noch die Webapps. Das ist die Abkürzung für »Web-Applications« und sagt gleich, was diese Programme auszeichnet. Es handelt sich um Applikationen, die wie eine normale Webseite in Safari aufgerufen und dort ausgeführt werden. Webapps lassen sich lokal speichern und sind auf den ersten Blick nicht von einem richtigen Programm zu unterscheiden. Webapps lassen sich über das Pluszeichen in Safari als Lesezeichen auf dem iPhone sichern und so jederzeit aufrufen und nutzen.

Ein Beispiel für eine kleine, nützliche Webapp ist Glyphboard. Damit haben Sie Zugriff auf die grafischen Sonderzeichen, die zwar zum Zeichenvorrat Ihres iPhones gehören und auch in Dokumenten benutzt werden, die Sie aber nicht über die Tastatur eingeben können. Glyphboard stellt diese Sonderzeichen in einer Tabelle dar, aus der Sie sie mit Copy & Paste in Ihre Notizen, E-Mails oder Nachrichten übernehmen können.

Um das Tool auf Ihrem iPhone zu installieren, steuern Sie die Webseite **mrgan.com/gb/** an. Tippen Sie nun auf das Teilen-Symbol (also das Rechteck mit dem Pfeil nach oben) und wählen Sie hier **Zum Homebildschirm**. Speichern Sie die

Webapp mit einem Tipp auf **Hinzufügen**. Mit einem Tipp auf das gespeicherte Symbol können Sie die App nun jederzeit aufrufen, ohne die Seite in Safari aufrufen zu müssen.

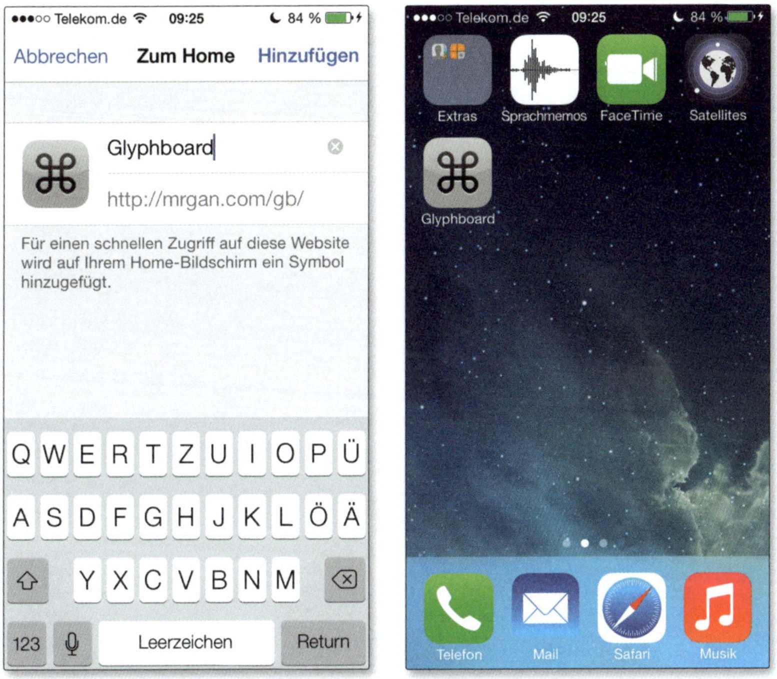


*Webapps (hier: Glyphboard) sind Programme, die im Webbrowser laufen und als Lesezeichen installiert werden. Anschließend werden sie wie normale Apps behandelt.*

Um eine Webapp vom iPhone zu löschen, halten Sie Ihren Finger so lange auf das Symbol der App, bis sich die Symbole auf dem Bildschirm bewegen. Tippen Sie nun bei der Webapp auf das X links oben, wird sie gelöscht.

Kapitel

# iBooks & Co

13

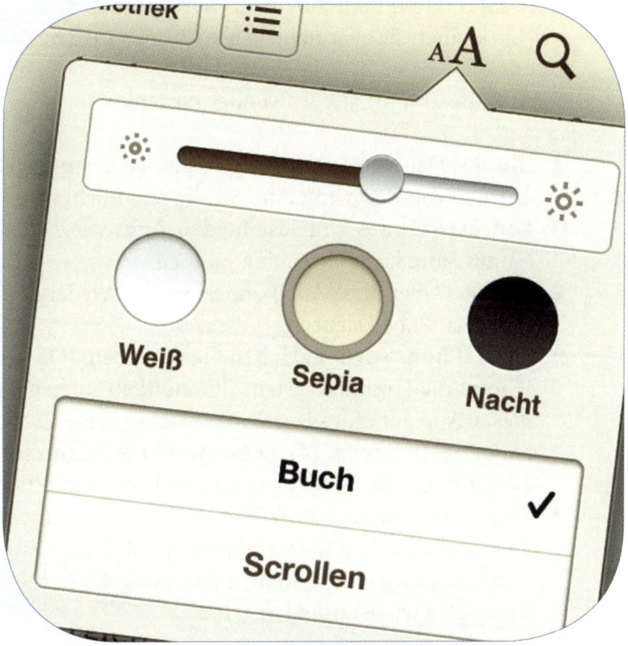


Das iPhone besitzt von Haus aus zahlreiche Apps für den Arbeitsalltag. Aber Apple hat noch mehr zu bieten. Nämlich eine Reihe von sinnvollen Programmen fürs iPhone, die allerdings nicht zum Lieferumfang gehören, sondern nachträglich installiert werden.

## Apples Apps fürs iPhone

Neben den Apps, die das iPhone von Haus aus mitbringt, bietet Apple im App Store noch eine Reihe nützlicher Programme an. Darunter sind Apps, die für alle Anwender kostenlos sind und für Apple gewissermaßen zum Betriebssystem gehören; andere Apps sind nur für Neukunden kostenlos. Wenn Sie das erste Mal den App Store auf Ihrem iPhone aufrufen, werden Ihnen diese Apps zum Download angeboten, Sie können sie aber natürlich auch später jederzeit laden.

Diese Apps sind für alle Anwender kostenlos:

- **iBooks:** Dabei handelt es sich um einen leistungsfähigen E-Book-Reader, also um ein Programm, mit dem Sie digitale Bücher auf Ihrem iPhone lesen können.
- **Podcasts/iTunes U:** Diese beiden Apps verwalten Podcasts, die Sie aus dem iTunes Store kostenlos laden können.
- **Remote:** Über diese App können Sie die Wiedergabe von Musik auf Ihrem Computer via iPhone steuern.
- **Mein iPhone suchen:** Haben Sie auf einem iOS-Gerät unter **Einstellungen** > **iCloud** die Funktion »Mein iPhone/iPad suchen« aktiviert, können Sie es mit dieser App auf einer Karte lokalisieren (eine Erläuterung zu dieser Funktion finden Sie in Kapitel 14). Diese App ist nur dann sinnvoll, wenn Sie mindestens zwei iOS-Geräte – also etwa ein iPad oder ein iPhone – besitzen.
- **Meine Freunde suchen:** Wenn Sie sich mit Freunden verabredet haben, können Sie mit dieser App herausfinden, wo sich Ihre Freunde aktuell aufhalten. Ein nützliches Programm, wenn es darum geht, sich etwa bei Konzerten oder Fußballspielen wiederzufinden.

Daneben hat Apple auch seine beiden Programmpakete iWork und iLife von OS X nach iOS portiert.

- **iLife:** Diese Apps sind gewissermaßen das unterhaltsame Gegenstück zu den Büroprogrammen der iWork-Suite. Hierzu gehören die Fotoverwaltung **iPhoto** und das Videoprogramm **iMovie**. Die beiden Programme sind für Neukunden kostenlos, andernfalls fallen je 4,49 Euro an. Zudem steht mit **Garageband** eine App für Musiker zur Verfügung, die aus dem iPhone ein veritables Musikstudio macht. Diese App kostet für alle Anwender 4,49 Euro.
- **iWork:** Die Office-Suite iWork umfasst die Textverarbeitung **Pages**, die Tabellenkalkulation **Numbers** und das Präsentationsprogramm **Keynote**. Die drei Programme sind für Neukunden kostenlos, für alle anderen kosten sie jeweils 8,99 Euro.

## Das iPhone als E-Book-Reader

Die Applikation **iBooks** ist ein E-Book-Reader, also ein Programm, mit dem Sie elektronische Bücher auf dem iPhone lesen können. Das Programm unterstützt die zwei populären Formate, in denen elektronische Bücher und Dokumente üblicherweise vorliegen, PDF und ePub.

- **ePub** ist die Abkürzung für »Electronic Publication« und ähnlich wie HTML eine Seitenbeschreibungssprache, mit der sich dynamische Seiten aufbauen lassen. In der Praxis bedeutet das etwa, dass sich der Seitenumbruch der Bildschirmgröße anpasst oder sich Font und Schriftgröße verändern lassen. Dafür sind die Gestaltungsmöglichkeiten beschränkt. Ein Mehrspaltensatz, aufwendige Zeitschriftenlayouts, Marginalien, umfließender Text und ähnliche Gestaltungen sind mit ePub auf dem iPhone nicht möglich.
- **PDF** steht für »Portable Document Format« und bezeichnet einen Standard, mit dem sich beliebige Layouts problemlos auf den unterschiedlichsten Geräten anzeigen lassen. Ganz gleich, ob Sie ein PDF-Dokument auf Ihrem Computer oder Ihrem iPhone betrachten – es wird auf beiden Geräten gleich aussehen. Dafür muss man allerdings ein sehr starres Layout in Kauf nehmen. Alle Elemente einer Seite (Textmenge, Umbruch, Fonts, Schriftgrößen und so weiter) sind fest vorgegeben und lassen sich nicht von Ihnen anpassen. Das führt mitunter dazu, dass eine Seite eines PDF-Dokuments entweder nur in starker Verkleinerung oder nicht vollständig angezeigt werden kann und Sie beim Lesen die Seite mit dem Finger hin- und herschieben müssen.

Außerdem bietet iBooks den Zugang zu Apples digitaler Buchhandlung, dem iBookstore.

### GRUNDLAGEN

Beim ersten Start von iBooks werden Sie gefragt, ob Sie Ihre Lesezeichen, Notizen und Sammlungen synchronisieren möchten. Diese Daten werden in Apples iCloud verwaltet. Falls Sie sich nicht sicher sind, ob Sie diese Funktion benutzen möchten, tippen Sie zu Beginn auf **Sync aus**. Diese Funktion lässt sich später jederzeit unter **Einstellungen** > **iBooks** erneut aktivieren.

## Bücher für iBooks

Es gibt zwei Möglichkeiten, iBooks mit E-Books zu füllen, um sie auf dem iPhone zu lesen:

- **iBookstore:** Sie laden Bücher aus dem iBookstore. Die meisten Bücher sind kostenpflichtig, es gibt hier aber auch eine Reihe kostenloser Angebote.
- **Eigene Bücher:** Sie kopieren ePub- und PDF-Dateien aus dem Internet, von CD oder aus anderen Quellen auf das iPhone.

Der einfachste und bequemste Weg, um an digitale Lektüre für Ihr iPhone zu kommen, führt über Apples iBookstore, der ähnlich aufgebaut ist wie die Apps iTunes Store und App Store. Auf Ihrem Computer erreichen Sie ihn, indem Sie in iTunes zum **iTunes Store** wechseln und dort das Register **Bücher** wählen. Auf dem iPhone starten Sie iBooks und tippen oben auf die Taste **Store**.

Bevor Sie sich dazu entschließen, ein Buch zu kaufen, können Sie einen Auszug herunterladen.

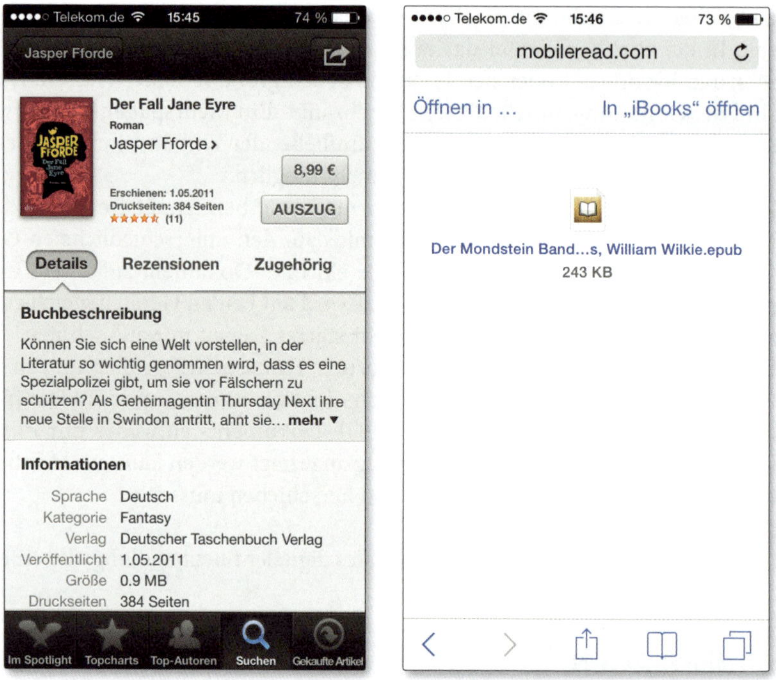


*Lesefutter finden Sie im iBookstore oder im Internet. Sie können jede kopierschutzfreie ePub-Datei via Safari oder Mail an iBooks übergeben.*

## GRUNDLAGEN

Wie bei Apps und Musik ist auch bei E-Books das erneute Laden kostenlos. Eine Übersicht über Ihre bereits ein Mal aus dem Store geladenen Bücher erhalten Sie im iBookstore auf dem iPhone über die Taste **Gekaufte Artikel**. In iTunes auf Ihrem Computer wechseln Sie zum iTunes Store, klicken dort in der linken Seitenleiste auf **Gekaufte Artikel** und anschließend auf **Bücher**.

Aber natürlich sind Sie nicht nur auf das Angebot im iBookstore beschränkt, sondern können jede normale ePub- oder PDF-Datei in iBooks öffnen. Dabei gibt es zwei Möglichkeiten:

- **Import in iTunes:** Sie importieren die ePub- oder PDF-Datei in iTunes auf Ihren Computer und synchronisieren Ihr iPhone. Um eine Datei zu importieren, rufen Sie **Ablage > Zur Mediathek hinzufügen** (Mac) bzw. **Datei > Datei zur Mediathek hinzufügen** (Windows) auf. Oder Sie ziehen die Datei einfach in die Seitenleiste von iTunes in den Abschnitt **Mediathek**.
- **Aus dem Internet:** Wenn Sie im Internet auf eine PDF- oder ePub-Datei stoßen, laden Sie diese Datei wie in Kapitel 6 beschrieben in Safari und übergeben sie anschließend an iBooks. Ähnlich gehen Sie vor, wenn Ihnen eine solche Datei per E-Mail zugeschickt wird (mit Mail beschäftigen wir uns in Kapitel 7).

## Die Sammlungen

Sämtliche Bücher auf dem iPhone – ob ePub oder PDF – werden in der Bibliothek von iBooks verwaltet. Dabei stellt iBooks die vorhandenen Titeln mit ihren Covern in einem stilisierten Bücherregal dar. Die Bücher werden in Sammlungen verwaltet, wobei iBooks ePub- und PDF-Dateien automatisch in zwei getrennten Sammlungen verwaltet. ePub-Dateien werden dabei generell als **Bücher** bezeichnet. In der Mitte der oberen Menüleiste von iBooks sehen Sie, welche Sammlung aktuell angezeigt wird, Bücher oder PDF. Um die Sammlung zu wechseln, tippen Sie auf den aktuell angezeigten Namen der Sammlung.

Die beiden Standardsammlungen **Bücher** und **PDF** sind natürlich etwas grobmaschig und werden schon bei wenigen Bänden unübersichtlich. Doch das macht nichts, Sie können nämlich eigene Sammlungen anlegen und dort die verschiedenen E-Book-Typen – also ePub oder PDF – auch mischen.

Um eine eigene Sammlung anzulegen, gibt es zwei Möglichkeiten:

- **Leere Sammlung:** Tippen Sie in der Titelzeile der Bibliothek auf den Namen der aktuell angezeigten Sammlung und wählen Sie **Neu**. Geben Sie der Sammlung einen Namen und speichern Sie sie mit **Fertig**. Um der Sammlung Titel hinzuzufügen, wählen Sie in der Bibliothek **Bearbeiten**, markieren die gewünschten Titel und tippen auf **Bewegen**.
- **Markierte Titel als neue Sammlung:** Tippen Sie in der Bibliothek auf **Bearbeiten**, markieren Sie die gewünschten Titel mit einem Fingertipp und wählen Sie **Bewegen**. Nun können Sie mit **Neu** eine neue Sammlung anlegen, die Sie mit **Fertig** (auf der Tastatur!) speichern. Wählen Sie die neue Sammlung aus, die markierten Titel werden automatisch verschoben.

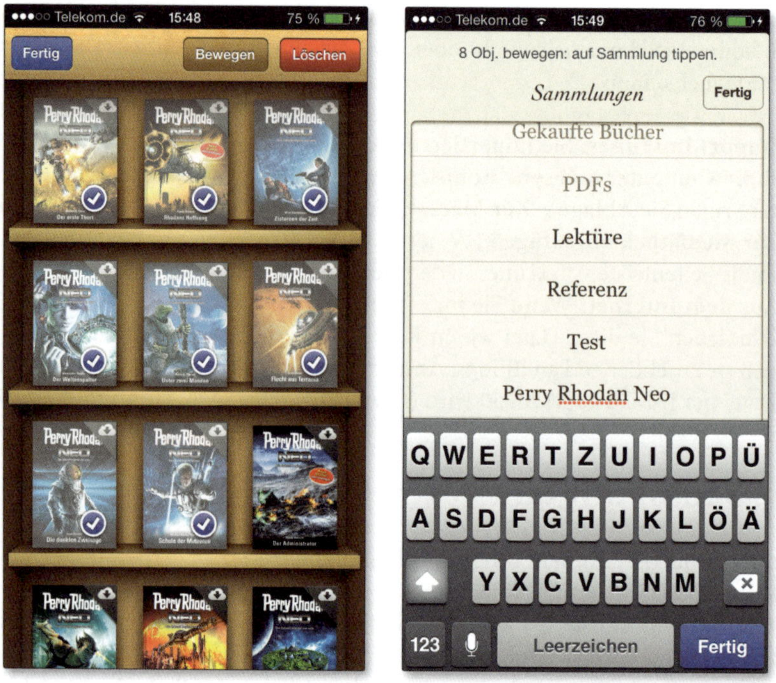


*Sie können Ihren Lesestoff nach Belieben in eigene Sammlungen sortieren. Dabei lassen sich ePub und PDF mischen.*

Um eine Sammlung zu löschen, streichen Sie sie von links nach rechts durch und tippen auf **Löschen**. Dabei bietet Ihnen das iPhone an, die in einer Sammlung enthaltenen Titel ebenfalls zu löschen. Mit **Entfernen** werden die Bücher der Sammlung vom iPhone gelöscht, mit **Nicht entfernen** verbleiben sie auf dem iPhone und werden wieder in ihrer ursprünglichen Sammlung (in der Regel also Bücher oder PDF) eingeordnet.

Die Bücher und PDF-Dateien auf dem iPhone werden üblicherweise chronologisch angeordnet. Dabei stehen die Bücher, die Sie zuletzt geladen haben, am Anfang. Diese Anordnung lässt sich natürlich ändern. Es ist auch möglich, Bücher vom iPhone zu löschen.

- **Umstellen:** Um ein Buch im virtuellen Regal umzustellen, berühren und halten Sie das Cover und schieben das Buch an die gewünschte Stelle im Regal.
- **Löschen:** Um ein Buch (oder auch mehrere Titel) zu löschen, wählen Sie zuerst **Bearbeiten**. Markieren Sie nun die zu löschenden Titel per Fingertipp. Über die Taste **Löschen** entfernen Sie die markierten Bücher.
- **Ansicht:** Die Standardansicht (Cover der Bücher im Regal) ist ganz hübsch, bei vielen Titeln aber etwas unübersichtlich. Möchten Sie stattdessen lieber eine platzsparende Auflistung, ziehen Sie den Bildschirm ein wenig nach unten und sehen nun zwei Tasten, mit denen Sie zwischen der Cover- und der Listenan-

sicht wechseln können. Die Listenansicht kann rasch nach Titel, Autor oder Kategorie sortiert werden.

- **Suchen:** Über das Suchfeld (das ebenfalls sichtbar wird, wenn Sie das Bücherregal ein wenig nach unten ziehen) können Sie Ihre Bibliothek durchstöbern. Die Suchfunktion berücksichtigt dabei Titel und Autor, nicht aber den Inhalt eines Buches. Eine Volltextsuche in Ihrer gesamten Bibliothek ist also nicht möglich.

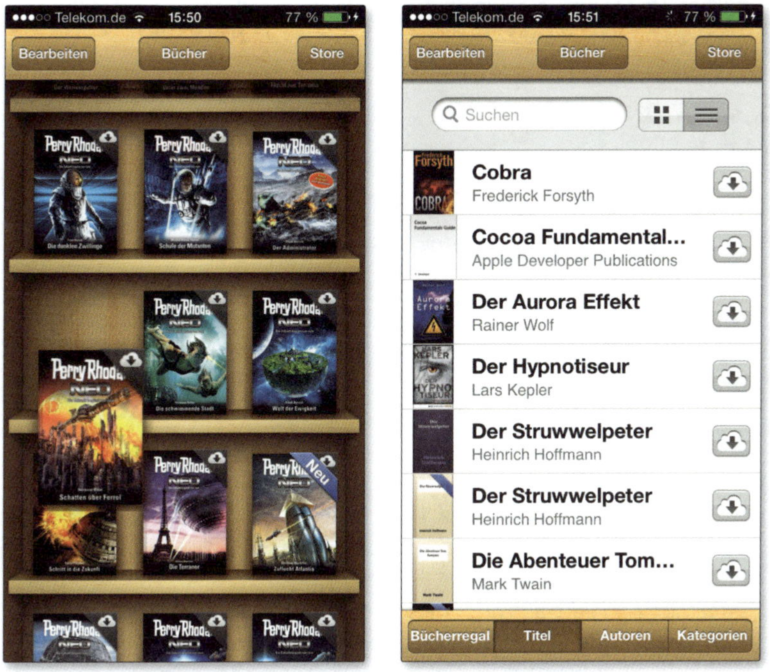


*In der Coveransicht lassen sich die Bücher mit dem Finger verschieben (links), die Listenansicht ist bei einer umfangreicheren Bibliothek übersichtlicher (rechts).*

## Ein E-Book lesen

Sie öffnen ein Buch mit einem Tipp aufs Cover. Geblättert wird fast wie in einem realen Buch. Ziehen Sie mit dem Finger eine Seite nach links oder rechts, wird sie in einer Animation umgeblättert. Sie können auch einfach auf den linken oder rechten Rand einer Seite tippen, um zurück- oder vorzublättern.

### TIPP

Die automatische Rotation des Bildschirms, die sich besonders bei der Lektüre im Liegen sehr störend bemerkbar macht, lässt sich im Kontrollzentrum ausschalten. Tippen Sie dazu im Kontrollzentrum auf das Schloss-Symbol, das von einem kreisförmigen Pfeil umgeben ist.

Tippen Sie in die Mitte der Seite, wird ein Menü ein- bzw. ausgeblendet. In der unteren Zeile erfahren Sie, wie viele Seiten das aktuelle Kapitel noch hat, über den Schieberegler können Sie sich rasch durchs Buch bewegen.

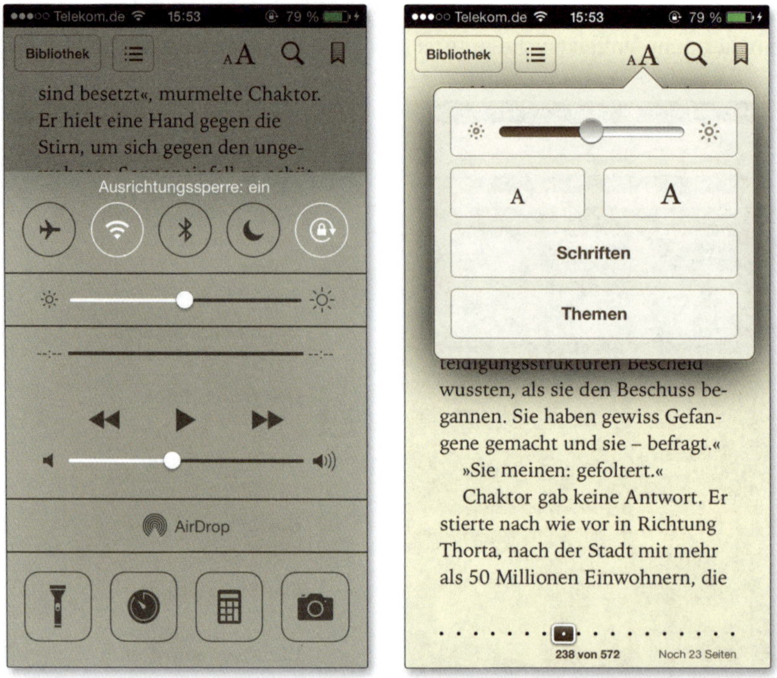


*Damit sich der Bildschirm nicht automatisch dreht, sobald Sie im Liegen lesen, aktivieren Sie die Ausrichtungssperre. Bei einem ePub können Sie Schriften, Schriftgröße und Farben der Darstellung bestimmen.*

Das obere Menü bietet Ihnen eine Reihe von Möglichkeiten:

- **Bibliothek:** Damit verlassen Sie das aktuelle Buch und kehren zur Bibliothek von iBooks zurück.
- **Listensymbol:** Über diese Taste rufen Sie das Inhaltsverzeichnis auf. Von hier aus haben Sie auch Zugriff auf Ihre Lesezeichen und Notizen.
- **Schriftensymbol:** Mit einem Tipp auf die Schriftentaste können Sie die Helligkeit, die Schrift und die Schriftgröße ändern. Mit einem Tipp auf **Thema** lässt sich die Farbgebung ändern.
- **Lupe:** Hiermit rufen Sie die Suchfunktion auf und können das aktuelle Buch nach beliebigen Stichwörtern durchforsten.
- **Lesezeichen:** Mit einem Tipp auf das Lesezeichensymbol markieren Sie die aktuelle Position im Buch. Sie können beliebig viele Lesezeichen setzen, die über das Inhaltsverzeichnis erreichbar sind.

In einem gedruckten Buch können Sie an wichtigen Stellen Lesezeichen einlegen oder beliebige Textstellen unterstreichen und Notizen an den Rand kritzeln. Das geht auch bei iBooks. Blenden Sie dazu mit einem Fingertipp in den Text das Kontextmenü ein, legen Sie Start- und Endpunkt der gewünschten Passage fest und wählen Sie nun **Markieren** bzw. **Notiz**. Markierungen und Notizen sind ebenfalls über das Inhaltsverzeichnis zu erreichen. Um eine Markierung oder Notiz zu löschen, streichen Sie sie im Inhaltsverzeichnis von links nach rechts durch.

## Podcasts auf dem iPhone

Mit den beiden Apps Podcasts und iTunes U haben Sie Zugriff auf Apples riesiges – und vollständig kostenloses – Podcast-Angebot.

### GRUNDLAGEN

Bei iTunes U finden Sie Video- und Audio-Vorlesungen von Universitäten, Instituten und anderen Bildungseinrichtungen. Das Themenspektrum ist weit gespannt und umfasst ein umfangreiches Angebot an Vorlesungen und Kursen. Diese Podcasts sind häufig sehr umfangreich. Damit Sie Kontrolle über den Speicherplatz auf Ihrem iPhone haben, laden Sie iTunes-U-Podcasts am besten zuerst mit iTunes auf Ihren Computer und kopieren sie von dort via iTunes auf Ihr iPhone.

Beim ersten Start fragen die Apps nach, ob Sie die Synchronisation aktivieren möchten. Sie können Ihre Entscheidung jederzeit unter **Einstellungen** > **Podcasts** bzw. **iTunes** > **iTunes U** revidieren.

Wenn Sie Ihre Podcasts via iTunes aufs iPhone syncen, dann tauchen Ihre Wiedergabelisten aus iTunes im Bereich **Meine Sender** auf. Hier können Sie auch über **Neuer Sender** Wiedergabelisten direkt auf dem iPhone erzeugen. Zu jedem Podcast oder Sender können Sie in den Einstellungen festlegen, wie ein Podcast verwaltet werden soll, also ob etwa eine Folge nach dem Abspielen gelöscht oder ob neue Folgen automatisch geladen werden sollen. Hier lässt sich ein Podcast, von dem Sie nur ein, zwei Folgen geladen haben, abonnieren.

Über die Taste **Store** (Podcasts) bzw. **Katalog** (iTunes U) greifen Sie auf die Podcast-Abteilung des iTunes Stores zu und können hier Podcast-Folgen laden.

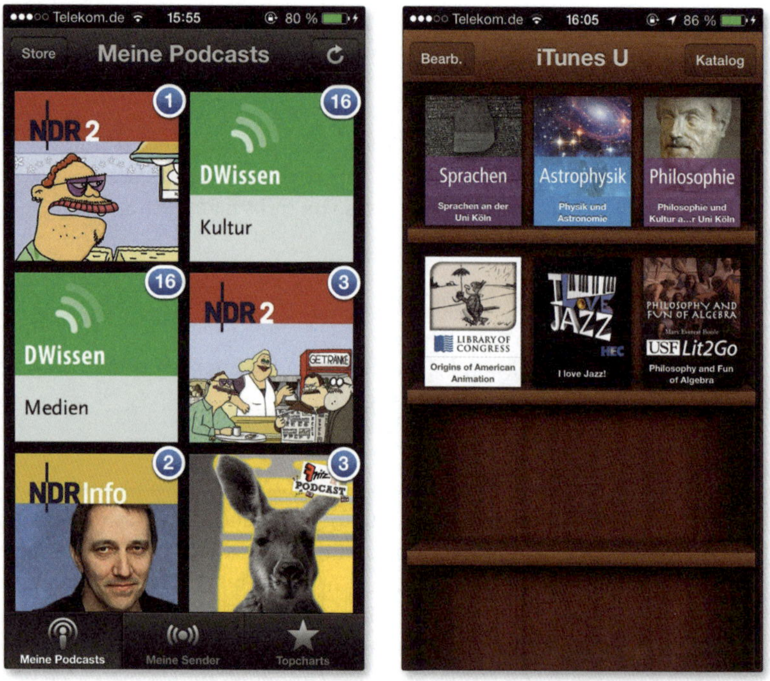


*Apples Angebot an kostenlosen Podcasts ist riesig – mit den beiden Apps »Podcasts« und »iTunes U« können Sie es via iPhone nutzen.-*

## Das iPhone als Fernsteuerung

Mit der App Remote können Sie die Wiedergabe von Musik und Videos in iTunes auf Ihrem Computer oder Ihrem Apple TV fernsteuern. Das betrifft nicht nur die Wiedergabe von Songs oder Filmen, sondern auch die Verwaltung von Wiedergabelisten, die Sie direkt auf dem iPhone erstellen können.

Dazu aktivieren Sie lediglich die Privatfreigabe in iTunes und in der Remote-App, wählen hier iTunes bzw. Apple TV aus und können nun via iPhone auf die komplette Mediathek zugreifen. Um die grafischen Effekte von iTunes auf dem Computer zu aktivieren, tippen Sie auf das TV-Symbol.

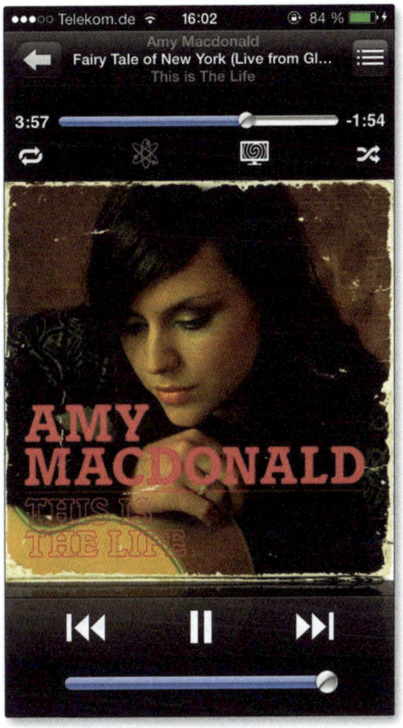


*Mit der App Remote greifen Sie via Privatfreigabe auf iTunes auf Ihrem Computer oder Apple TV zu und können die Wiedergabe von Ihrem iPhone aus steuern.*

## Freunde wiederfinden

Wenn Sie mit Freunden zu einer Sportveranstaltung, einem Konzert oder einem Volksfest gehen, dann kann es leicht passieren, dass Sie sich im Gedränge aus den Augen verlieren. Hier hilft die App **Meine Freunde finden**. Damit können Sie sich den aktuellen Standort Ihrer Freunde auf einer Karte anzeigen lassen und eine Nachricht schicken. So finden Sie sich auch auf überfüllten Plätzen wieder.

Damit das funktioniert, müssen Sie und Ihre Freunde einen iCloud-Account haben und sich gegenseitig als Freund in der App hinzufügen. Dazu tippen Sie im Register **Freunde** auf das Pluszeichen und geben die iCloud-Adresse ein. Der Freund erhält nun eine Anfrage, die er bestätigt. Anschließend können Sie Ihre Positionen gegenseitig verfolgen.

Wenn Sie nicht unter permanenter Dauerüberwachung stehen möchten, aktivieren Sie im Register **Ich** den Punkt **Standort ausblenden**. Im Register **Temporär** lässt sich die App auch nur für einen bestimmten Zeitraum aktivieren, etwa für die Dauer eines Konzerts oder eines Kurzurlaubs in einer fremden Stadt.

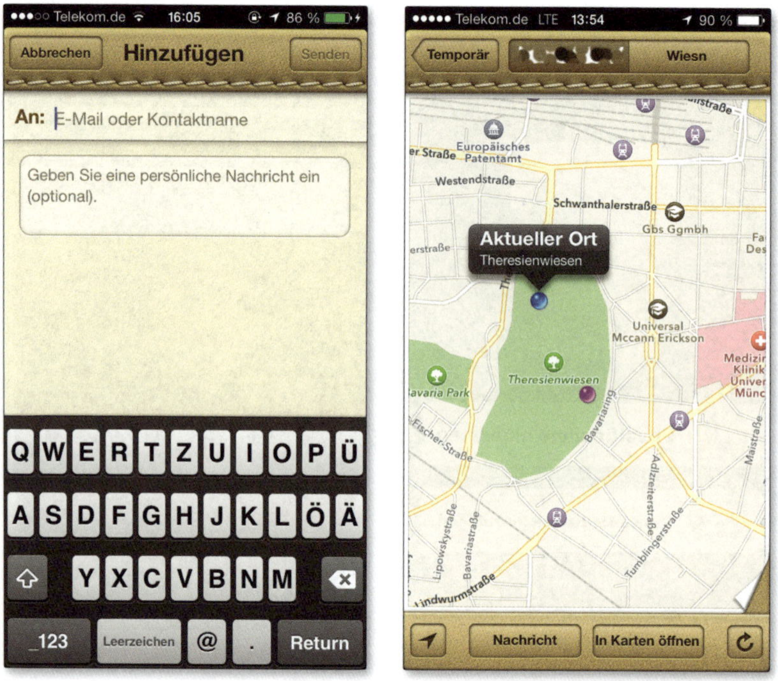


*Sobald Sie eine Einladung verschickt haben und diese angenommen wurde, finden Sie sich mit Ihrem iPhone auch im dicksten Getümmel wieder.*

## Ein verlorenes iPhone finden

Die in Kapitel 14 erläuterte iCloud-Funktion »Mein iPhone suchen« lässt sich nicht nur im Webbrowser, sondern auch mit einer App auf dem iPhone nutzen. Das klingt auf Anhieb ein wenig widersinnig – was nutzt Ihnen schließlich diese App auf dem iPhone, wenn Sie Ihr iPhone verloren haben? Das ändert sich natürlich, wenn Sie nicht nur ein iPhone, sondern etwa auch ein iPad oder einen iPod touch besitzen. Haben Sie auf allen Geräten diese App installiert, können Sie ein verlorenes iPhone dann etwa von Ihrem iPad aus orten, fernlöschen oder in den »Verloren«-Modus versetzen. Übrigens funktioniert diese Funktion auch mit Apples Mac-Computern, Sie können via iPhone also auch ein verlorenes MacBook finden.

*Die iCloud-Funktion »Mein iPhone suchen« können Sie mit der gleichnamigen App auch von einem iOS-Gerät aus nutzen.*

## Fotos mit iPhoto verwalten und bearbeiten

Die Fotos-App bietet zwar einige Funktionen zur Verwaltung und Bearbeitung von Fotos und genügt den meisten Anwendern im Alltag, doch eine ausgewachsenen Fotosoftware hat natürlich deutlich mehr zu bieten.

Hier hält Apple mit iPhoto eine leistungsfähige App bereit, die Ihnen direkt auf dem iPhone zahlreiche Möglichkeiten bietet. So können Sie etwa zu jedem Foto die Metadaten abrufen – also zum Beispiel Datum, Kameramodell, Auflösung, Blende und Belichtung –, oder nach einem Tipp auf **Bearbeiten** und den Werkzeugkoffer eine Fülle von Bearbeitungsfunktionen und Filtern anwenden.

Fotos lassen sich mit Stichwörtern (Tags) versehen und in Journale sortieren. Anders als ein einfaches Album, in dem die Fotos schmucklos der Reihe nach dargestellt werden, besitzt ein Journal ein aufwendig gestaltetes Layout. Um mehrere Fotos auszuwählen, berühren und halten Sie die gewünschten Fotos. Anschließend tippen Sie auf die **Bereitstellen**-Taste (das ist das Rechteck mit dem geschwungenen Pfeil) und wählen **Journal**. Ein Journal kann nach einem Tipp auf die Bereitstellen-Taste via iCloud im Internet als Webseite veröffentlicht werden.

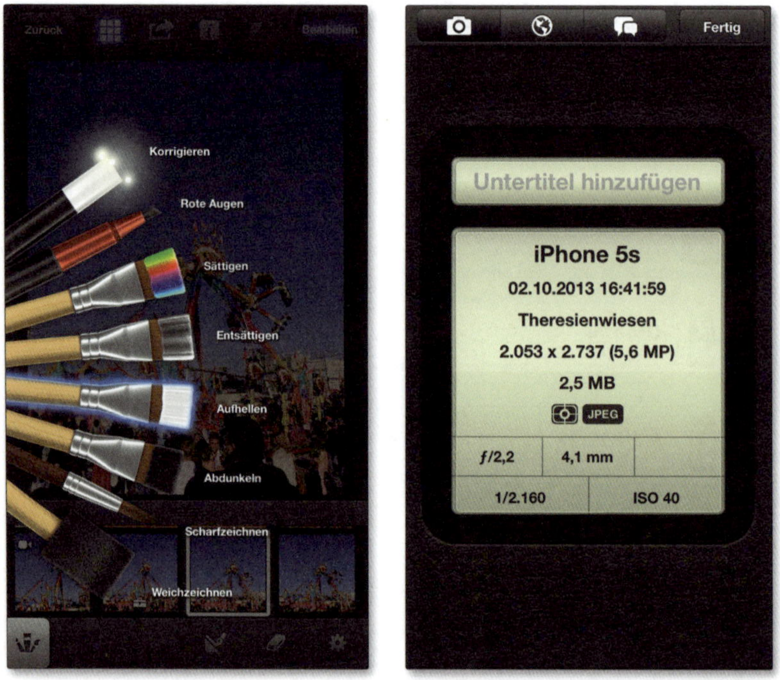


*Mit der App »iPhoto« lassen sich Fotos auf dem iPhone vielfältig organisieren, bearbeiten und verwalten. Hier erhalten Sie auch – anders als in der Fotos-App – Zugriff auf die Metadaten eines Fotos.*

## Filme via iPhone produzieren und veröffentlichen

Mit iMovie verwandeln Sie Ihr iPhone in ein kleines Filmstudio. Sie können hier beliebige Videoaufnahmen, die Sie mit dem iPhone gemacht haben, zu einem Film zusammensetzen, schneiden, Übergänge zwischen den einzelnen Clips definieren, eine Eröffnungssequenz und einen Schluss anfügen, Texte einsetzen, Musikuntermalungen einbauen und Ähnliches mehr. Der fertige Film lässt sich anschließend speichern, auf den Computer übertragen oder auch gleich bei YouTube veröffentlichen.

Ein neuer Film ist in iMovie ein **Projekt**. Tippen Sie zuerst auf die Plus-Taste und wählen Sie **Neues Projekt**. Mit **Medien hinzufügen** können Sie Videos, Fotos und Musik vom iPhone dem Projekt zuweisen. Um einen Clip zu kürzen, tippen Sie ihn an. Er wird nun gelb umrandet, über zwei Griffpunkte legen Sie Beginn und Ende des Teilstücks fest, das Sie in Ihr Projekt übernehmen möchten. Möchten Sie einen Clip entfernen, berühren und halten Sie ihn und ziehen ihn aus der Zeitleiste heraus. Mit einem Doppeltipp auf einen Clip rufen Sie weitere Einstellmöglichkeiten auf.

Zwischen den einzelnen Clips wird ein Übergangssymbol platziert. Tippen Sie dieses Symbol doppelt an, rufen Sie die **Übergangseinstellungen** auf. Hier legen Sie Art und Dauer und Art des Übergangs fest. In den Einstellungen bestimmen Sie das **Thema**, also die Präsentationsform des Films.

Mit einem Tipp auf **Wiedergabe** können Sie sich Ihren Film jederzeit ansehen. Über einen Tipp auf **Meine Projekte** verlassen Sie den Bearbeitungsmodus. Sie können Ihr Projekt später weiterbearbeiten oder über die **Bereitstellen**-Taste (das ist das Rechteck mit dem geschwungenen Pfeil nach rechts) in den Aufnahmen der Fotos-App speichern oder bei YouTube, Vimeo und anderen Diensten publizieren.

*Die Video-Clips, die Sie mit dem iPhone aufgenommen haben, können Sie mit iMovie direkt auf dem iPhone bearbeiten und zu einem Film zusammenfügen.*

## Das iPhone als Bürocomputer

Mit der Textverarbeitung Pages, der Tabellenkalkulation Numbers und dem Präsentationsprogramm Keynote bietet Apple drei Apps an, die aus dem iPhone einen veritablen Bürocomputer machen.

Die drei umfangreichen und leistungsstarken Apps sind ähnlich aufgebaut. Über die Plus-Taste legen Sie jeweils ein neues Dokument an und wählen anschließend eine Vorlage bzw. ein Thema.

Die Symbolleiste eines Dokuments bietet jeweils Zugriff auf die Einstellungen und zentralen Funktionen, wobei das Pinselsymbol das Formatmenü aufruft, über die Plus-Taste Objekte hinzugefügt werden und ein Tipp auf den Schraubenschlüssel die Einstellungen öffnet.

Die Apps speichern automatisch, sobald Sie ein Dokument verlassen. Gespeichert wird entweder lokal auf dem iPhone oder bei Apples iCloud. Nutzen Sie iCloud, können Sie sie mit iCloud im Browser am Computer mit Ihren Dokumenten weiterbearbeiten.

Der Datenaustausch zwischen den Apps auf dem iPhone und Dokumenten auf Ihrem Computer erfolgt entweder über iCloud oder die Dateifreigabe. Sie können Dokumente auch per E-Mail ans iPhone schicken und von dort an die jeweilige App übergeben.

Um ein Dokument aus den Apple-spezifischen Formaten in ein anderes Format zu exportieren, tippen Sie auf den Schraubenschlüssel, wählen dort **Freigabe & Drucken** und hier **In anderer App öffnen**. Sie können das Dokument nun entweder als PDF-Datei oder, je nach App, als Word-, Excel- oder PowerPoint-Dokument speichern.

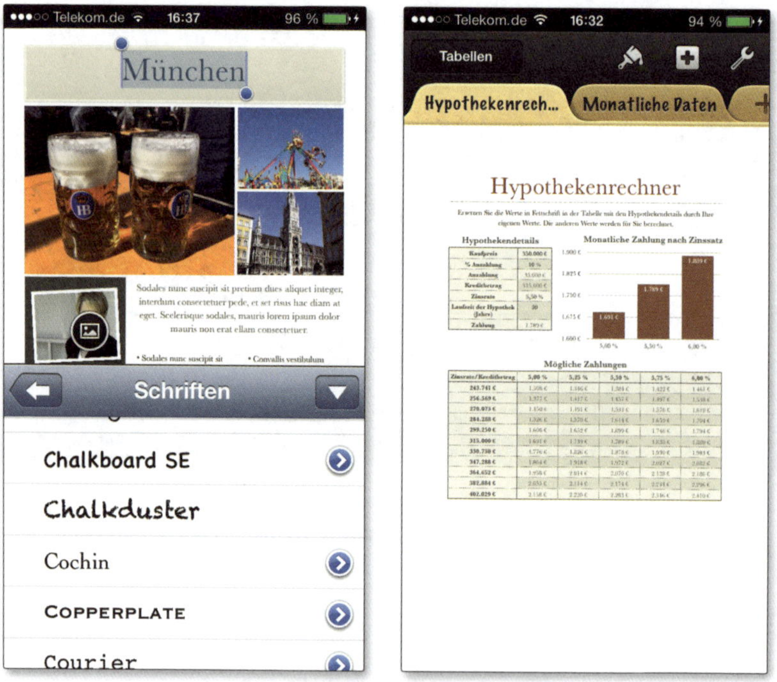


*Mit der Textverarbeitung Pages und der Tabellenkalkulation Numbers können Sie Ihre Office-Dokumente auf dem iPhone erstellen und bearbeiten.*

Kapitel

14

# Datensicherheit auf dem iPhone

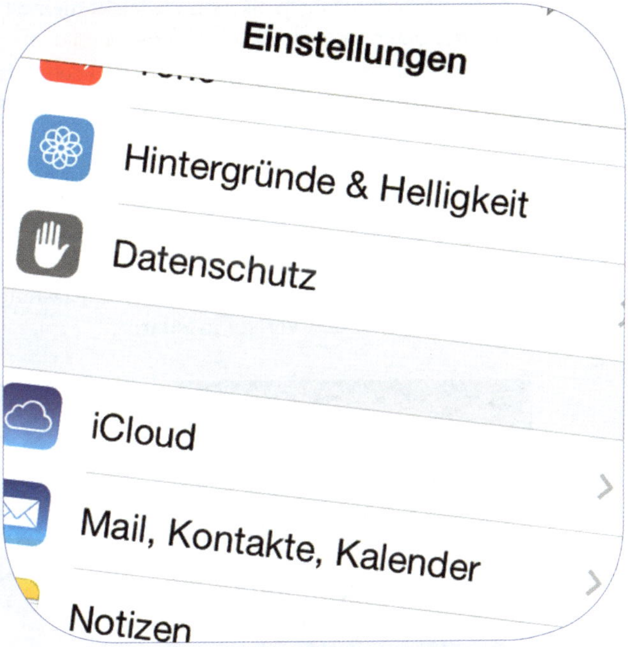


Auf dem iPhone sammeln sich sehr schnell jede Menge privater und sensibler Informationen an: Adressen, Termine, Notizen, Nachrichten, allerlei Passwörter und Zugangsdaten und vieles mehr. Diese Daten sollten Sie vor dem Zugriff von allzu neugierigen Zeitgenossen oder Taschendieben schützen. Hier bietet das iPhone zahlreiche Sicherheitsmaßnahmen, die unter anderem dafür sorgen, dass ein Dieb an einem gestohlenen iPhone keine Freude haben wird.

# Der PIN-Code der SIM-Karte

Die einfachste Sperre, mit der man Unbefugte vom Missbrauch des iPhones abhalten kann, ist die PIN-Abfrage der SIM-Karte. Die allerdings trägt nicht sehr weit.

Zum einen ist sie nur nach dem Einschalten des iPhones aktiv – also nicht nach dem einfachen Entriegeln beim Wechsel aus dem Standby-Modus –, zum anderen schützt die Abfrage weniger, als man vielleicht meinen möchte.

Denn wer glaubt, mit der PIN-Abfrage bereits aus dem Schneider und auf der sicheren Seite zu sein, der täuscht sich. Die PIN-Abfrage blockiert lediglich die Funktionen der SIM-Karte, also den Zugriff aufs Mobilfunknetz – und sonst gar nichts.

Wer den korrekten PIN-Code nicht kennt, der kann mit einem gefundenen iPhone zwar nicht telefonieren oder simsen, aber alle anderen Funktionen stehen ihm zur Verfügung. Dazu genügt es, die PIN-Code-Abfrage mit **OK** abzubrechen. Anschließend zeigt die Statusleiste zwar **SIM gesperrt**, aber man hat dennoch Zugriff auf alle Programme und gespeicherten Daten wie etwa E-Mails, Notizen, Kontakte, Fotos oder den Verlauf in Safari.

*Eine gesperrte SIM-Karte verhindert lediglich die Nutzung der Telefonfunktionen – alles Weitere bleibt frei zugänglich.*

Wenn sich das iPhone in einem WLAN befindet, kommt ein Unbefugter mit dem fremden iPhone auch problemlos ins Internet und kann dort die Identität des Besitzers teilweise übernehmen, indem er etwa E-Mails abruft oder schreibt.

Der PIN-Code wird standardmäßig vom Mobilfunkanbieter festgelegt, Sie können aber auch Ihren eigenen Code definieren. Rufen Sie dazu **Einstellungen > Telefon > SIM-PIN** auf und tippen Sie hier auf **PIN ändern**.

Wenn Ihnen die Eingabe der SIM-PIN zu lästig ist und Sie der Meinung sind, diese Sicherheitsmaßnahme sei bei Ihrem Nutzungsprofil überflüssig, können Sie die Abfrage des PIN-Codes der SIM-Karte an dieser Stelle auch komplett deaktivieren. Tippen Sie dazu auf den Schalter bei **SIM-PIN**.

## Die Code-Sperre

Einen deutlich besseren Schutz als die PIN-Abfrage bietet die Code-Sperre. Dabei handelt es sich um einen Code, der nach jedem Entriegeln eingegeben werden muss, bevor der Zugriff freigegeben wird.

Ein mit einer Code-Sperre versehenes iPhone wird auch beim Anschluss an einen fremden Computer nicht erkannt. Beim Start von iTunes wird eine Fehlermeldung gezeigt, der Zugriff mit anderen Programmen ist ebenfalls nicht möglich. Erst nach Eingabe des Zugangscodes kann auf das iPhone zugegriffen werden.

Ein Code aus vier Ziffern ist obligatorisch und wird bei der Konfiguration des iPhones festgelegt. Sie können den Code nachträglich ändern oder auch komplett ausschalten (wovon in der Regel allerdings dringend abzuraten ist).

Um die Code-Sperre zu ändern oder auszuschalten, rufen Sie auf dem iPhone 5c **Einstellungen > Allgemein > Code-Sperre** auf, beim iPhone 5s heißt dieser Punkt **Code & Fingerabdruck**.

### GRUNDLAGEN

Auch bei einer aktiven Code-Sperre sind Siri, die Passbook-App und die Möglichkeit, auf einen Anruf mit einer Nachricht zu antworten, aktiv. Siri beantwortet nach wie vor Fragen, vor dem Zugriff auf Apps oder Ihre Daten muss allerdings der Zugangscode eingegeben werden. Wenn Sie das nicht möchten, deaktivieren Sie die entsprechenden Optionen.

Beim Code unterscheidet das iPhone zwei Arten: den vierziffrigen Standard-Code und einen komplexen Code, bei dem Sie Buchstaben, Ziffern und Satzeichen beliebig mischen können. Falls Sie statt des etwas unsicheren Standard-Codes lieber den deutlich sichereren komplexen Code benutzen möchten, deaktivieren Sie den Schalter **Einfacher Code**.

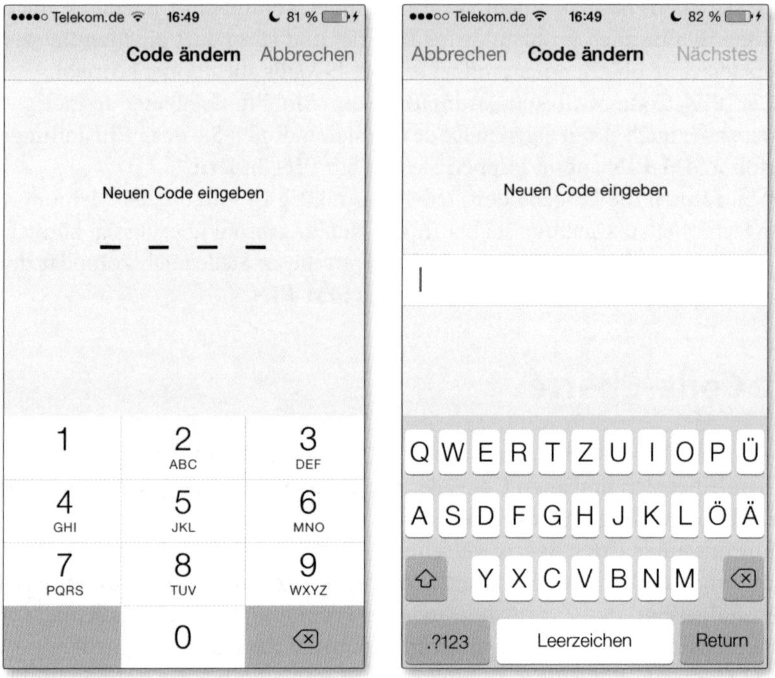


*Die einfache Code-Sperre benutzt einen Code aus vier Ziffern. Schalten Sie den einfachen Code aus, können Sie ein Kennwort aus beliebigen Zeichen in beliebiger Länge benutzen.*

Die festgelegte Code-Sperre wird bei jedem Entriegeln abgefragt, was sich in der Praxis mitunter als etwas lästig erweisen kann. Wer sein iPhone etwa in den Standby geschickt hat und ein paar Minuten später doch noch rasch etwas nachschlagen möchte, der muss sich erneut über die Code-Sperre ausweisen.

Da kann es sinnvoll sein, die Zeitspanne, die zwischen Standby und Code-Abfrage vergeht, ein wenig heraufzusetzen. Wählen Sie dazu im Code-Sperre-Dialog den Punkt **Code anfordern**. Standardmäßig ist hier als Wert **Sofort** eingetragen, Sie können die Zeitspanne auf **Nach 1 Minute** bis **Nach 4 Stunden** ausdehnen. Falls Sie ein iPhone 5s mit Touch ID benutzen, wird der Code immer sofort abgefragt.

Um Ihr iPhone mit der Code-Sperre zu schützen, müssen Sie es in den Standby-Betrieb versetzen. Das können Sie manuell erledigen, indem Sie kurz die Standby-Taste drücken – Sie können das aber auch dem iPhone überlassen und eine Zeitspanne der Inaktivität definieren, nach der sich das iPhone automatisch abschalten soll.

Um diese Zeitspanne festzulegen, rufen Sie **Einstellungen** > **Allgemein** > **Automatische Sperre** auf und legen fest, nach wie vielen Minuten das iPhone automatisch in den Standby-Modus wechseln soll.

## Touch ID (nur iPhone 5s)

Das iPhone 5s bietet neben der Code-Sperre die Möglichkeit, das iPhone über einen Fingerabdruck zu sichern. Beim Entsperren müssen Sie dann nicht den Code eingeben, sondern lassen einfach Ihren Finger etwas länger auf der Home-Taste (wie Sie einen Fingerabdruck registrieren, erfahren Sie in Kapitel 1).

### TIPP

Standardmäßig vergibt das iPhone generische Bezeichnungen wie **Finger 1**, **Finger 2** und so weiter. Um diese Bezeichnungen etwas aussagekräftiger zu gestalten, tippen Sie unter **Einstellungen** > **Allgemein** > **Code & Fingerabdrücke** > **Fingerabdrücke** auf **Bearbeiten**. Nun können Sie einen passenden Namen wählen oder einen Fingerabdruck löschen.

Sobald Sie Touch ID benutzen, müssen Sie zusätzlich einen Code anlegen, der gewissermaßen als Notlösung fungiert. Schließlich kann es ja passieren, dass der Fingerabdruck-Sensor streikt und Ihren Finger nicht erkennt. In diesem Fall können Sie Ihr iPhone auf jeden Fall über den festgelegten Code entsperren.

Der Code wird auch angefordert, wenn Sie Ihr iPhone 48 Stunden lang nicht entsperrt oder komplett neu gestartet haben. Falls fünfmal versucht wurde, das iPhone mit dem falschen Finger zu entsperren, ist ein Entsperren ebenfalls nur noch über die Eingabe des Codes oder über den Wechsel in den Standby-Modus und wieder zurück möglich.

Da die Code-Sperre auch bei aktivierter Touch ID benutzt werden kann, bietet Touch ID keine zusätzliche Sicherheit, die über die Sicherheit der Code-Sperre hinausgeht. Aber die Entsperrung des iPhones durch Fingerabdruck ist ungleich einfacher und bequemer – und Ihr Fingerabdruck kann, anders als ein Code, den Sie auf dem iPhone eintippen, nicht ausgespäht werden.

Da Sie den Code bei Einsatz von Touch ID nur noch sehr selten eingeben müssen, empfiehlt es sich, hier einen komplexen Code zu benutzen (den komplexen Code sollten Sie sich an einer sicheren Stelle notieren, damit Sie ihn im Falle eines Falles zur Hand haben). So bietet die Kombination aus komplexem Code und Touch ID einen optimalen Kompromiss aus Datensicherheit und Bequemlichkeit.

### GRUNDLAGEN

Es stellt sich natürlich die Frage, ob Touch ID ausgetrickst werden kann. Schließlich wäre es ein hoher Preis für die gewonnene Bequemlichkeit, wenn jedermann mit ein wenig Aufwand Touch ID knacken könnte. Die Antwort lautet: Ja, Touch ID kann umgangen werden – aber nicht von jedermann und auch nicht mit wenig Aufwand. Ein Angreifer benötigt neben Ihrem iPhone einen sauberen Abdruck des Fingers, mit dem Sie das iPhone entsperren (die Abdrücke, die Sie auf dem iPhone hinterlassen, sind in der Regel viel zu verschmiert, als dass sie dafür genutzt werden könnten). Dieser Abdruck muss >

abgenommen und hochauflösend fotografiert oder eingescannt werden (was auch nicht jedermanns Sache ist und einige Erfahrung voraussetzt). Der Abdruck wird anschließend am Computer in einer Bildbearbeitung optimiert und auf einer speziellen Folie ausgedruckt. Dieser Ausdruck kann schließlich in Kombination mit weiteren Mitteln als »falscher Finger« benutzt werden. Schon diese knappe Beschreibung zeigt, dass es sich hierbei nicht nur um einen recht zeitintensiven Prozess handelt, sondern dass das Fälschen eines Fingers ein hohes Maß an Erfahrung und eine nicht ganz alltägliche Ausrüstung verlangt. Diesen Aufwand kann sich nur ein Profi leisten, der Sie als spezielles Ziel besonders ins Visier genommen hat. Ein normaler Taschendieb oder die Zufallsbekanntschaft in der Kneipe ist nicht in der Lage, Touch-ID auszuhebeln. Anders gesagt: Für alle, die nicht gerade auf James-Bond-Niveau arbeiten, ist Touch ID hinreichend sicher. Und die James Bonds dieser Welt benutzen für ihre Arbeit wohl kein iPhone.

## Die Selbstzerstörungsfunktion des iPhones

Abschließen ist gut, komplett löschen ist im Falle eines Falles besser. Auch ein gesperrtes iPhone enthält immer noch sensible Daten, die potenziell gefährdet sind. Schließlich basiert die Code-Sperre auf Software, und Software ist fehlbar – ein bislang unbekannt gebliebener Bug könnte zum Beispiel dazu führen, dass sich eine Code-Sperre aushebeln lässt.

Hier sorgt die Selbstzerstörungsfunktion des iPhones für etwas mehr Sicherheit. Ist ein Unbefugter zehnmal an der Code-Sperre gescheitert, löscht das iPhone automatisch und unwiderruflich sämtliche gespeicherten Daten.

Wählen Sie **Einstellungen** > **Allgemein** > **Code-Sperre** bzw. auf dem iPhone 5s **Code & Fingerabdruck** und aktivieren Sie dort den Eintrag **Daten löschen**. Nach einer Sicherheitsabfrage ist Ihr iPhone besser vor Missbrauch geschützt.

## Zugriff auf Programme und Inhalte beschränken

Über die Zugriffsbeschränkung verhindern Sie, dass bestimmte Funktionen oder Programme aktiviert werden können. So lassen sich etwa Safari, YouTube, iTunes oder die Kamera komplett ausschalten, aber auch die Wiedergabe von bestimmten Inhalten oder die Installation von Software kann unterbunden werden. Um diese Funktion zu nutzen, rufen Sie **Einstellungen** > **Allgemein** > **Einschränkungen auf.**

Legen Sie nun einen Code fest, der die Einstellungen in den Einschränkungen vor unbefugten Änderungen schützt, und deaktivieren Sie die Punkte, die auf dem iPhone nicht zugänglich sein sollen.

Wer seinen Kindern das iPhone zum Spielen gibt, sollte sicherheitshalber auch die **In-App-Einkäufe** ausschalten. Damit ist es nicht mehr möglich, aus einem

Spiel heraus weitere Inhalte für dieses Spiel zu kaufen, was Ihren Geldbeutel ganz erheblich schonen kann.

Um diese Sperre wieder aufzuheben, tippen Sie auf **Einschränkungen deaktivieren** und geben den festgelegten Code ein.

## Datenschutz

Auf dem iPhone herrscht das generelle Prinzip der Datenkapselung. Das bedeutet, dass auf die Daten einer App nur diese App selbst zugreifen darf. Für die Apps, die zum Grundbestand von iOS gehören, gibt es hier einige Ausnahmen. So kann zum Beispiel die Mail-App auf die gespeicherten Kontakte zugreifen.

Den Apps anderer Anbieter ist der Zugriff von Haus allerdings verwehrt. Möchte eine App (etwa Facebook) auf die gespeicherten Kontaktdaten zugreifen, muss sie zuvor nachfragen. Sie können dann selbst entscheiden, ob Sie den Zugriff gestatten wollen.

Ähnliches gilt auch für die Ortungsdienste, Kalender, Erinnerungen, Fotos, eine freigegebene Bluetooth-Verbindung, das Mikrophon des iPhones und eventuell hinterlegte Zugangsdaten für Twitter, Facebook oder andere soziale Netzwerke.

Unter **Einstellungen** > **Datenschutz** können Sie jederzeit nachsehen, welche App auf welche Informationen zugreifen darf. Hier lässt sich eine einmal erteilte Erlaubnis auch problemlos widerrufen.

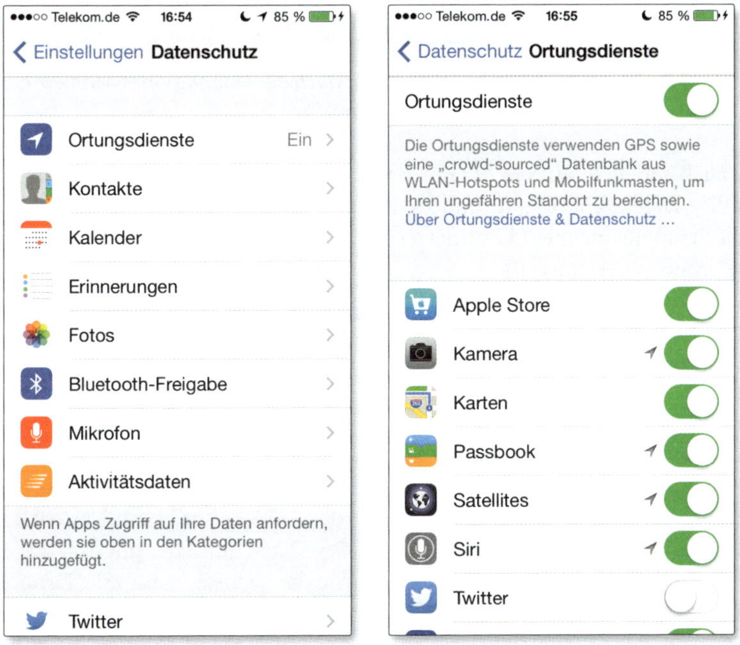


*Eine einmal erteilte Genehmigung für den Zugriff auf bestimmte Informationen kann jederzeit zurückgezogen werden.*

## Backups anlegen und verschlüsseln

Bei jedem Datenabgleich legt iTunes ein vollständiges Backup der Daten auf dem iPhone ab. Aus diesem Backup lässt sich der Datenbestand eines iPhones bei einem vollständigen Zurücksetzen wiederherstellen.

Um zu verhindern, dass sich Unbefugte am Backup Ihres iPhones zu schaffen machen, lässt sich das Backup in iTunes verschlüsseln. So muss man bei der Wiederherstellung aus dem Backup zuerst ein Kennwort eingeben, bevor man fortfahren kann.

Möchten Sie diese Funktion aktivieren, schließen Sie Ihr iPhone an Ihren Computer an, wählen es aus und aktivieren auf der Registerkarte **Infos** den Punkt **iPhone-Backup verschlüsseln**. Sie werden aufgefordert, ein Kennwort festzulegen. In Zukunft wird das Backup verschlüsselt.

*Ein verschlüsseltes Backup lässt sich nur nach der Eingabe eines Kennworts wieder herstellen.*

Es ist auch möglich, auf ein lokales Backup vollständig zu verzichten und die regelmäßige Datensicherung iCloud zu überlassen. Das hat den Vorteil, dass Sie sich um überhaupt nichts mehr kümmern müssen und Ihr Backup durch Ihre Apple-ID samt Kennwort geschützt ist.

Aktivieren Sie dazu unter **Einstellungen** > **iCloud** > **Speicher & Backup** den Punkt **iCloud-Backup**. Achtung: Sobald Sie diese Option gewählt haben, legt iTunes keine weiteren Backups mehr an.

### GRUNDLAGEN

Wenn Sie Apples iCloud-Angebot nutzen, dann werden Ihre Daten auf den Servern von Apple, also überwiegend in den USA, gespeichert. Das wirft natürlich die Frage nach der Sicherheit dieser Daten auf. Hier gilt das, was für alle Cloud-Anbieter gilt, ganz gleich, ob Sie die Dienste von Apple, Dropbox, Google, Microsoft oder einem anderen Unternehmen nutzen: Sie müssen dem Anbieter prinzipiell vertrauen, dass er hinreichende Maßnahmen zum Schutz Ihrer Daten trifft. Falls Sie das nicht tun, sollten Sie iCloud (und vergleichbare andere Dienste) nicht nutzen. Für Anwender, die auf dem iPhone nicht nur ihre privaten Daten, sondern auch die ihrer Kunden, Patienten oder Klienten speichern, wird überdies das deutsche Bundesdatenschutzgesetz relevant. Denn das schreibt unter anderem im §4b vor, dass personenbezogene Daten nur dann »ins Ausland übermittelt« werden dürfen, wenn »ein angemessenes Datenschutzniveau … gewährleistet ist«. In diesem Fall sollten Sie sich vor der Nutzung von Cloud-Angeboten unbedingt juristisch beraten lassen – und im Zweifelsfall auf iCloud & Co vollständig verzichten.

Beim ersten Mal kann sich ein Backup einige Zeit hinziehen, da hier der aktuelle Zustand vollständig gesichert wird. In Zukunft legt das iPhone ein Mal am Tag ein Backup an, sobald an es der Stromversorgung hängt und in einem WLAN angemeldet ist. Bei diesen täglichen Backups werden nur die Änderungen seit der letzten Sicherung übertragen, was eine Sache weniger Minuten ist. Idealerweise erfolgt das Backup in der Nacht, während Sie schlafen und das iPhone am Netzteil hängt.

Welche Daten beim iCloud-Backup gesichert werden, können Sie festlegen. Wählen Sie dazu **Einstellungen** > **iCloud** > **Speicher & Backup** > **Speicher verwalten**. Hier tippen Sie auf den Eintrag für Ihr iPhone-Backup, und nun können Sie unter »Backup-Optionen« die zu sichernden Daten bestimmen.

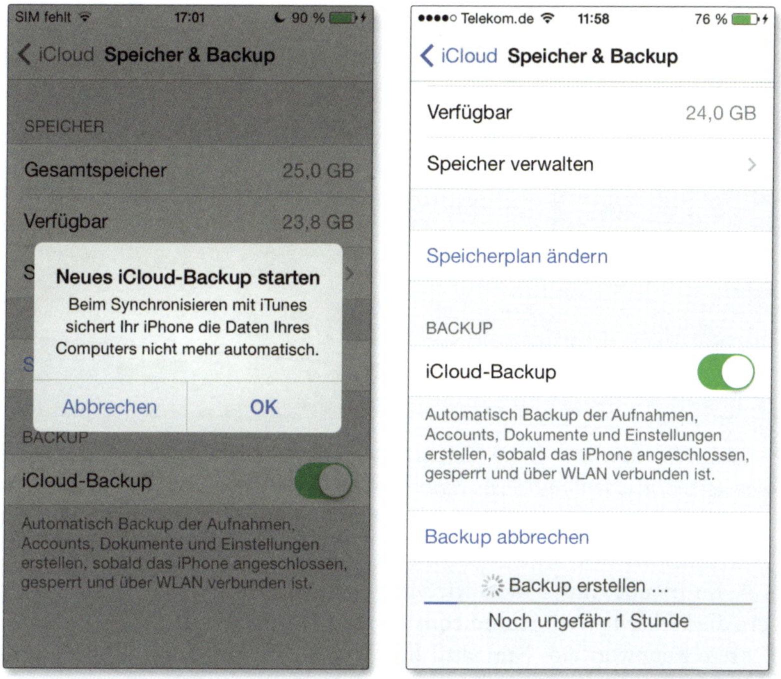


*Beim ersten Mal kann sich das Backup mit iCloud ein wenig hinziehen, später geht das wesentlich schneller.*

# Mein iPhone suchen

Eine sehr sinnvolle Funktion von iCloud ist **Mein iPhone suchen**, die Sie unter **Einstellungen** > **iCloud** aktivieren. Damit ist es möglich, ein verlorenes oder verlegtes iPhone im Webbrowser auf einer Karte zu lokalisieren oder notfalls auch komplett zu löschen. Dadurch wird auch verhindert, dass ein Dieb Ihr iPhone ohne Ihr Kennwort löschen und neu aktivieren kann.

Außerdem können Sie das iPhone einen Ton abspielen lassen, was bei der Suche in der Wohnung hilfreich ist, wenn man sein iPhone verkramt hat. Denn anders als der normale Klingelton lässt sich dieser Signalton nicht abschalten, sondern er wird immer mit voller Lautstärke abgespielt.

Nützlich ist auch der **Modus „Verloren"**. Hier lässt sich das iPhone nachträglich mit einer Code-Sperre versehen, und Sie können eine Telefonnummer, unter der Sie erreichbar sind, als Nachricht ans iPhone schicken. Vielleicht haben Sie ja Glück und ein ehrlicher Finder kontaktiert Sie.

*Mit »Mein iPhone suchen« können Sie ein iPhone im Webbrowser orten, es einen Ton abspielen lassen, in einen speziellen »Verloren«-Modus versetzen oder notfalls auch komplett aus der Ferne löschen.*

Falls Sie Ihr iPhone einmal nicht wiederfinden, starten Sie einen Webbrowser und steuern die Webseite **www.icloud.com** an. Dort loggen Sie sich mit Ihrer Apple-ID und Ihrem Kennwort ein. Nun wird Ihr iPhone auf einer Karte geortet, und Sie können eine der möglichen Aktionen ausführen.

Bei einer Fernlöschung wird dem iPhone via Netzwerk das Kommando »Sämtliche Daten löschen« übermittelt. Sobald das iPhone eingeschaltet wird und Kontakt zum Server aufnimmt, empfängt es als Erstes dieses Kommando, das ohne Rückfragen und ohne Eingriffsmöglichkeit ausgeführt wird. Einmal gestartet, lässt sich die Löschung weder aufhalten noch rückgängig machen.

Nach der Löschung muss das iPhone komplett wiederhergestellt werden. Dabei wird es auch erneut aktiviert, was nur funktioniert, wenn die Apple-ID eingegeben wird, mit der es gelöscht wurde.

*Wenn Sie »Mein iPhone suchen« aktivieren, kann ein Dieb mit einem gestohlenen iPhone nichts anfangen – zur Aktivierung muss zwingend die korrekte Apple-ID samt Kennwort eingegeben werden.*

Falls Ihr iPhone also gestohlen wurde, löschen Sie es aus der Ferne und hinterlassen Sie eine Nachricht. Mit etwas Glück bekommen Sie es wieder zurück, andernfalls können Sie sich immerhin damit trösten, dass Ihr gestohlenes iPhone für den Dieb wertlos ist.

# Jailbreak und Unlock

Das iPhone besitzt von Haus aus verschiedene Sicherheitsmaßnahmen, die verhindern sollen, dass der Anwender sein iPhone anders einsetzt, als Apple sich das gedacht hat.

Die wichtigste Hürde ist dabei das geschlossene Dateisystem, auf das man normalerweise keinen oder nur einen sehr begrenzten Zugriff hat. Damit ist es für den iPhone-Besitzer unmöglich, beliebige Anwendungen zu installieren.

Außerdem wird ein iPhone von einigen Mobilfunkanbietern oft mit einem Net-Lock verkauft, der dafür sorgt, dass Sie Ihr iPhone nur in dem Netz des Mobilfunkanbieters betreiben können, bei dem Sie es gekauft haben.

Ein iPhone, das Sie ohne Sperre kaufen – etwa direkt bei Apple –, besitzt zwar keinen Net-Lock und kann mit SIM-Karten beliebiger Anbieter benutzt werden, doch das Dateisystem ist nach wie vor geschlossen und erlaubt nur die Installation von Apps, die Sie aus dem App Store geladen haben.

Diese Sperren können mit entsprechender Software relativ einfach und ohne technisches Spezialwissen umgangen werden. Wenn die Sperren des Dateisystems aufgebrochen werden, um beliebige Software zu installieren, spricht man von einem »Jailbreak«. Wird auch der Net-Lock aufgehoben, ist es ein »Unlock«.

Bevor Sie sich aber nun frohgemut daran machen, Ihr iPhone zu befreien, sollten Sie sich genau überlegen, was Sie da eigentlich vorhaben. Denn auch wenn das Vorgehen heute eine eher triviale Angelegenheit ist, ist sie doch nicht frei von Risiken und Nebenwirkungen.

Mit einem Jailbreak und Unlock umgehen Sie willentlich und wissentlich Sicherheitsstrukturen Ihres iPhones. Sie begeben sich damit nicht nur in einen rechtlichen Graubezirk und den digitalen Untergrund, sondern auch in Gefahr. Das bedeutet nicht nur, dass Sie im Falle eines Falles nicht auf den Apple-Support zählen können und auf Garantieleistungen verzichten, sondern auch, dass Sie einige Dinge beachten müssen, um die sich normalerweise Apple kümmert – die Freiheit hat auch beim iPhone ihren Preis.

## Schadsoftware und Datenspionage

Ist man nach einem Jailbreak in der Lage, auf seinem iPhone beliebige Software zu installieren, steht man vor dem nächsten Problem: Wer garantiert für die Sicherheit der Applikationen? So beengend manchen Anwendern und Entwicklern die Bindung an den App Store auch erscheinen mag – die Wahrscheinlichkeit, sich hier Schadsoftware einzufangen, geht gegen Null.

In der freien digitalen Wildbahn sieht das anders aus. Hier kann es durchaus vorkommen, dass man sich mit einem übereilt installierten Programm seine Daten zerschießt oder sich einen Virus oder Trojaner aufs iPhone einfängt. Denkbar ist es auch, dass ein Programm durch gezielte Übertaktung des Prozessors physikalischen und damit irreparablen Schaden anrichtet.

Gravierend wiegt zusätzlich das Risiko der Datenspionage. Schließlich enthält das iPhone sensible persönliche Daten, ist permanent online und bietet praktisch keine Kontrolle darüber, ob es gerade Daten sendet oder empfängt. Wenn ein Programm im Hintergrund zum Beispiel heimlich Ihre Daten ausliest und via Internet verschickt, bekommen Sie davon nichts mit. Sie müssen einfach darauf vertrauen, dass ein Programm die sich ergebenden Möglichkeiten nicht böswillig ausnutzt.

Zudem müssen Sie sich auf ein gewisses Maß an Mehrarbeit einstellen. Denn mit jedem iTunes- oder iPhone-Update besteht die sehr reale Möglichkeit, dass das befreite iPhone nicht mehr funktioniert oder gar dauerhaft beschädigt wird.

All das sollten Sie bedenken, bevor Sie Ihr iPhone jailbreaken. Ich zumindest rate dringend davon ab.

Kapitel

# Pannenhilfe

15

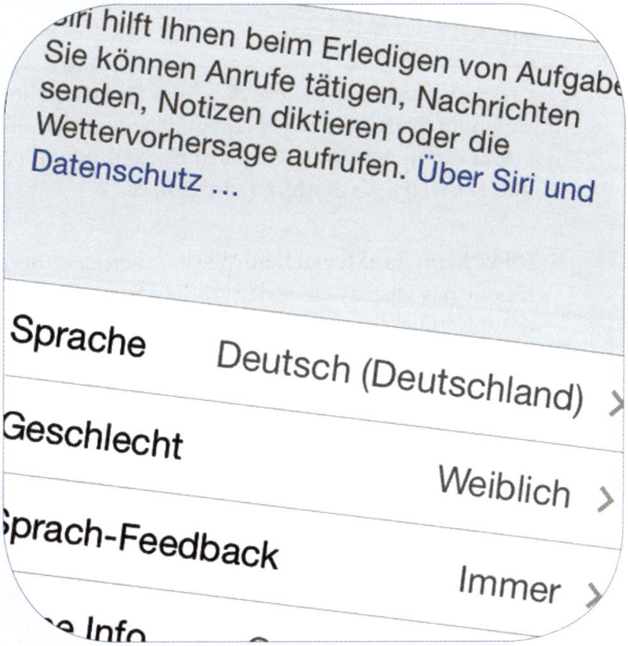


Das iPhone ist ein sehr robustes und zuverlässiges Gerät. Doch auch das iPhone kann einmal streiken, der Akku kann sich rasend schnell leeren und Apps können abstürzen. In diesem Kapitel erfahren Sie, wie Sie die Akku-Leistung optimieren und was Sie tun können, wenn das iPhone einmal nicht so will, wie Sie es wollen.

# So schonen Sie den Akku

So toll das iPhone auch ist – es nutzt Ihnen gar nichts, wenn ihm der Saft ausgeht. Da Sie den Akku nicht austauschen, also einen leeren nicht durch einen wohlgefüllten Reserveakku ersetzen können, ist es ratsam, den Stromverbrauch im Auge zu behalten und im Falle der Stromnot die größten Energiefresser stillzulegen.

## TIPP

Lassen Sie sich den Ladezustand des Akkus nicht nur als Balken, sondern zudem in Prozent anzeigen, dann haben Sie den Füllstand des Akkus etwas besser im Blick. Wählen Sie dazu **Einstellungen** > **Allgemein** > **Benutzung** und aktivieren Sie **Batterieladung in %**.

- **Bildschirm dunkler stellen:** Wie bei allen elektronischen Geräten ist auch beim iPhone das Display einer der größten Stromfresser. Je weniger stark es leuchtet, desto weniger Strom verbraucht es. Desto schlechter ist es natürlich auch abzulesen, aber wenn Sie dringend Strom sparen müssen, kann ein etwas schlechter abzulesender Bildschirm ein akzeptabler Kompromiss sein. Rufen Sie dazu **Einstellungen** > **Hintergründe & Helligkeit** auf und regeln Sie die Helligkeit herunter.

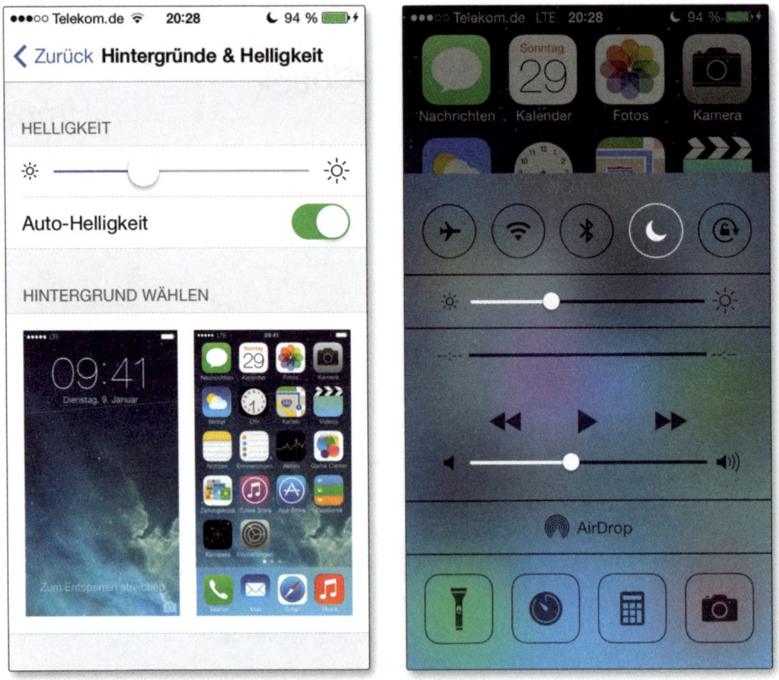


*Die Bildschirmhelligkeit und die Funkverbindungen sind die größten Stromfresser beim iPhone. Wenn der Akku knapp wird, sollten Sie die Helligkeit reduzieren und nicht benötigte Verbindungen im Kontrollzentrum ausschalten.*

- **WLAN & Bluetooth ausschalten:** WLAN und Bluetooth sind praktisch, werden aber nicht immer benötigt. Wenn Sie unterwegs auf beides verzichten können – etwa, weil kein WLAN verfügbar ist –, sollten Sie diese beiden Verbindungen ausschalten, denn sie verbrauchen auch dann Strom, wenn sie gar nicht benutzt werden. Am schnellsten geht dies über das Kontrollzentrum.
- **AirDrop nur bei Bedarf:** Falls Ihr iPhone via AirDrop empfangsbereit ist, sucht es im Hintergrund permanent nach möglichen Verbindungen oder Verbindungsanfragen. Das kostet Strom, den Sie sparen können. Aktivieren Sie AirDrop also nur dann, wenn Sie es auch tatsächlich benötigen.
- **Geschwindigkeit drosseln:** LTE ist eine feine Sache, verbraucht aber mehr Strom als 3G. Falls sich der Akku unterwegs rapide leert, sollten Sie auf den LTE-Komfort verzichten. Wählen Sie dazu **Einstellungen** > **Mobiles Netz** und schalten Sie **LTE aktivieren** aus.
- **Hintergrundaktivitäten ausschalten:** Von Haus aus suchen die beiden Apps Aktien und Wetter regelmäßig im Hintergrund nach neuen Daten. Je nachdem, welche Apps Sie installiert haben, kommen noch weitere Programme hinzu. Das ist praktisch, stehen die aktuellen Daten doch beim Programmaufruf sofort zur Verfügung, kostet aber ebenfalls Strom. Unter **Einstellungen** > **Allgemein** > **Hintergrundaktualisierung** lässt sich die automatische Aktualisierung ausschalten.
- **Ortungsdienste aus:** Der GPS-Chip im iPhone braucht ebenfalls Strom. Wenn der Akku wichtiger ist als die Orientierung, sollten Sie GPS vorübergehend ausschalten. Und zwar unter **Einstellungen** > **Datenschutz** > **Ortungsdienste**. Wenn Sie nicht gleich die kompletten Ortungsdienste deaktivieren möchten, kann es auch schon helfen, die Ortung für verschiedene Apps auszuschalten. Um Strom zu sparen, können Sie auch unter **Einstellungen** > **Datenschutz** > **Ortungsdienste** > **Systemdienste** den verschiedenen Systemfunktionen den Zugriff auf die Ortungsdienste entziehen.
- **Siri:** So hilfreich und unterhaltsam die Sprachsteuerung mit Siri auch ist – Siri ist ein Stromfresser. Wenn Sie sich nicht mit Ihrem iPhone unterhalten möchten, sollten Sie Siri deaktivieren. Rufen Sie dazu **Einstellungen** > **Siri** auf. Doch Vorsicht! Dabei wird Siri komplett zurückgesetzt, alles, was Siri in der Interaktion mit Ihnen gelernt hat, hat es bei der erneuten Aktivierung wieder vergessen.
- **Push und Mailabruf ausschalten:** Der automatische Mailabruf und der automatische Abgleich von Kontakte- und Kalender-Einträgen ist eine feine Sache, aber leider ebenfalls ein recht energiehungriges Verfahren. Auch das lässt sich abschalten. Rufen Sie **Einstellungen** > **Mail, Kontakte, Kalender** > **Datenabgleich** auf. Schalten Sie dort **Push** aus und wählen Sie unter **Laden** die Option **Manuell**.
- **Bewegung ausschalten:** Beim iPhone kleben die App-Symbole nicht auf dem Hintergrund, sondern sie schweben leicht darüber. Kippen Sie das iPhone nach hinten, bewegen sich die App-Symbole. Diese Bewegung nennt Apple »Parallaxeffekt«. Er soll dem Erscheinungsbild mehr Tiefe geben, seine Berechnung kostet aber leider etwas Strom. Unter **Einstellungen** > **Allgemein** > **Bedienungshilfen** > **Bewegung reduzieren** können Sie ihn ausschalten.

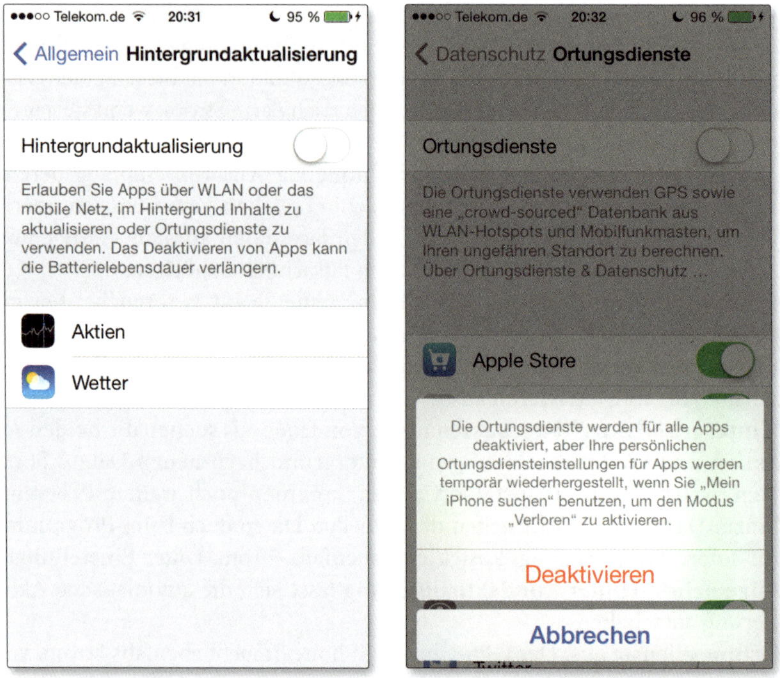


*Die Hintergrundaktualisierung und die Ortungsdienste benötigen ebenfalls jede Menge Strom, den man in Notfällen lieber sparen sollte.*

## Neue Einwahl erzwingen

Nicht immer ist die Onlineverbindung so gut, wie man sie sich wünscht. Wenn die Daten einmal nur tröpfeln und der Aufbau von Webseiten eine kleine Ewigkeit dauert, kann es helfen, sich erneut in das Mobilfunknetz einzuwählen. Am sichersten ist es da, das iPhone komplett aus- und wieder einzuschalten. Doch es geht auch schneller und einfacher: Aktivieren Sie in den Einstellungen den Flugmodus und schalten Sie ihn wieder aus. Dabei werden zuerst alle Onlineverbindungen gekappt und anschließend neu aufgebaut.

## Wenn das iPhone einmal zickt

Das iPhone ist ein Computer. Und wie jeder andere Computer auch hat es gelegentlich so seine Mucken. Dann stürzt ein Programm sofort nach dem Start wieder ab oder weigert sich hartnäckig, beendet zu werden. Mitunter ist auch die Onlineverbindung gestört und es lädt keine Daten aus dem Internet. In diesen und ähnlichen Fällen hilft das, was bei einem Computer auch hilft: ein Reset oder auch ein kompletter Neustart. Schlimmstenfalls müssen Sie das Betriebssystem neu aufsetzen.

- **Programme hart beenden:** Wenn Sie ein Programm nicht mehr verlassen können, kann der Notausgang helfen. Drücken Sie dazu so lange die Standby-Taste, bis der rote Schalter zum Ausschalten des iPhones erscheint, schalten Sie das iPhone aber nicht aus. Stattdessen drücken Sie nun die Home-Taste, bis Sie wieder auf dem Home-Bildschirm landen.
- **Das iPhone neu starten:** Wenn das iPhone auch nach der zwangsweisen Beendigung eines Programms immer noch nicht richtig arbeitet, hilft ein kompletter Neustart. Halten Sie dazu die Standby-Taste so lange gedrückt, bis der Bildschirm zum Ausschalten erscheint, und schalten Sie das iPhone dann über den roten Schalter aus. Sobald das iPhone komplett ausgeschaltet ist, starten Sie es mit einem etwas längeren Druck auf die Standby-Taste neu.
- **Einen Reset durchführen:** Wenn das iPhone hängt und sich auch nicht mehr korrekt ausschalten lässt, bleibt als letzte Notfallmaßnahme ein Reset. Dabei wird dem Betriebssystem gewissermaßen der Boden unter den Füßen weggezogen und ein Neustart erzwungen. Einen Reset führen Sie durch, indem Sie die Home- und die Standby-Taste so lange gedrückt halten (ca. 10 Sekunden), bis das Apple-Logo erscheint und das iPhone neu bootet.

### AUFGEPASST

Ein Reset ist eine Notfallmaßnahme und sollte auch nur in Notfällen eingesetzt werden. Denn bei einem erzwungenen Neustart besteht immer die Gefahr, dass Sie Daten verlieren. Das ist zwar unwahrscheinlich, aber nicht unmöglich.

## Das iPhone wiederherstellen

Wenn Ihr iPhone sich hartnäckig seltsam benimmt, dann kann eine komplette Wiederherstellung helfen. Dabei wird es in den Werkszustand versetzt, sämtliche Daten und die installierten Programme werden gelöscht. Anschließend wird via iTunes das Betriebssystem neu aufgesetzt und alle Daten und Programme werden aus dem Backup rekonstruiert. Das Ganze ist eine Sache weniger Mausklicks, aber Sie sollten sich ein wenig Zeit nehmen; eine komplette Wiederherstellung kann rund eine Stunde dauern.

Schließen Sie Ihr iPhone an Ihren Computer an und wählen Sie es in iTunes aus. Auf der Registerkarte **Übersicht** klicken Sie auf den Punkt **Wiederherstellen**. Nach einer Sicherheitsabfrage wird das System neu installiert. Sie müssen das iPhone nun neu konfigurieren und aktivieren. Während der Konfiguration können Sie es aus einem Backup wiederherstellen.

*Wenn das iPhone sich seltsam verhält, hilft eine Wiederherstellung via iTunes. Anschließend können Sie die Daten aus dem letzten Backup aufs iPhone kopieren.*

## Der Wartungszustand/DFU-Modus

Beim iPhone-GAU lässt sich das iPhone nicht mehr einschalten, kommt beim Start über das Apple-Logo nicht hinaus und wird von iTunes nicht erkannt. Hier hilft eine radikale Methode: der Wartungszustand oder DFU-Modus (DFU ist übrigens kein Tippfehler für DFÜ, sondern die Abkürzung für »Device Firmware Update«).

In diesem Zustand erkennt iTunes ein »Gerät im Wartungszustand« und ist in der Lage, das iPhone wiederherzustellen. Im schlimmsten Fall verlieren Sie alle Daten seit dem letzten Backup.

Starten Sie iTunes auf dem Computer und schließen Sie Ihr iPhone an. Halten Sie die Standby- und Home-Taste gleichzeitig für zehn Sekunden gedrückt. Lassen Sie nun die Standby-Taste los und drücken Sie weiterhin für acht Sekunden die Home-Taste. Nun erkennt iTunes ein iPhone im Wartungszustand und kann das Gerät wiederherstellen.

## Das iPhone zurücksetzen

Bei der Arbeit mit dem iPhone werden die verschiedensten Daten und Einstellungen gespeichert. Das ist natürlich erwünscht, kann aber in seltenen Fällen auch zu Problemen bis hin zu unregelmäßigem Verhalten des iPhones führen. Da kann es helfen, die gespeicherten Einstellungen zu löschen und das iPhone zurückzusetzen.

Um gespeicherte Einstellungen zu löschen, können Sie das iPhone gezielt zurücksetzen.

Rufen Sie **Einstellungen** > **Allgemein** auf. Scrollen Sie bis ganz ans Ende der Seite. Dort finden Sie den Punkt **Zurücksetzen**. Hier haben Sie nun verschiedene Möglichkeiten:

- **Alle Einstellungen:** Damit werden alle gespeicherten Einstellungen gelöscht, das iPhone wird also in seinen Ausgangszustand versetzt. Die von Ihnen eingegebenen oder auf das iPhone kopierten Daten oder Medien werden dabei nicht gelöscht.

- **Inhalte & Einstellungen löschen:** Hiermit löschen Sie Ihr komplettes iPhone, also nicht nur die Einstellungen, sondern auch sämtliche Daten und Medien. Anschließend muss Ihr iPhone wie in Kapitel 1 beschrieben neu aktiviert werden und Sie können es gegebenenfalls aus dem Backup wiederherstellen.
- **Netzwerkeinstellungen:** Dieser Punkt löscht alle gespeicherten Netzwerkkonfigurationen, also zum Beispiel die gespeicherten Kennwörter zu bekannten WLANs. Damit können Sie stotternde WLAN-Verbindungen wieder auf Trab bringen.
- **Tastaturwörterbuch:** Das iPhone merkt sich Ihre Korrekturen der Korrekturvorschläge und ist lernfähig. Leider lernt es auch Fehler oder falsche Eingaben. Möchten Sie das Tastaturwörterbuch wieder in seinen Ausgangszustand bringen, tippen Sie auf diesen Eintrag.
- **Home-Bildschirm:** Über diese Option werden alle Programmsymbole auf dem Home-Bildschirm wieder so angeordnet, wie sie es ursprünglich waren. Apps, die Sie zusätzlich installiert haben, werden direkt im Anschluss an die Standard-Apps auf dem iPhone in alphabetischer Reihenfolge aufgeführt.
- **Standort und Datenschutz:** Hiermit entziehen Sie allen Programmen eine eventuell erteilte Erlaubnis, auf Ortungsdienste, Kontakte, Fotos und mehr zuzugreifen.

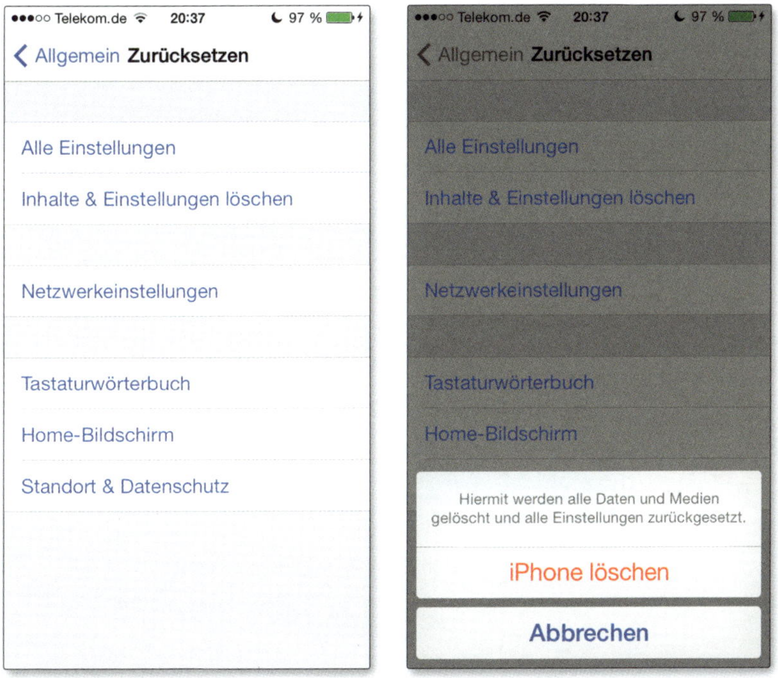


*Sie können die verschiedenen Einstellungen des iPhones auf den Werkszustand zurücksetzen und so manches Fehlverhalten korrigieren. Da dieser Schritt nicht rückgängig gemacht werden kann, fragt das iPhone sicherheitshalber noch einmal nach.*

## Gemerkte WLANs vergessen

Das iPhone merkt sich alle WLANs, mit denen es einmal verbunden war. Das ist praktisch und hilfreich, aber manchmal ist es auch erforderlich, dass das iPhone die Daten wieder vergisst.

In diesem Fall warten Sie, bis sich das iPhone mit dem zu löschenden WLAN verbunden hat, und rufen anschließend **Einstellungen** > **WLAN** auf. Tippen Sie auf das blaue »i« rechts neben dem Eintrag des WLANs und wählen Sie auf der nächsten Seite **Dieses Netzwerk ignorieren**. Nach einer Sicherheitsabfrage werden die Zugangsdaten zu diesem Netzwerk gelöscht.

Kapitel

# Tipps, Tricks, Tools

# 16

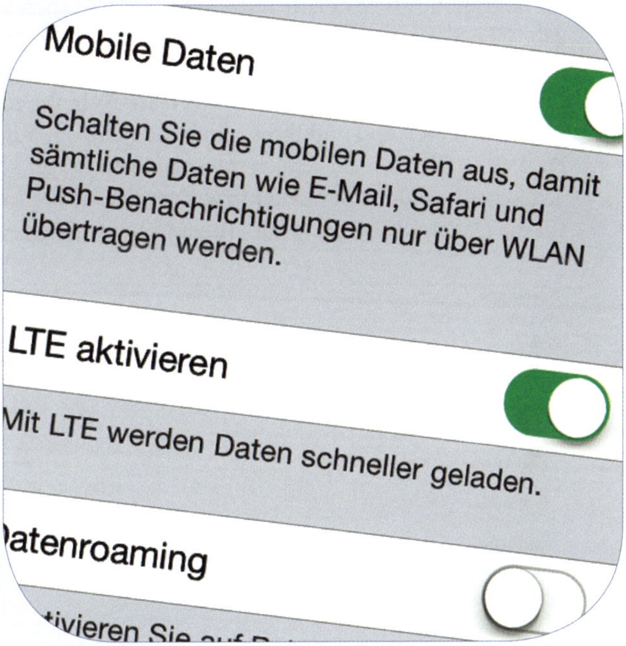


Vieles erschließt sich beim iPhone auf den ersten Blick oder mit ein wenig Neugier, manche Fähigkeiten blühen allerdings eher im Verborgenen und finden sich in Bereichen, in die man im Alltag nur selten vordringt. In diesem Kapitel lernen Sie verschiedenen Tipps und Tricks kennen, mit denen Sie noch mehr Spaß mit Ihrem iPhone haben, und lernen die etwas versteckten Einstellungen kennen.

# Die Dateifreigabe

Das iPhone kann zwar von Haus aus nicht als externer Datenträger angesprochen werden, doch es gibt etwas Ähnliches: die Dateifreigabe. Damit ist es möglich, Dateien mit Drag & Drop zwischen Computer und bestimmten Apps auf dem iPhone auszutauschen. Diese Funktion wird zum Beispiel von Apps verwendet, die das iPhone als Festplatte nutzen, aber es gibt auch Spiele, die über die Dateifreigabe eine Sicherung der Spielstände ermöglichen.

Sobald eine App installiert wird, die die Dateifreigabe unterstützt, taucht sie in **iTunes**, Register **Apps**, im Abschnitt **Dateifreigabe** auf. Nun können Sie Dateien zwischen dieser App und Ihrem Computer einfach mit der Maus austauschen. Die Dateien werden wie bei einem externen Datenträger sofort kopiert und stehen anschließend auf dem Computer bzw. dem iPhone zur Verfügung. Das iPhone muss für die Dateifreigabe nicht mit iTunes synchronisiert werden.

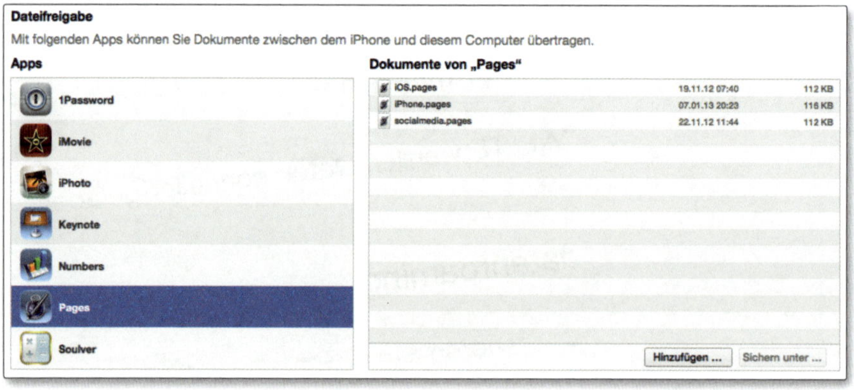


*Mit der Dateifreigabe können Sie via iTunes Dateien zwischen iPhone und Ihrem Computer austauschen.*

# Speicherbelegung organisieren

Auch wenn das iPhone bis zu 64 GB Speicher aufzuweisen hat, kann es passieren, dass Ihr iPhone in Speichernöte gerät. Möchten Sie dann unterwegs einen Song oder eine neue App laden, scheitert dies am fehlenden Speicherplatz. Da hilft nur eins: löschen Sie die Apps und die Daten, die am meisten Speicherplatz fressen. Das ist mitunter allerdings leichter gesagt als getan, denn nicht immer ist klar zu erkennen, welche App wie viel Speicherplatz belegt.

Da hilft ein Blick in **Einstellungen** > **Allgemein** > **Benutzung**. Hier werden alle Apps nach Speicherbedarf sortiert. Dabei wird nicht nur die reine Größe einer App, sondern auch alle von ihr gespeicherten Dateien berücksichtigt. Die Details erfahren Sie nach einem Tipp auf den Namen der App. Hier haben Sie auch die Möglichkeit, die größten Speicherfresser gleich zu löschen.

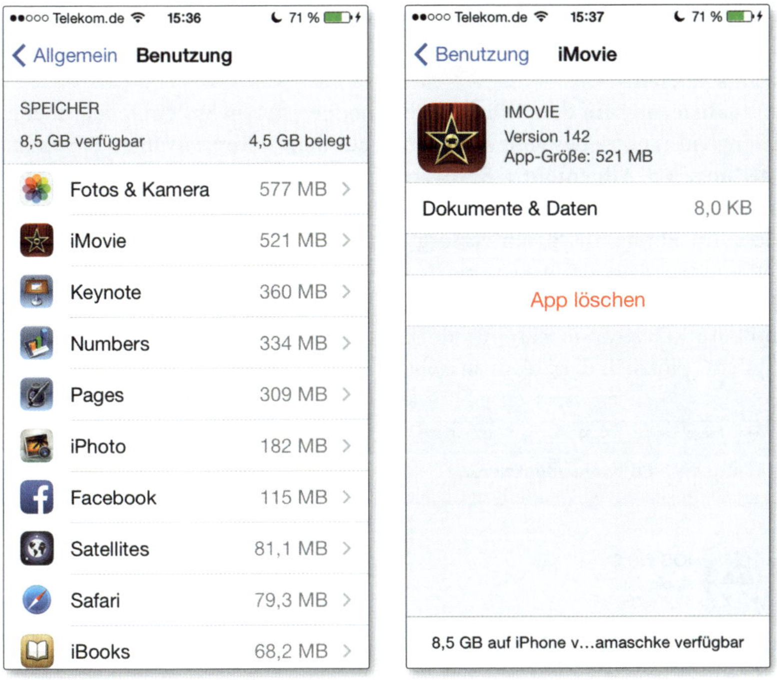


*Falls der Speicher einmal etwas eng werden sollte, können Sie die größten Speicherfresser rasch aufspüren und gegebenenfalls löschen.*

**AUFGEPASST**

Löschen Sie nicht frohgemut drauflos, sondern denken Sie daran, dass die in einer App gespeicherten Dokumente und Daten verloren gehen, wenn Sie die App löschen.

## Systemupdate

Wie jedes Computerprogramm ist auch das Betriebssystem iOS des iPhones nicht in Stein gemeißelt, sondern Apple arbeitet daran kontinuierlich weiter, fügt neue Funktionen zu, verbessert hier und da die Bedienung und behebt Fehler. Immer, wenn eine neue Version von iOS fertig ist, stellt Apple sie kostenlos zur Verfügung. Es gibt zwei Möglichkeiten, wie Sie das Betriebssystem Ihres iPhones aktualisieren können:

- **Aktualisierung über iTunes:** Schließen Sie Ihr iPhone an den Computer an und wählen Sie es in iTunes aus. Falls ein iOS-Update verfügbar ist, meldet iTunes dies üblicherweise automatisch. Sollte dies nicht der Fall sein, können Sie die Suche auch manuell anwerfen. Wechseln Sie dazu zur Registerkarte **Übersicht** und klicken Sie auf **Nach Update suchen**. Falls eine neue Systemversion vorliegt, bietet iTunes Ihnen an, die Datei herunterzuladen und auf Ihrem iPhone zu installieren.

- **Aktualisierung auf dem iPhone:** Sie benötigen für ein Systemupdate aber nicht zwingend iTunes, das geht auch direkt auf dem iPhone. Wählen Sie dazu **Einstellungen** > **Allgemein** > **Softwareaktualisierung**. Falls ein Update vorliegt, können Sie es nun direkt installieren. Dabei sollten Sie allerdings darauf achten, dass Ihr iPhone mit Strom versorgt wird und in einem WLAN eingebucht ist. Zum einen, weil ein Systemupdate üblicherweise etliche MB groß ist und ein Download über 3G/LTE Ihr Datenbudget belastet, zum anderen, weil es eine mittlere Katastrophe wäre, wenn Ihrem iPhone während der Installation des Systems plötzlich der Strom ausgeht.

*Ein gelegentlich notwendiges Systemupdate können Sie bequem direkt auf dem iPhone installieren.*

## Telefonminuten und mobile Daten

Als Kostenfalle kann sich das je nach Tarif mehr oder weniger stark begrenzte Kontingent an Freiminuten entpuppen: Überschreiten Sie Ihr monatliches Freiminutenkontingent, fallen zum Teil erhebliche Kosten an. Auch die Nutzung mobiler Daten wird von den Mobilfunkanbietern oft eingeschränkt. Erreicht Ihr Datenvolumen in einem Monat die tarifliche Obergrenze, wird die Geschwindigkeit Ihrer Datenverbindung drastisch gedrosselt.

Hier kann Sie eine regelmäßige Kontrolle Ihrer iPhone-Nutzung vor bösen Überraschungen bewahren.

Rufen Sie **Einstellungen** > **Mobiles Netz** auf. Hier erfahren Sie, wie viele Minuten Sie vertelefoniert und wie viele Daten Sie mobil verbraucht haben. Und nicht nur das – Sie erhalten auch eine detaillierte Übersicht, wie viele Daten jede App benutzt hat. Ein regelmäßiger Blick in diese Aufstellung hilft Ihnen dabei, die größten Datenschleudern zu identifizieren – und auszuschalten: Deaktivieren Sie den jeweiligen Schalter bei einer App, kann diese App nur noch übers WLAN online gehen.

Am Fuß der Seite finden Sie den Punkt **Statistiken zurücksetzen**. Wenn Sie darüber zu Beginn des Monats alle Zähler auf Null setzen, haben Sie Ihren Datenverbrauch immer gut im Blick.

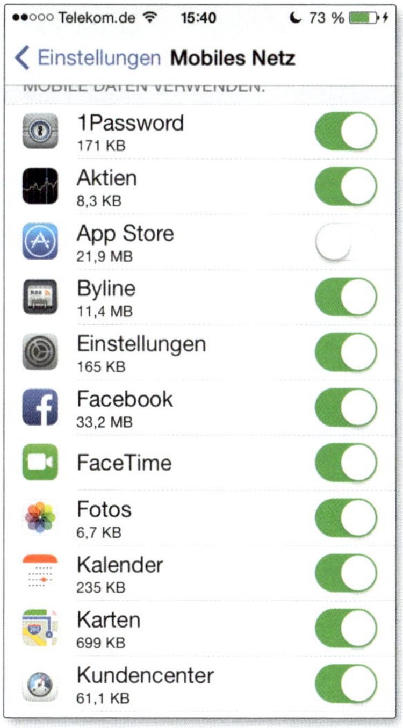


*Wenn eine App unverhofften Datentraffic erzeugt, dann verbieten Sie ihr ganz einfach den Zugriff auf das mobile Datennetz.*

## WLAN trotz Flugmodus

Wenn Sie im Flugzeug unterwegs sind, kann es sein, dass Ihnen die Fluggesellschaft zwar die Benutzung eines Telefons verbietet, aber dafür WLAN anbietet. Mit dem iPhone ist das kein Problem. Aktivieren Sie zuerst in den **Einstellungen** den **Flugmodus**. Damit werden sofort sämtliche Funkverbindungen (Telefon, 3G, LTE, Bluetooth, WLAN) gekappt. Nun tippen Sie auf WLAN und schalten den Internetzugang wieder ein. Jetzt ist das Telefon ausgeschaltet, aber der WLAN-Empfang dennoch aktiv.

## Datendienste und -Roaming

Der mobile Internetzugriff ist zwar einerseits eine feine Sache, kann sich andererseits aber auch zur Kostenfalle entwickeln. Zum Beispiel dann, wenn Sie sich im Ausland aufhalten und über Ihr iPhone ins Internet gehen. Dabei fallen zum Teil erhebliche Gebühren an (Roamingkosten).

Damit Sie nach dem Urlaub bei Ihrer Telefonrechnung keinen Schreck bekommen, empfiehlt es sich daher, zumindest das Daten-Roaming auszuschalten. Das ist zwar standardmäßig der Fall, aber vor Reiseantritt sollten Sie das unter **Einstellungen** > **Allgemein** > **Mobiles Netz** überprüfen.

Möchten Sie den Internetzugriff via Mobilfunk generell ausschalten, dann deaktivieren Sie dort den Schalter **Mobile Daten**.

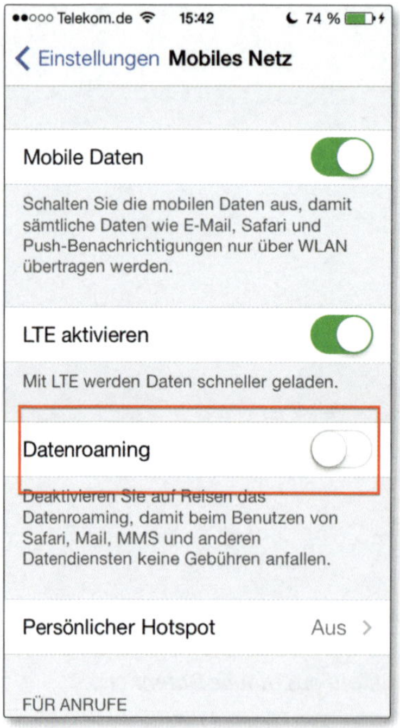


*Aktivieren Sie das Datenroaming nur dann, wenn Sie es wirklich benötigen.*

## Mail: Schnell zu den Entwürfen

Eine E-Mail, bei der Sie die Bearbeitung abbrechen, ohne die Mail abzuschicken, wird normalerweise im Ordner Entwürfe gespeichert. Möchten Sie diese Mail später weiterbearbeiten, müssen Sie sich aber nicht extra in der Mail-App zum Ordner Entwürfe durchhangeln und den gespeicherten Entwurf antippen. Statt dessen genügt es, wenn Sie die Taste für eine neue E-Mail – also das Quadrat mit dem Stift rechts unten – etwas länger gedrückt halten. Nun erscheint eine Liste mit allen gespeicherten Entwürfen.

Über einen längeren Tipp auf die Taste für eine neue Mail rufen Sie eine Liste mit allen Mail-Entwürfen auf.

## Das Menü von Musik und iTunes Store anpassen

Die beiden Apps Musik und iTunes Store besitzen ein Menü, das mehr Einträge bietet, als in die untere Zeile passen. Dort finden sich vier Punkte, die restlichen lassen Sie sich über einen Tipp auf **Mehr** anzeigen.

Welche Einträge in der unteren Zeile angezeigt werden, legen Sie selbst fest. Wählen Sie dazu **Mehr** und tippen Sie auf **Bearbeiten**. Nun ziehen Sie zum Beispiel in der iTunes-Store-App den Eintrag **Hörbücher** auf **TV**, und schon werden die Tasten vertauscht. Zudem ist es möglich, die Anordnung durch Verschieben der Tasten zu ändern. Mit **Fertig** speichern Sie die neue Menübelegung und verlassen den Bearbeitungsmodus.

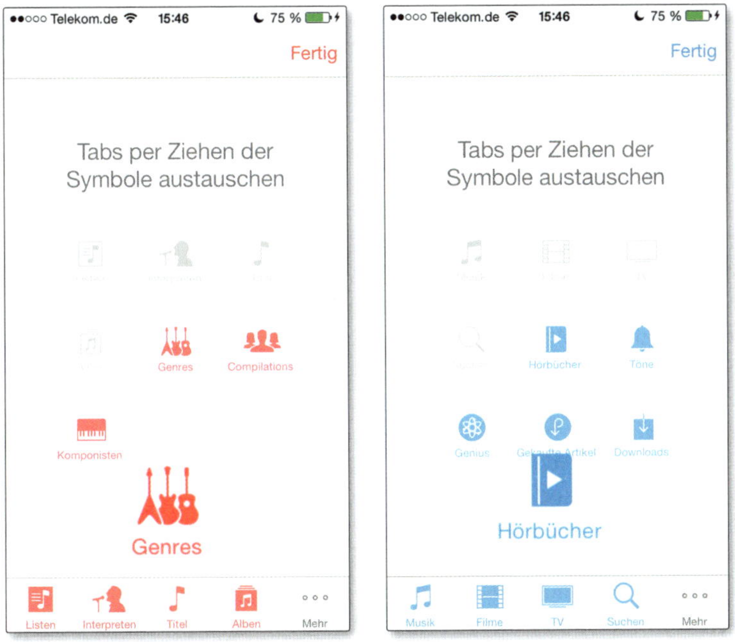


*Die Menüs der Musik- und der iTunes-Store-App lassen sich anpassen.*

## Bildschirmfotos mit dem iPhone

Vielleicht haben Sie sich schon gefragt, wo eigentlich die Bildschirmfotos in diesem Buch herkommen. Ganz einfach: Das ist eine Funktion des iPhone-Betriebssystems. Drücken Sie gleichzeitig die Home- und die Standby-Taste. Das iPhone macht ein

Kamerageräusch, der Bildschirm wird kurz weiß, und schon landet der aktuelle Bildschirminhalt als PNG-Grafik unter **Fotos** > **Alben** > **Aufnahmen**.

## In Seiten, Listen und Dokumenten schnell nach oben springen

Wenn Sie in Safari schnell an den Anfang der Webseite springen möchten, müssen Sie nicht so lange übers Display wischen, bis Sie oben angekommen sind, sondern tippen einfach auf die Statusleiste, zum Beispiel die Uhrzeit – und schon springt Safari an den Anfang der Seite.

Dabei handelt es sich um eine Standardfunktion von iOS, die nicht nur mit Safari, sondern auch mit vielen anderen Apps funktioniert, etwa den Notizen oder Mail. Immer dann, wenn Sie in einem umfangreichen Dokument oder einer langen Liste rasch an den Anfang springen wollen, kann Sie ein Tipp auf die Statusleiste an Ihr Ziel bringen. Probieren Sie's einfach aus.

## Telefonnummer mit Sonderzeichen eingeben

Bei manchen Telefonverbindungen müssen zwei Nummern nacheinander eingegeben werden. Mit der ersten Nummer wird eine Verbindungsstelle angerufen, mit der zweiten der eigentliche Gesprächspartner.

Dabei entsteht ein Problem: Denn die zweite Nummer kann erst eingegeben werden, wenn die Verbindungsstelle bereit ist. Daher muss bei der Eingabe zwischen den beiden Nummern eine Pause eingelegt werden.

Bei manueller Eingabe ist das kein Problem, hier wartet man einfach entsprechend lange ab. Aber wie speichert man auf dem iPhone eine Telefonnummer mit automatischer Pause? Ganz einfach:

- **Pause:** Berühren und halten Sie beim Erfassen der Telefonnummer die *-Taste, wird ein Komma in die Nummer eingefügt. Das führt dazu, dass das iPhone einige Sekunden wartet, bevor die nächste Ziffer gewählt wird.
- **Warten:** Tippen und halten Sie die #-Taste, geben Sie ein Semikolon ein – das Telefon geht dann in den Warten-Modus und wählt erst dann weiter, wenn Sie explizit **Wählen** tippen.
- **Pluszeichen:** Möchten Sie eine internationale Vorwahl mit einem +-Zeichen eingeben, berühren und halten Sie die **0**-Taste.

## Das Telefon zum Schweigen bringen

Nicht immer ist es erwünscht, dass Ihr iPhone Sie mit einem lauten Klingeln auf einen eintreffenden Anruf aufmerksam macht. Dafür gibt es den Stummschalter am linken Rand. Einerseits. Andererseits denkt man nicht immer daran, diesen Schalter zu betätigen oder die Klingeltonlautstärke zu reduzieren. Und schon lärmt Ihr iPhone genau dann, wenn Sie es nicht möchten.

Kein Problem: Drücken Sie in diesem Fall ein Mal auf den Lautstärkeregler am linken Rand. Das Klingeln verstummt sofort, ohne den Anrufer abzuwürgen. Sie können den Anruf also entgegennehmen, ohne Ihre Umgebung mit dem Klingelton zu belästigen.

## Lauter wird's nicht

Manche Musikstücke sind beeindruckend laut. So laut mitunter, dass man auf Dauer einen Hörschaden riskieren kann. Daher gibt es die Möglichkeit, eine maximale Lautstärke für die Musikwiedergabe festzulegen.

Rufen Sie dazu **Einstellungen** > **Musik** > **Maximale Lautstärke** auf. Hier legen Sie eine Lautstärke fest, die bei voll aufgedrehten Reglern maximal erreicht wird. Möchten Sie verhindern, dass Ihre Einstellung etwa von Ihren Kindern verändert wird, aktivieren Sie unter **Einstellungen** > **Allgemein** > **Einschränkungen** > **Maximale Lautstärke** den Punkt **Änderungen nicht zulassen**.

## Einschlafen mit Musik

Wenn Sie mit angenehmer Musik einschlafen möchten, dann steht Ihnen Ihr iPhone hilfreich zur Seite. Starten Sie dazu die **Uhr** und wechseln Sie zum **Timer**. Hier geben Sie die gewünschte Zeitspanne an, in der Sie einschlafen möchten, also zum Beispiel 30 Minuten. Wählen Sie als **Timer-Ende** den Eintrag **Wiedergabe stoppen** und starten Sie den Timer.

Nun wechseln Sie zur Musik-App und wählen die gewünschte Musik. Sobald der Timer abgelaufen ist, stoppt die Wiedergabe und das iPhone geht in den Stand-by-Modus.

## Texteingaben mit Wischen beschleunigen

Bei der Eingabe eines Großbuchstabens, eines Satzzeichens oder einer Ziffer benötigen Sie normalerweise mehrere Fingertipps. So geben Sie einen Großbuchstaben mit zwei Fingertipps ein: Zuerst tippen Sie auf die Shift-Taste, anschließend auf den gewünschten Buchstaben. Ein Satzzeichen oder eine Ziffer benötigt sogar drei Fingertipps: Zuerst wechseln Sie die Tastenbelegung mit einem Tipp auf **123**, dann tippen Sie auf das gewünschte Zeichen und wechseln schließlich über die **ABC**-Taste wieder zurück zur Buchstabeneingabe.

Dank des kapazitiven Displays des iPhones geht es auch einfacher, nämlich mit einer einzigen Bewegung.

- **Großbuchstaben:** Um einen Großbuchstaben einzufügen, berühren und halten Sie die Shift-Taste, und ziehen den Finger nun zum gewünschten Buchstaben. Erst jetzt heben Sie den Finger vom Display. Der Buchstabe erscheint als großer Buchstabe, und Sie können anschließend klein weiterschreiben.
- **Ziffern- und Satzzeichen:** Für ein Zeichen aus der zweiten Tastenbelegung (also etwa ein Komma, einen Punkt oder eine Ziffer) gehen Sie ähnlich vor. Berühren und halten Sie **123**. Das iPhone blendet nun die zweite Belegung ein, wo Sie den Finger zum gewünschten Zeichen ziehen und ihn nun vom Display heben. Das gewählte Zeichen wird eingegeben und Sie wechseln sofort zurück zur Buchstabeneingabe.

## Kalender: Weit entfernte Termine schnell eingeben

In der Kalender-App legen Sie Anfang und Ende eines Termins über drei Regler für Tag, Stunde und Minuten fest. Das ist normalerweise auch so gewünscht. Doch was tun Sie, wenn Sie den Termin nicht am gewünschten Tag oder in naher Zukunft, sondern erst in der übernächsten Woche, in einem der folgenden Monate oder im nächsten Jahr eintragen möchten?

In diesem Fall aktivieren Sie den Schalter **Ganztägig**. Dadurch ändern sich die Regler, die nun die Eingabe von Tag, Monat und Jahr erlauben. Wählen Sie das gewünschte Datum. Anschließend schalten Sie **Ganztägig** aus und haben nun wieder die feiner abgestimmte Auswahl mit Tag, Stunde und Minute.

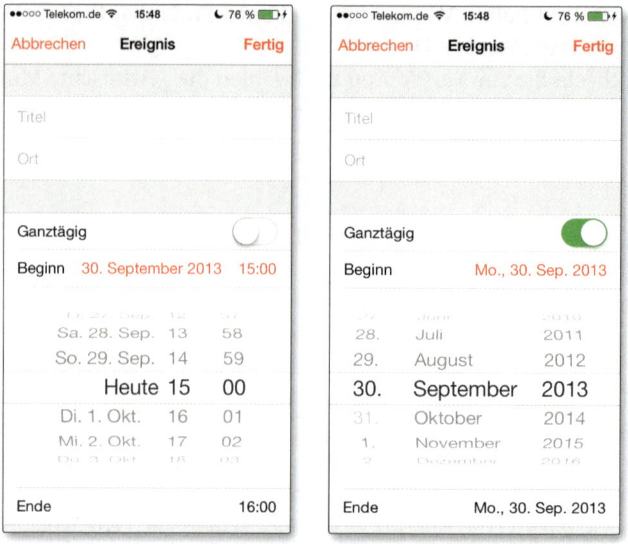


*Um einen weit entfernten Termin vorzumerken, tragen Sie ihn vorübergehend als ganztägigen Termin ein.*

## Namensanzeige bei Mail, Nachrichten & Co

Bei der Anzeige der Namen in Mail, Nachrichten und ähnlichen Apps taucht oft das Problem auf, dass der vollständige Name zu lang ist, als dass er komplett angezeigt werden könnte. Das Problem verschärft sich noch bei der Anzeige eines E-Mail-Verlaufs, wo im Posteingang nicht nur ein, sondern mehrere Namen angezeigt werden müssen. Hier benutzt iOS den Kurznamen einer Person, statt »Giesbert Damaschke« also etwa »Giesbert«. Es gibt aber noch weitere Möglichkeiten, wie iOS den vollen Namen abkürzen kann:

Rufen Sie **Einstellungen > Mail, Kontakte, Kalender** auf. Im Abschnitt **Kontakte** finden Sie den Eintrag **Kurzname**. Hier können Sie wählen, wie der Namen abgekürzt werden soll, statt des Vornamens kann etwa auch der Nachname oder der Anfangsbuchstabe des Vornamens und der volle Nachname gewählt werden. Falls Sie im entsprechenden Kontakt-Eintrag einen Spitznamen hinterlegt haben, kann das iPhone auch auf diesen zurückgreifen. Möchten Sie überhaupt keine Kurznamen benutzen, schalten Sie die Funktion einfach aus.

## Datum der Nachrichten

Bei einer Konversation in den Nachrichten werden üblicherweise nur das Datum und die Uhrzeit der ersten Nachricht angezeigt, alle folgenden Nachrichten werden darunter subsumiert. Das ist im Alltag auch völlig ausreichend, aber manchmal möchte man doch die genaue Uhrzeit kennen, zu der eine Nachricht eingetroffen oder abgeschickt wurde. Diese Uhrzeiten blendet die Nachrichten-App ein, wenn Sie den Bildschirm nach links schieben.

## Textgröße anpassen

Das iPhone kann die Textgröße in den Apps – etwa bei Nachrichten, Mail, Notizen, im Kalender und so weiter – zentral einstellen. Ist Ihnen die Schrift zu klein oder zu groß, rufen Sie **Einstellungen > Allgemein > Textgröße** auf und legen über den Schieberegler die gewünschte Schriftgröße fest. Die Einstellung wirkt sich auf alle Apps aus, die diese Funktion unterstützen.

Falls Ihnen die Standardeinstellungen nicht ausreichen, wählen Sie **Einstellungen > Allgemein > Bedienungshilfen > Große Zeichen** und aktivieren dort **Größerer dynamischer Text**.

Diese Einstellung wirkt sich lediglich auf die Textdarstellung innerhalb von Apps aus – die Beschriftung auf dem Home-Bildschirm ist davon ebenso wenig betroffen wie die Schrift in Menüs oder Dialogen. Sollte Ihnen diese zu fein und filigran geraten sein, dann aktivieren Sie unter **Einstellungen > Allgemein > Bedienungshilfen** den Punkt **Fetter Text**. Nach einem kurzen Neustart steht die fette Schrift zur Verfügung.

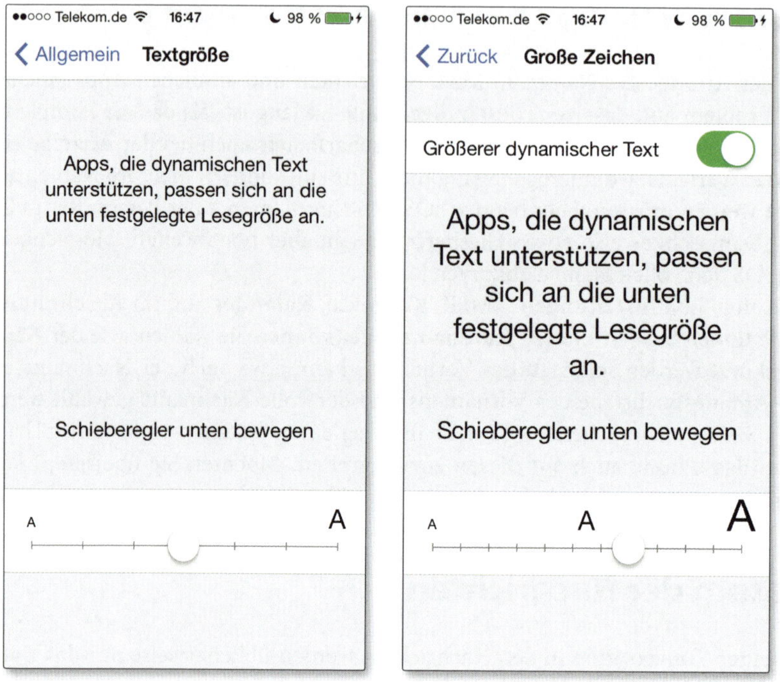


*Die Textgröße in vielen Apps lässt sich dynamisch anpassen.*

## Parallaxeffekt ausschalten

Beim iPhone werden die App-Symbole, Menüs und Dialogboxen nicht einfach flach auf den Hintergrund geklebt, sondern sie schweben leicht darüber. Das bemerken Sie etwa, wenn Sie das iPhone kippen, dann bewegt sich der Hintergrund unter dem Vordergrund weg. Dieser eher dezente optische Effekt – den Apple »Parallaxeffekt« nennt – soll der Benutzeroberfläche mehr Tiefe verleihen, kann aber bei manchen Anwendern auch für leichte Schwindelgefühle sorgen. Obendrein verbraucht der Effekt Strom. Das sind zwei gute Gründe, ihn einfach auszuschalten. Rufen Sie dazu **Einstellungen** > **Allgemein** > **Bedienungshilfen** auf und aktivieren Sie dort **Bewegung reduzieren**.

## DVDs mit Handbrake fürs iPhone konvertieren

Während Sie Musik-CDs problemlos mit iTunes rippen und die Musik aufs iPhone kopieren können, ist das bei Film-DVDs nicht möglich. Bei kommerziellen Filmen verhindert dies ein Kopierschutz und das Urheberrecht. Aber was ist mit Ihren selbstgebrannten Urlaubsfilmen auf DVD, die Sie auch gern auf dem iPhone dabeihaben möchten?

Hier gibt es verschiedene Tools, die Ihnen die Arbeit abnehmen, etwa das kostenlose Programm **Handbrake** (**handbrake.fr**), das für Linux, OS X und Windows vorliegt.

Handbrake bietet eine Reihe von passenden Voreinstellungen, so dass Sie hier nur noch die Video-DVD einlegen, als Quelle das iPhone wählen und auf Start klicken müssen. Der Kopiervorgang selbst kann, je nach Ihrer Hardwareausstattung, einige Zeit in Anspruch nehmen. Als Ergebnis liegt die DVD schließlich als Videodatei im M4V-Format auf Ihrer Festplatte, die Sie in iTunes importieren und von dort aufs iPhone schieben können.

## Ein Blick ins Dateisystem

Von Haus aus gibt sich das iPhone-Betriebssystem iOS ein wenig zugeknöpft. Anders als bei Ihrem Computer gibt es zum Beispiel keine Möglichkeit, einen Blick aufs Dateisystem zu werfen. Lediglich das Album Aufnahmen der Fotos-App kann problemlos vom Computer aus eingesehen werden, von allen anderen Dateien sehen Sie nur das, was iTunes oder die Dateifreigabe Ihnen zeigt.

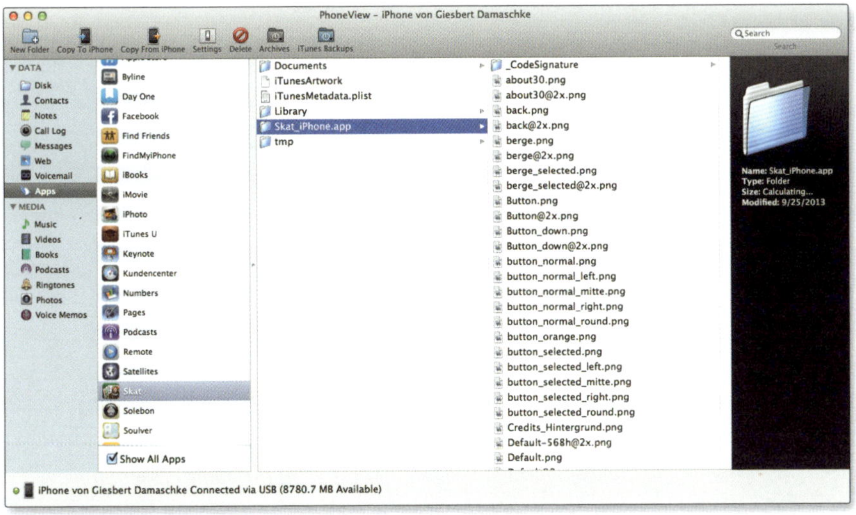


*Mit einem Tool wie PhoneView haben Sie direkten Zugriff auf das Dateisystem des iPhones.*

Hier helfen verschiedene Tools, die das iPhone zu etwas mehr Offenheit überreden und das Dateisystem zugänglich machen. Mit diesen Tools können Sie etwa im Apps-Verzeichnis blättern und Daten direkt aus den Apps auf den Rechner kopieren. So lassen sich bei manchen Apps zum Beispiel gezielt Backups bestimmter Daten anlegen. Ebenfalls möglich ist der von Apple eigentlich nicht vorgesehene Einsatz des iPhones als externe Festplatte, das Auslesen und Kopieren der

Kontakte, Notizen, Nachrichten oder der gezielte Zugriff auf die verschiedenen Medien (Fotos, Musik, Filme), die Sie auf dem iPhone gespeichert haben.

- **iExplorer** von Macroplant (**www.macroplant.com**). Kostenpflichtig, liegt für Windows und OS X vor. Sprache: Englisch.
- **iDevice Manager** von Software4u (**www.iphoneexplorer.net**) erlaubt ebenfalls den Zugriff aufs iPhone, ist kostenlos und liegt auf Deutsch, aber nur für Windows vor.
- **PhoneView** ist kostenpflichtig und bietet die gleichen Möglichkeiten wie die beiden oben genannten kostenlosen Tools, ist aber sehr viel gefälliger gestaltet. PhoneView liegt nur für OS X vor. Download unter **www.ecamm.com**. Sprache: Englisch.

**AUFGEPASST**

Die hier genannten Programme richten sich an erfahrene Anwender. Setzen Sie diese Programme also nur ein, wenn Ihnen klar ist, was Sie da tun.

# Index

# Index

## A



## B



## C



## D

## J

## K

## L



## M

## N



## O



## P



## R



## S

## T

## U



## V



## W



## Y



## Z